『ハイデルベルク信仰問答』の神学

宗教改革神学の総合

L.D.ビエルマ◉著
吉田 隆◉訳

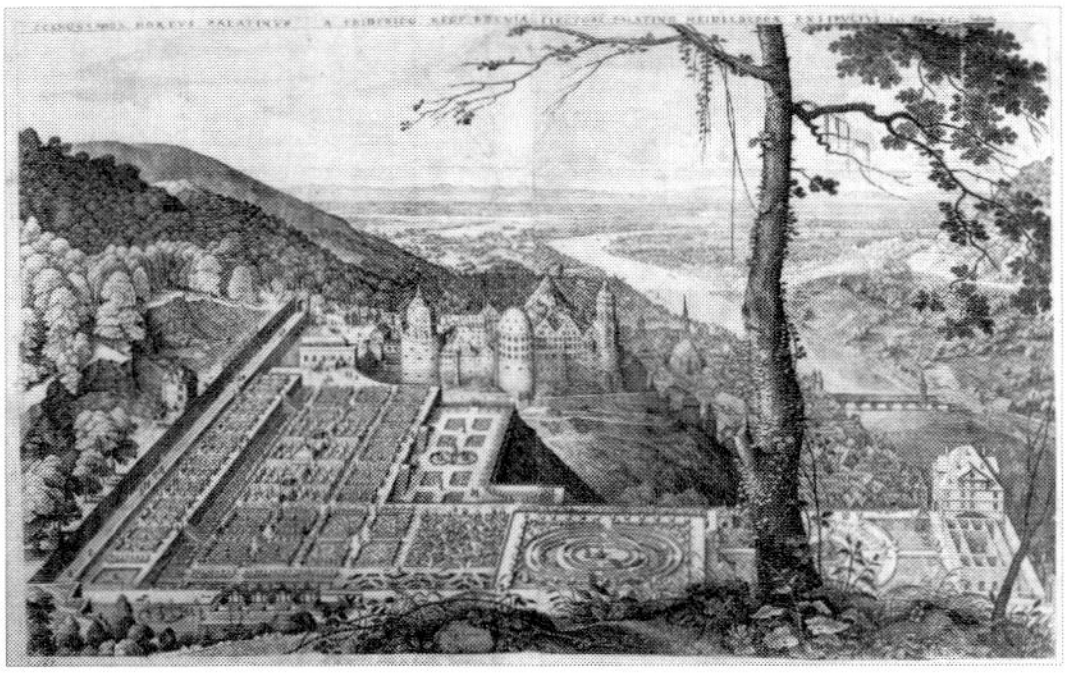

教文館

The Theology of the Heidelberg Catechism
A Reformation Synthesis

Published by Westminster John Knox Press in 2013

目次

装丁　熊谷博人

略　号

AC	Augsburg Confession
BSLK	*Die Bekenntnisschriften der evangelisch-lutherischen Kirche,* 4th ed.
CO	*Calvini Opera*
CR	*Corpus Reformatorum* (Bretschneider/Bindseil)
EO (1552)	*Examen ordinandorum* (German edition)
EO (1554)	*Examen ordinandorum* (Latin edition)
GC	Genevan Catechism (Calvin)
HC	Heiderberg Catechism
Institutes (1536)	*Institutes of the Christian Religion: 1536 Edition*
Institutes (1559)	*Calvin: Institutes of the Christian Religion*
LC	Larger Catechism (Ursinus)
LW	*Luther's Works*
OS	*Opera Selecta* (Calvin)
SBC	Second Brief Confession of Faith (Beza)
SC	Smaller Catechism (Ursinus)
WA	*Weimar Ausgabe*

『ハイデルベルク信仰問答』の神学——宗教改革神学の総合

第一章
序　論

『ハイデルベルク信仰問答』四〇〇周年記念の一九六三年に、『クリスチャン・センチュリー』誌は、この古くからのキリスト教教理の手引きを絶賛した論説を掲載した。このカテキズムは「プロテスタント宗教改革から生まれた信仰告白文書の中でも最も魅力的かつ《最も麗しい信仰の（the most sweet-spirited）》書である」と。それ以上に、それは「最もエキュメニカルなプロテスタントの信仰告白文」でもあった。と言うのも——その論説委員によれば——当時のドイツが神学論争でバラバラになっていたときにルター派と改革派の見解を調停するために、この文書は作られたからである。かくして、『ハイデルベルク信仰問答』は依然として「諸教派合同のための教理規準として用いられうる信仰告白文である」かもしれないし、少なくとも「エキュメニカルな心を持ったあらゆるプロテスタント信仰者による注意深い研究」に値する書である、と。[1]

一九六〇年代初頭に『ハイデルベルク信仰問答』を一種のエキュメニカルな信仰声明であると特徴付けたのは、『クリスチャン・センチュリー』誌だけではなかった。当時、プリンストン神学校の校長であったジェームズ・I・マッコード（James I. McCord）も『ハイデルベルク信仰問答』四〇〇周年にあたって、このカテキズムは「宗教改革期の最もエキュメニカルな信仰告白」とみなしうると書いている。その理由の一つは「それが、議論のある問80を除いて、教条的な主張から驚くほど自由であり、その性格において顕著に非党派的」だからであると。[2] コロンビア神学校教授のシャーリー・ガスリー（Shirley Guthrie）は、『ハイデルベルク信仰問答』を「言葉の最善の意味において《エキュメニカル》である」と見た。それは「概して、何かや誰かに《対抗する》論証ではなく、単純にキリスト者が（カルヴィニストだけでなく）信ずる事柄の積極的な叙述」だからである。[3] オランダの研究者アリー・レッカーケルカー（Arie Lekkerkerker）にとって、『ハイデルベルク信仰問答』誕生の背後にある「ある種のエキュメニカルな意図」とは、ルター派と改革派のプロテスタント信仰の神学的断層に『信仰問答』が位置付けられていることに起因するものであった。[4] また、ニュー・ブランズウィック神学校校長のハワード・ヘイゲマン（Howard Hageman）は、『ハイデルベルク信仰問答』の主な著者であるツァハリアス・ウルジヌスは、プロテスタントの諸伝統を分断する「神学的周辺事項」（eccentricities）の多くを回避し、それらを一致させる「宗教改革神学の中心的教理」を把握する能力を発揮したのだ、と後に述べている。[5] これらの発言はすべて、すでに一九四〇年代後半になされたカール・バルト（Karl Barth）の主張を反映している。彼によれば「『ハイデルベルク信仰問答』は《総合的な福音理解》を表明した文書」なのである。昇天したキリストの遍在、洗礼における物理的・霊的洗い、主の晩餐におけるキリスト臨在の性質などについての『信仰問答』の立場を除けば、このカテキズムの中に顕著に改革派的な教理は存在しないのであるから、「理性的なルター派の人であれば、この立場に立つことができるであろう」と。[6]

いずれにせよ、『ハイデルベルク信仰問答』四〇〇周年にあたっては、ほとんどの議論がそのエキュメニカルな性格また可能性を巡って為された。しかし、四五〇周年を経た今、なぜ過去五〇年間に『クリスチャン・センチュリー』誌が呼びかけた『信仰問答』についての「エキュメニカルな心を持った人々による注意深い研究」がほとんど為されなかったのか、またそのような研究が今日も依然としてエキュメニカルな価値を持ちうるのか、を問うことは有益である。『ハイデルベルク信仰問答』をエキュメニカルな文書とみなすことへの主な障害は、その歴史の大部分において、同書がほとんど排他的にプロテスタントの改革派伝統と同一視されてきたという事実にある。出版から六〇年以内に、ドイツ語本文は、しばしば何度もラテン語・オランダ語・英語・ハンガリー語・フランス語・ギリシャ語・ロマンシュ語・チェコ語・スペイン語に翻訳された。それらの言語が読まれ話されている欧州諸地域にある改革派教会での使用のためである。[7] 一六一八年から一九年にオランダで開催された改革派のドルト会議において、オランダの議員のみならずイングランド・スコットランド・スイス・ドイツ諸州からの代表者たちは、『ハイデルベルク信仰問答』を改革派の信仰告白として承認することを表明したのである。[8] それに続く数世紀、『信仰問答』は改革派教会の移民や宣教師たちと共に地球のあらゆる場所へと旅をした。そして今日、同書は世界的な改革派伝統において最も広く用いられかつ最も深く愛されているキリスト教信仰の表明の一つとなったのである。北アメリカだけでも、『ハイデルベルク信仰問答』を自らの信条文書の一つとして採用している欧州の改革派・長老派にルーツを持つ教派は、少なくとも一二ある。カナダ・アメリカ改革派教会、北米キリスト改革派教会、北米自由改革派教会、伝統的（Heritage）改革派会衆教会、アメリカ・ハンガリー改革派教会、オランダ改革派会衆教会、アメリカ合衆国長老教会、アメリカ・プロテスタント改革派教会、アメリカ改革派教会、合衆国改革派教会、キリスト一致教会（四つの支流の一つがドイツ改革派教会）、そして北米一致改革派教会である。ジョン・W・ネヴィン（John W. Nevin）の言葉を用いれば、『ハイデルベルク信仰問答』は「ルターのカテキズムと全く同様に、改革派教会を代表するカテキズムとなった」のである。[9]

この『ハイデルベルク信仰問答』と改革派教会との同一視は、過去一五〇年にわたって、『信仰問答』に顕著に改革派的神学傾向を見出した一連の研究によって強化されてきた。[10] 先導したのはカール・ズトホフ（Karl Sudhoff）である。彼は一九世紀半ば、カスパール・オレヴィアヌスとツァハリアス・ウルジヌスについての優れた伝記において、『ハイデルベルク信仰問答』は礼典についてのみならず聖徒の堅忍や予定説を含む残りのすべての教説においても、他の改革派信仰告白と全く一致していると結論した。[11] 『ハイデルベルク信仰問答』三五〇周年（一九一三年）の年にA・E・ダールマン（A. E. Dahlmann）は『ハイデルベルク信仰問答』を「ルター派に対する改革派教理の明快・確実・庶民的な表明である」と述べ[12]、一年後にはアウグスト・ラング（August Lang）がさらに明確に「その諸々の特徴において、『ハイデルベルク信仰問答』は、ルター的でも、メランヒトン的でも、ツヴィングリ的でも、ブリンガー的でも、ブツァー的でもなく、カルヴァン的である」と表現した[13]。フリードリヒ・ヴィンター（Friedrich Winter）は『アウグスブルク信仰告白』と『ハイデルベルク信仰問答』との一九五四年の比較研究において、「『ハイデルベルク信仰問答』は、そのほとんどにおいてカルヴァン神学の所産である」と結論し[14]、グスタフ・ベンラート（Gustav Benrath）は『ハイデルベルク信仰問答』四〇〇周年に際し、「『ハイデルベルク信仰問答』はカルヴァン的であるし、そうあり続ける」と述べた[15]。数年後にフレッド・クルースター（Fred Klooster）は福音主義神学会において、一九六三年の『クリスチャン・センチュリー』誌の論説とは反対に、『ハイデルベルク信仰問答』の教理的遺産は多面的ではなく「ルター的、メランヒトン的、ツヴィングリ的というよりも……顕著に《改革派的》プロテスタント」のそれであると主張した[16]。その後、クルースターは『ハイデルベルク信仰問答』の大部の注解書において、その一般的傾向と多くの特徴において『信仰問答』は「全くカルヴァン的」であると述べている[17]。

別の人々は、『ハイデルベルク信仰問答』はその神学において改革派的であるが、そのルーツはジュネーヴ宗教改革よりもチューリヒのそれであると主張した。この説を最初に唱えたのはオランダの学者マウリッツ・ホーゼン（Maurits Gooszen）で、一八九〇年代の二つの主要著作の中で、『ハイデルベルク信仰問答』は北スイスの「原・改革派信仰」を反映しており、その「救済論的・聖書的」な神学へのアプローチはジャン・カルヴァンのより「知的・思弁的」方法とは顕著に異なっていると主張した[18]。この議論に追従した比較的少ない研究者の中で、G・P・ハートフェルト（G. P. Hartvelt）は、『ハイデルベルク信仰問答』への主要な影響をブリンガーからのみでなく、ハイデルベルクにおける彼と同種の二人の人物、すなわち大学神学者ペトルス・ボクィヌスと宮廷医のトマス・エラストゥスからの影響と推測した[19]。ヨアキム・シュテットケ（Joachim Staedtke）とヴァルター・ホルヴェーク（Walter Hollweg）もまた、『ハイデルベルク信仰問答』におけるブリンガーの排他的ではないが強い影響を指摘した。[20]

改革派・長老派グループにおける長期にわたる『ハイデルベルク信仰問答』の使用、またそれが改革派的・カルヴァン的神学であるとの学問的主張にもかかわらず、五〇年前に人々が示唆した『ハイデルベルク信仰問答』の《エキュメニカル》な解釈の方向へと私たちを連れ戻す少なくとも三つの事柄がある。⑴上述した研究によってしばしば覆い隠されている別の立場の研究、⑵『ハイデルベルク信仰問答』が生まれた歴史的文脈、そして、⑶『信仰問答』の本文そのもの、である。

第一に、過去一世紀半には別の立場の研究もあったということである。それは『ハイデルベルク信仰問答』を顕著に改革派的とすることなく、むしろ改革派とルター派（しばしばメランヒトン派）伝統の諸要素の結合であるとする立場である。このことを最初に示唆した一人はヨハネス・エブラルト（Johannes Ebrard）であり、彼は一八四六年の聖餐論の歴史研究において、プファルツ宗教改革全体、とりわけ『ハイデルベルク信仰問答』の聖餐論を「メランヒトン・カルヴァン的」と述べた。[21] その翌年、アメリカのマーサーズバーグ神学者ジョン・W・ネヴィンは、『ハイデルベルク信仰問答』を「その神学的構造と精神において、ドイツ的カルヴァン主義、あるいは半ルター主義（Semi-lutheran）と言えるかもしれない」と特徴づけた。[22] ここで彼の頭にあった精神とは、メランヒトンのそれであろうと思われる。四年後に、彼は次のような『ハイデルベルク信仰問答』に対する情熱的な叙述においてそれを示唆しているからである。

> このカテキズムは、単なる知識の論理化による冷たい作品なのではない。それは感情と信仰に満ちている……。豊かな神秘的傾向はその教理的叙述の至る所に見られ、天上の音楽の旋律がその声に耳を傾けている間中絶えず私たちの周りに流れてくるようだ。全体の調子において、それは穏健で優しく柔らかで、一言で

言って《メランヒトン的》なのである。[23]

当時のもう一人のマーサーズバーグ神学者フィリップ・シャフ（Philip Schaff）も同様の言葉を用いて、次のように述べている。「ここにはメランヒトンの心とカルヴァンの心が手を取り合っており、『ハイデルベルク信仰問答』は両者の明確な刻印を帯びている。それはメランヒトン的穏健さと熱情をカルヴァンの力と深さに結合させている」と。[24] およそ一世紀後、マーサーズバーグの伝統にある別の神学者バード・トンプソン（Bard Thompson）は、『ハイデルベルク信仰問答』を叙述するのにエブラルト的用語「メランヒトン・カルヴァン的」を（今や順序は「カルヴァン・メランヒトン的」と逆になったが）復活させたのみならず、「『ハイデルベルク信仰問答』は、メランヒトン的教理とカルヴァン的教理の総合の完全な発展を示している」と述べている。[25] J・F・G・ゲータース（J. F. G. Goeters）も、『信仰問答』を大まかに言ってメランヒトン主義とカルヴァン主義の融合（Verschmelzung）であり、彼が言うところの「ドイツ的改革派」という第三の神学的タイプと考えた。[26] 最近では、エーバハルト・ブッシュ（Eberhard Busch）が次のように述べている。

フィリップ［・メランヒトン］主義とカルヴァン主義的方向性は、その理解において存在していた相違にもかかわらず、二つの信仰告白にプロテスタント教会を分裂させることを防ごうとした意志において合致していた。『信仰問答』の著者たちには、彼らの教師［メランヒトン］のこの願いが吹き込まれていたのである。そのテキストは、すでに近づきつつあった信仰告白時代を視野に入れつつ、プロテスタントの分裂に抗する試みとして作成された一致的告白と呼ぶことができるであろう。[27]

他の人々は、その総合をメランヒトン主義やカルヴァン主義を超えて拡大して理解した。一九世紀のマックス・ゲーベル（Max Göbel）による有名な『ハイデルベルク信仰問答』への賛辞は、四つの源泉を示唆して、「（『ハイデルベルク信仰問答』は）ルター的親密さと、メランヒトン的明快さと、ツヴィングリ的簡潔さと、カルヴァン的情熱のすべてを一つにブレンドした」と述べている。[28]『ハイデルベルク信仰問答』は主としてメランヒトン的（ヘッペ）なのか、ブリンガー的（ホーゼン）なのか、カルヴァン的（ラング）なのかという問いに対して、シュテットケは、三者はある程度すべて本当であると結論した。『ハイデルベルク信仰問答』はいくつかの立場からの影響によって形作られた「折衷的な合成品」であった、と。[29] ノイザーも、ゲーベル同様、当該文書の四人の「父親」——ルター・メランヒトン・カルヴァン・ツヴィングリとその後継者たち——の刻印と、中でも最も強いカルヴァンの影響を推測する。[30] ヤン・ロールスにとって『ハイデルベルク信仰問答』の本文はメランヒトン・カルヴァン・ツヴィングリの諸伝統の「非常に多様な教理の統合」[31]を示しており、ウルリヒ・フッターも同様に『ハイデルベルク信仰問答』の著者がヴィッテンベルクとチューリヒとジュネーヴの真ん中の場所を確保しようとしていると見ている。[32] 最近では、ウィレム・フェアボーム（Willem Verboom）が『ハイデルベルク信仰問答』の神学についての包括的な研究において、『信仰問答』はメランヒトン（律法論）・ブリンガー（契約論）・カルヴァン（創造論）のような何人かの主要改革者たちの特徴的見解のいくつかの結合を反映していると述べている。[33]

『信仰問答』のカルヴァン主義的性格を最も強い言葉で論じた人々の中でさえ、本文における少なくとも何らかのルター的影響を認めるのにやぶさかではない人々がいた。例えば、ラングは主として『ハイデルベルク信仰問答』の第一部と第二部における律法と福音という構造的対比や、信者の唯一の慰めが神知識や神の契約ではなく十字架でのキリストの一回的犠牲にあるとしているキリスト中心的傾向などに、ルター的宗教改革との共通性を見出している。[34] ヴィンターは『ハイデルベルク信仰問答』がカルヴァンと異なっている点を二三箇所指摘できただけであるが、同書が——例えば、信仰・聖霊・礼典・御言葉の相互関係の扱い方などにおいて——ルター派の影響から全く免れてはいないと認めている。[35] ベンラートも同様に、『信仰問答』が少なくともほんの少しだけカルヴァンから離れてルターの神学に向かっていると見ている。[36]

『ハイデルベルク信仰問答』のよりエキュメニカルな読解を志向させる第二の要因は、『信仰問答』の歴史的背景と文脈であり、このことは次の『信仰問答』の本文そのものという第三の要因に光を当てることにもなる。プファルツ宗教改革全体における三つの物語、選帝侯フリードリヒ三世の宗教政策、『ハイデルベルク信仰問答』の主要な著者であるツァハリアス・ウルジヌスの神学遍歴が、『信仰問答』そのものの神学的系譜を決定するためのあるパターンを示唆している。

プファルツは一六世紀の神聖ローマ帝国におけるより優れた公国の一つであった。[37] この国は実際には、ハイデルベルクを首都とするラインラントの「低地プファルツ」と、北部バイエルンにある「高地プファルツ」の二つの領土に分かれていた。両者は「パラティン伯」の統治の元にあったが、彼はまた神聖ローマ皇帝の選挙の責任を担う七人の選帝侯の一人でもあった。ドイツ帝国の他のいくつかの部分と同様、プファルツはその国教を一六世紀の間にローマ・カトリックからプロテスタントへと変更したが、同地での宗教改革は「ドイツの主要な諸領の中でも最も長い潜伏期を経ている」のである。[38] ルター派と南ドイツ改革派の影響が選帝侯ルートヴィヒ五世（在位一五〇八―一五四四）の治世にプファルツへと浸透したが、同地がルートヴィヒの兄弟である選帝侯フリードリヒ二世（在位一五四四―一五五六）の主導の元に公的にプロテスタントとなったのは、ルターの『九五箇条の提題』の約三〇年後の一五四六年のことであった。ドイツ帝国における宗教改革が大きく後退を迫られたのは、プロテスタント諸侯同盟が皇帝によって撃退された一五四七年のことで、アウグスブルク仮信条協定（一五四八年）の下で多くのカトリック的習慣が彼らの領内で復興させられた。しかし、アウグスブルク宗教和議（一五五五年）によってプロテスタントは再び帝国内、少なくとも領主がメランヒトンの『アウグスブルク信仰告白』に表明されたルター主義の支持を推し進めようとした諸国で、全く合法化された。したがって、ルートヴィヒとフリードリヒの甥にあたるオットハインリヒ（在位一五五六―一五五九）が即位した時に、プファルツは改革の重要な新局面に入る備えができていたのである。

この改革の新局面に立ち現れて来るのがフィリップ・メランヒトンであり、彼自身が低地プファルツの出身であった[39]。ブレッテンの小さな町で一四九七年に生まれた彼は、低地プファルツのブレッテン、プファルツハイム、ハイデルベルクで教育を受け、チュービンゲンの大学に移る前に一四歳でハイデルベルク大学から学士号を授与された。この改革者が一五二四年にハイデルベルクへ帰還した折、彼はその数々の業績に対し、大学教授会から銀のゴブレットを授与された。その翌年、選帝侯ルートヴィヒ五世とプファルツの農民双方が同地における農民蜂起の仲裁方を彼に願い出、彼はそれを快く引き受けたが効を奏しなかった。

一五四六年のルターの死後、ドイツ・ルター主義は二つの主要な神学的グループへと枝分かれした。一つは、純正ルター派（Gnesio-Lutherans）と呼ばれ、自分たちがルターの純粋な教理と信じる事柄を精力的に擁護した人々。もう一つが、フィリップ派またはメランヒトン主義者と呼ばれ、仮信条協定の期間にカトリックに譲歩することやルターの教えのいくつかを修正することを良しとしたメランヒトンの同調者たちである。選帝侯オットハインリヒの思いは明らかにフィリップ派たちの側にあったし、プファルツにおける彼の改革はその刻印を帯びている。一五五六年に彼は新しいルター派の教会規程を導入したが、それはメランヒトンの『アウグスブルク信仰告白』をプファルツの信仰規準と規定しているだけでなく、牧師候補者の任職準備用のカテキズム風テキストであったメランヒトンの『牧師候補者の試問』（*Examen Ordinandorum*, ドイツ語一五五二年、ラテン語一五五四年）からの抜粋をも含んでいた[40]。ルートヴィヒ五世の治世からプファルツの選帝侯たちはメランヒトンの助言を請うてきたが、オットハインリヒはさらに一歩進めて、メランヒトンがハイデルベルク大学の教授となって間近でプファルツの改革を助けてくれるようにと要請した。メランヒトンはこの申し出を断ったが、遠方からの助言は継続して行った。例えば、一五五七年にはオットハインリヒを説得してメランヒトンの元学生であったティレマン・ヘシュシウス（Tilemann Heshusius）をハイデルベルクの神学教授の長とさせ、翌年の大学再編を手伝った。(41)

オットハインリヒのプファルツ改革は、そのほとんどがフィリップ・メランヒトンの権威とその穏健なルター主義によって特徴づけられていたとは言え、選帝侯は躊躇することなく改革派を含むさまざまなプロテスタント諸派から領内の指導者たちを招聘した。(42)そのような彼の動機が、プファルツにプロテスタント一致の核を築くことであったのか、それともただ政治や教育や教会の現場の欠員をその神学的傾向にかかわらず評判の良い人々で埋めようとしただけなのか、不明である。(43)単純に、彼は「神学的差異を見分けられる優れた鑑定士ではなかった」ということなのかもしれない。(44)いずれにせよ、彼がその短い治世に重要なポストに任命したのは、プファルツ参事会の影響力あるメンバーとなったミカエル・ディルラー（Michael Diller）のようなフィリップ派だけではなく、シュトラスブルクのルター派牧師ヨハネス・マルバッハ（Johannes Marbach）や最終的に神学部長とプファルツ教会総監督となった純正ルター派教授ティレマン・ヘシュシウスもいた。さらに驚くべきは、チューリヒ改革に同調していたステファン・ツィルラー（Stephan Zirler）またはキルラー（Cirler）やトマス・エラストゥス（Thomas Erastus）をそれぞれ私的秘書や専属医として、またカルヴァン主義的傾向のあるクリストフ・エーム（Christoph Ehem）やフランソワ・ボドゥアン（François Baudouin）を大学の法学部教授に、そしてカルヴァン主義者ともブリンガー主義者とも言われてきたペトルス・ボクィヌス（Petrus Boquinus/Pierre Boquin）を新約学教授として雇ったことである。(45)

オットハインリヒが即位からちょうど三年後に死去した時には、当時のプロテスタント主要諸派――純正ルター派・フィリップ派・ツヴィングリ派（後期ツヴィングリ派またはブリンガー派という方が良いかもしれない）・カルヴァン派――のほとんどがすでにプファルツに足場を築いていた。それらを一つにするという課題は選帝侯フリードリヒ三世（在位一五五九―一五七六）に残された。彼は、前任者同様、その治世を確信的なフィリップ派として開始した。フリードリヒはローマ・カトリック教徒として生まれ育ったが、最初の妻マリアとの結婚生活の初期に、彼女によってルター派信仰へと回心させられた。しかし、すでにプファルツの選帝侯となる以前に、彼の妻や義理の息子であるザクセンのヨハン・フリードリヒ公の純正ルター主義から、メランヒトンに代表されるより穏健なルター主義の信仰に移っていた。高地プファルツの領主（一五五六—一五五九）またプファルツ・ジンメルンの公爵（一五五七—一五五九）として、フリードリヒはオットハインリヒの教会規程や他のメランヒトン的改革をこれらの付属的所領に導入した。彼はまたメランヒトンのいわゆる『アウグスブルク信仰告白』改訂版（一五四〇年）の支持者となり、一五五八年にメランヒトンによって作成されたプロテスタントの信仰告白的一致の声明であるフランクフルト休廷（Frankfurt Recess）への署名者の一人であった。[46]

フリードリヒ三世が一五五九年にハイデルベルクにやって来るや、彼は聖餐を巡る辛辣な論争に巻き込まれることとなった。主たる敵対者は、プファルツ教会の総監督であった純正ルター派のティレマン・ヘシュシウスと、ハイデルベルク大学の学生であり聖霊教会の執事であったカルヴァン主義者のヴィルヘルム・クレビッツ（Wilhelm Klebitz）であった。ヘシュシウスは聖餐におけるキリストの体を口で食べる（the oral manducation）という教理を声高に擁護し、それにもとるものをツヴィングリ主義として攻撃した。フリードリヒは平和を回復するために介入し、最終的には両者をハイデルベルクから追放したが、ヘシュシウスのブランドであったルター主義に対する幻滅は深まった。騒動の後、彼は論争に対する自らの処理の仕方についてメランヒトンの判断を求めたが、メランヒトンは『応答』（*Responsio*）をもって強力にフリードリヒの行動を支持した。ヴィッテンベルクの改革者はまた、キリスト者は聖餐における「しるし」と「しるされたもの」との一致の神秘に首を突っ込むべきでなく、コリントの信徒への手紙一、一〇章一六節における「晩餐の体はキリストの体とのコイノニア（参与、交わり、一致）である」とのパウロの言説を単純に受け入れるべきであると示唆した。フリードリヒはメランヒトンの『応答』の意義を十分に認め、翌年、ラテン語原文とドイツ語訳の双方で出版させた。[47]

一五六〇年初頭のメランヒトンの死にあたって、フリードリヒ三世は、インスピレーションにせよアドバイスにせよ人的つながりであるにせよ、自分が次第にチューリヒ・ジュネーヴ宗教改革の方を向いていることに気づいた。彼がカルヴァン主義への回心者になったと述べることは言い過ぎかもしれないが、[48]「フィリピスト・純正ルター派の神学的な軸からフィリピスト・改革派という軸へのシフト」とグノーが呼ぶことを彼は個人的に経験し、プファルツにおいて実現させたのである。[49]一五六〇年六月のハイデルベルクにおける純正ルター派と改革派の聖餐についての公的討論会の間に、フリードリヒは次第に改革派の立場に惹かれるようになったと思われる。そして、一五六一年初頭、彼はナウムブルク会議に集まったドイツのプロテスタント諸侯に、メランヒトンの『アウグスブルク信仰告白』修正版（Variata）を一五三〇年のオリジナル版（Invariata）の許容しうる解釈とすることに賛成させる役割を果たした。このことは、聖餐におけるキリストの臨在理解をより改革派的見解に近づけること、少なくとも排除しないことを可能にした。[50]

一五六〇年代初期に、純正ルター派の助言者・牧師・教授たちはプファルツを自ら離れるか、選帝侯によって解雇されるかした。フリードリヒはその空席をフィリップ派また特に改革派の人材で満たした。カルヴァン派としては、ハイデルベルク参事会議長となったヴェンケスラウス・ツレガー（Wenceslaus Zuleger）、サピエンス・カレッジ（牧師訓練校）の校長、大学の教義学教授、後にハイデルベルクの二つの教会の牧師となったカスパール・オレヴィアヌス（Caspar Olevianus）、旧約学教授のインマヌエル・トレメリウス（Immanuel Tremellius）、そしてサピエンス・カレッジと大学でのオレヴィアヌスの後継者となったツァハリアス・ウルジヌスである。[51]

メランヒトン的改革派へのこのプファルツ改革の一環として、選帝侯フリードリヒは一五六二年の初頭に領内における新しいカテキズムの準備を命じた。ルター派領の領主として彼が直面した問題は、領内におけるフィリップ派・カルヴァン派・ツヴィングリ派の信仰告白的一致の規準を、ドイツにおけるすべての非カトリック諸領が署名しなければならないメランヒトンの『アウグスブルク信仰告白』の枠内に収まりうるものとして考案することであった。幸い、フリードリヒは今やそのようなコンセンサスを形成するのに有用なメランヒトン派・ツヴィングリ派・カルヴァン派の多様な人材のグループを有していた。『信仰問答』の序文において、彼は「当地のすべての神学教授、監督、また最も気高い牧師たちの助言と協力により、われらのキリスト教教理の要約またはカテキズムを……準備させた」と述べている。[52] 彼が作成チームの最初のグループとして挙げている「すべての神学教授」は大学の三人の教授からなっており、それはカルヴァン派のトレメリウスとウルジヌス、そしてすでに見たようにカルヴァン派ともブリンガー派とも言われるボクィヌスである。

第二のグループである「すべての監督たち」は九人からなり、多分にローマ・カトリック教会の司教のような働きをしていた。当時の監督たちで名前がわかっているのは、カルヴァン派のオレヴィアヌス、メランヒトン派・ツヴィングリ派・カルヴァン派に同調していたヨハネス・ヴェルヴァヌス、チューリヒ改革の傾向を帯びていたヨハネス・ヴィリンクとヨハネス・シルヴァヌス、そして南ドイツ・ルター主義改革者ヨハネス・ブレンツの親友であり同労者であったヨハネス・アイゼンメンガーである。[53]

第三の最後のグループ「最も気高い牧師たち」の中には、とりわけ、オレヴィアヌスとディルラーが含まれる。後者は次第にカルヴァン主義的神学傾向へと動いたメランヒトン主義者である。オレヴィアヌスとディラーとボクィヌスは、Kirchenrat（教会会議または役員会）のメンバーでもあった。これは三人の牧師と三人の信徒からなり、プファルツの教会的諸問題を治める責任をもっていた。もし、実際に、この会議が『ハイデルベルク信仰問答』の準備に関与していたとすれば、他の三人は信徒であり、チューリヒ改革に影響を受けていたツィルラーとエラストゥス、そしてカルヴァン主義者であったツレガーである。[54]

この大きな草案作成委員会のメンバーで、おそらく『ハイデルベルク信仰問答』の主たる著者としての役割を果たしたのは、ツァハリアス・ウルジヌスであった。[55] フィリップ主義からカルヴァン主義への彼の神学遍歴は、まさにフリードリヒ三世とプファルツ宗教改革全体のそれを映し出している。[56] ウルジヌスは一五三四年にブレスラウはシレジアの街のルター派の家庭に生まれた。彼はそこで少年時代にメランヒトン派の説教者アンブロシウス・モイバヌスからカテキズム教育を受けた。彼は一五二〇年代にブレスラウに宗教改革を導入する助けをした人物である。一五五〇年、一五歳の時に、ウルジヌスはヴィッテンベルク大学に入学。彼は、そこでフィリップ・メランヒトンの学生、友人、また神学的盟友となり、一五五二年に疫病がヴィッテンベルクを襲った時にはその師とトルガウに同行したほどであった。師に対する彼の深い献身ぶりは、「メランヒトンはルターの教えを捨ててカルヴァンに接近した」と純正ルター派が糾弾した時に彼が友人に宛てて書き綴った次の手紙に明白である。

私の意見では、フィリップ博士は正しいことを教えておられ、幸いにも私たちに清く純粋な仕方で聖礼典の現実的実体について教えてこられた。フィリップ博士は決して道を外れてはおらず、むしろ真実かつ確実、重要かつ必要な事柄に固着し、崇高かつ神聖な事柄を断じて見失ってはおられない。躊躇せずに告白するならば、私は個人的には彼の敵対者たちの曖昧な注解書よりも、彼の印象的な教え方からより多くの益を受け学んできたのである(57)。

一五五七年にヴィッテンベルクでの学びを終えたウルジヌスは、宗教改革の主要拠点への研修旅行に乗り出し、福音主義運動の指導者たちと知り合いになった。最初の訪問地はヴォルムスで、そこでローマ・カトリックとプロテスタントの宗教討論会にメランヒトンと共に出席した。彼は、さらに旅を推し進め、シュトラスブルク・バーゼル・チューリヒ・ベルン・ローザンヌ・ジュネーヴへと赴き、そこでジャン・カルヴァンと出会い個人的な贈り物としてこの改革者の著作のセットをもらい受けた。帰路の途中でチューリヒに立ち寄り、ツヴィングリの後継者でありチューリヒ教会で最も影響力のある指導者のブリンガーや、ウルジヌスに最も大きな神学的インパクトを与えたと思われるイタリア人カルヴァン主義者ピエトロ・マルティィレ・ヴェルミーリ（Peter Martyr

Vermigli）と懇意になった。

一五五八年にウルジヌスは、ブレスラウのギムナジウムで教師としての仕事を始めた。しかし、メランヒトンの『牧師候補者の試問』を授業のテキストとして用いたことや、何人かの指導的宗教改革者たちとの親密な関係は、彼に対する異端の疑いを町の純正ルター派牧師たちに抱かせた。とりわけ、彼が聖餐の品々におけるキリストの肉体的臨在に対するメランヒトンの拒否を支持していたからである。礼典についての自らの立場を説明し、純正ルター主義者たちの批判に対して弁明するために、ウルジヌスは一二三の『礼典についての提題』（一五五九年）を準備したが、(58) そのうちあるものは、彼の師であるメランヒトンから引かれていた。この提題は非常にメランヒトンを感心させたので、「この著作ほど見事なものは見たことがない」と彼が言ったと伝えられているほどである。(59)

ブレスラウにおける二つのルター派グループ間の緊張関係は、一五六〇年春のウルジヌスの旅を促したが、それはフィリップ・メランヒトンの死後一週間のことであった。彼の恩師の死とブレスラウ脱出という二つの出来事の偶然は、ウルジヌスにとってルター主義から改革派への軌道修正の転換点となったように思われる。秋にはチューリヒへ戻り、そこでヴェルミーリとの学びをほぼ一年にわたって行った後、彼は選帝侯フリードリヒ三世からのプファルツ改革チームへの招聘を受諾した。一五六一年秋にハイデルベルクに到着した時、彼はヴィッテンベルクからジュネーヴやチューリヒを経てハイデルベルクに至る、地理的のみならず神学的な長旅を終えたのだった。にもかかわらず、ほとんどの研究者たちが同意するのは、ウルジヌスの教理・教育法・改革へのアプローチには、後の改革派の影響によっては決して失われなかったメランヒトンの刻印が押されているということである。(60)

さて、『ハイデルベルク信仰問答』の歴史的コンテキストについての概観は、テキストの神学形成にどのようなヒントを与えてくれるのだろうか。プファルツ宗教改革の物語にあるフリードリヒ三世の信仰の発展やツァハリアス・ウルジヌスの神学遍歴は共通の主題で、すでに一七世紀にハイデルベルクのハインリヒ・アルティンク（Heinrich Alting）教授によって指摘された。プロテスタント宗教改革についての学生への講義で、アルティンクは、ザクセンと他のドイツ近隣の諸領――デンマーク・ノルウェー・スウェーデン・ポーランド・リトアニア――の教会は皆ヴィッテンベルクを母と認めていると述べた。チューリヒはその特性を、スイス・南ドイツ・フランス・イングランド・スコットランド・オランダ・ポーランドとリトアニアの一部・ハンガリー・トランシルバニアの諸教会の間で享受している。しかし、プファルツのプロテスタント教会は違うと、彼は言う。実際には、それは双方の町を母と主張することができたと。ヴィッテンベルクはプファルツ教会の誕生と初期の成長に関して、またチューリヒはさらなる発展に関して。[61] プファルツの教会はいわばルター派（メランヒトン派）の土台に改革派の上物の諸要素が建てられたのである、と。

すでに見たように、プファルツ教会についてのアルティンクの仮説は、フリードリヒ三世やツァハリアス・ウルジヌス、また実際彼らがその役割を担った領内の改革運動全体にもあてはまることである。それら三者は、メランヒトン・ルター派伝統にルーツを持つが、次第に自らチューリヒやジュネーヴの改革派の影響に対してオープンになり、また吸収した。そうであれば、私たちが『ハイデルベルク信仰問答』の歴史的コンテキストで見出したことは、そのテキストの中にも反映されているということなのではないだろうか。プファルツ改革の旗印として機能させるためにフリードリヒによって命じられウルジヌスによって作文された文書の中に、私たちがプファルツ宗教改革一般、またそれを導いた個々人の内に見出した、ルター派のブドウの木に改革派の枝を接木した痕跡を見出すことを期待してはいけないのだろうか。

本書の課題は、これがまさにその通りであることを実証することである。『ハイデルベルク信仰問答』の本文は、本質的にその歴史的文脈と同じパターンを取っており、それは『信仰問答』を顕著に改革派の信仰告白とみなすのではなく、プファルツのいくつかのプロテスタントグループを一致させることができた神学的総合の表明であるとする一連の研究を実証するものである。しかし、私たちがこれまでの一連の研究に加えようとすることは、『ハイデルベルク信仰問答』がその主要教理のすべてにおいてルター派・改革派双方の伝統から本文と主題の諸要素をいかにして統合したかについての詳細な論証である。『ハイデルベルク信仰問答』本文とその神学は、ルター派伝統の基本的文書を何度となく用いている。それらは、すなわち、『ハイデルベルク信仰問答』に至るまで何年にもわたってプファルツですでに広く使用されていた一五二九年のルターの『小教理問答』、アウグスブルク宗教和議の下でプファルツが信仰告白的義務を負っていたメランヒトンの『アウグスブルク信仰告白』、そして一五五六年の『プファルツ教会規程』にオットハインリヒが取り入れた教理問答であるメランヒトンの『牧師候補者の試問』である。しかし、『ハイデルベルク信仰問答』はまた改革派伝統からの諸資料をも用い、織り交ぜている。それらは、特にカルヴァンの『ジュネーヴ教会信仰問答』（一五四五年）、一五四〇／五〇年代北ドイツのラスコの『教理問答』、そしてテオドール・ベザの二つの『信仰告白』（一五六〇年）である。さらに、私たちが『ハイデルベルク信仰問答』の教理を検討しつつ言及するであろうことは、著者が統合（integration）と総合（synthesis）のために労しているさまざまな方法についてである。すなわち、共通の土台を確立すること・中間点を探すこと・論争点をトーンダウンすること・他方を拒絶することなく積極的に見解を述べること・時には単純に双方の伝統の諸要素を混ぜ合わせて一つの形式にすること、などである。最後に、私たちは一九六三年の四〇〇周年の時に注目された問いに戻ってみる。すなわち、どれほどこの一六世紀の信仰告白的プロジェクトが実際にエキュメニカルなのか。また『ハイデルベルク信仰問答』の神学的総合の企てが、今日のエキュメニカル運動に対してどのような意味を持っているのか、と。

　このような理解を展開するために、続く七つの章は、『ハイデルベルク信仰問答』の一二九の問答の流れの中で生起する主要な神学的主題を分析していく。第二章は「慰め」という主題と三重構造について（問1―2）、第三章は「律法と福音」（問3―19）、第四章は「摂理と予定」（問20―28）、第五章は「キリストと聖霊」（問29―

64)、第六章と第七章はそれぞれ「礼典」と「契約」について(問65―85)、そして第八章は「善い行いと感謝」についてである(問86―129)。最後の章(『ハイデルベルク信仰問答』のエキュメニズムの考察)は、上述したように、この四五〇歳の文書が当時どれほどエキュメニカルであったのか、そして依然としてそれを告白しながら今日のエキュメニカル運動に携わっている改革派・長老派諸教会にどのような洞察を与えうるのかを検討する。「付録」には、信仰告白の一つとして『ハイデルベルク信仰問答』を採用している三つの改革派諸教会によって最近用意され採択された『ハイデルベルク信仰問答』の英訳が収められている。その三つの教会とは、合衆国長老教会・アメリカ改革派教会・北米キリスト改革派教会である。本書で引用するのは、この「エキュメニカル」な翻訳である。

〔原著にある上記「付録」の英訳文は、ドイツ語原文を尊重しつつもところどころ意訳になっているところがある。本訳書における『ハイデルベルク信仰問答』の引用文は、著者の引用意図を損なわない限り、新教出版社による拙訳を用いることとする。〕

第二章
『ハイデルベルク信仰問答』の主題と構造（問1―2）

問1　生きるにも死ぬにも、あなたのただ一つの慰めは何ですか。

答　わたしがわたし自身のものではなく、体も魂も、生きるにも死ぬにも、わたしの真実な救い主イエス・キリストのものであることです。この方は御自分の尊い血をもってわたしのすべての罪を完全に償い、悪魔のあらゆる力からわたしを解放してくださいました。また、天にいますわたしの父の御旨でなければ髪の毛一本も落ちることができないほどに、わたしを守っていてくださいます。実に万事がわたしの救いのために働くのです。そうしてまた、御自身の聖霊によりわたしに永遠の命を保証し、今から後この方のために生きることを心から喜びまたそれにふさわしくなるように、整えてもくださるのです。

問2　この慰めの中で喜びに満ちて生きまた死ぬために、あなたはどれだけのことを知る必要がありますか。

答　三つのことです。第一に、どれほどわたしの罪と悲惨が大きいか、第二に、どうすればあらゆる罪と悲惨から救われるか、第三に、どのようにこの救いに対して神に感謝すべきか、ということです。(1)

『ハイデルベルク信仰問答』のこれら最初の問答は、それぞれこの文書の主題と基本構造を紹介するもので、『信仰問答』全体の概観を読者に提供している。本章において見ていくように、この主題と構造双方は、排他的にではないが、その深いルーツをルター派伝統、とりわけフィリップ・メランヒトンの著作に持っている(2)。

慰めの主題

『ハイデルベルク信仰問答』で用いられている「慰め」という用語の数から言えば、これが『信仰問答』全体の主題であると推測することは困難であろう。最初の二つの問いに名詞の形で二回表れた後は、残りの部分にあと四回、しかも動詞で出てくるだけである。「『生ける者と死ねる者とを審』かれるためのキリストの再臨は、あなたをどのように慰めるのですか」(問52)、「(聖霊が)キリストとそのすべての恵みにわたしをあずからせ、わたしを慰め、永遠にわたしと共にいてくださる、ということです」(問53)、「『身体のよみがえり』は、あなたにどのような慰めを与えますか」(問57)、「『永遠の命』という箇条は、あなたにどのような慰めを与えますか」(問58)(3)。

「生きるにも死ぬにも、ただ一つの慰め」という概念が最初に導入され説明されているのは、もちろん、『ハイデルベルク信仰問答』の問1である。キリスト教的「慰め」(〔独〕Trost)とは信頼であり確信、あるいはクルースターの言う「私たちの外なる確かさ」であって(4)、それは単なるキリストのものということではなく、《私たちを罪と悪魔の力から救い・万事が私たちの救いのために働くように見守り・御自身の聖霊によって私たちに救いを確信させ・私たちの心と生活の方向を変えてくださる》キリストのものであることから与えられるものである。このキリスト論的・救済論的強調は、後の四つの「慰め」への言及にも繰り返されている。問52によれば、私たちの慰めは、再臨のキリストを確信をもって見ることから得られる。なぜなら、この方はすでに私たちを選んで呪いから救ってくださった方であり、私たちを天上の喜びと栄光のうちに御自身の元へと迎え入れてくださる方だからである。問53は、問1の表現を思い起こさせるような聖霊の慰めの働きについて述べる。身体の復活（問57）は、キリストのものである私たちが死後直ちにこの方の元へ行き、やがてキリストに似せられた新しい体を享受するであろうことを確信させることで、私たちを慰める。「永遠の命」についての問58の解説はキリスト者とキリストのつながりを明らかに言及はしていないが、それでも救済論的な焦点を有している。すなわち、この生涯において私たちが部分的に享受している救いは、来るべき世において完成させられるであろうということである。

しかし、私たちが「慰め」のモチーフにより頻繁に出合うのは、その用語自体が用いられていない箇所においてである。まことの信仰は、私たちがキリストによって救われるとの「確かな認識」であり「心からの信頼」である（問21）。私たちは御父が災いをも益としてくださることを「疑わない」で「より頼み」（問26）、何物をもこの方の愛から私たちを引き離すことはできないと「かたく信じる」ことができる（問28）。キリストとその油注ぎにあずかることで、私たちの罪や悪魔との戦いは「自由な良心」を伴うものとなる（問32）。私たちが激しい霊的試練の元にある時でも、私たちの主キリストがすでにそれを経験され、私たちを地獄の不安（［独］Angst）から私たちを救ってくださったと「確信する」ことができる（問44）。キリストの復活や昇天は、私たちにさまざまな霊的「保証」を備えることで益をもたらしてくれる（問45、49）。義認の教理は、悩める良心への三重の告発に対する三重の対策を備えるものである（問60）。礼典への参与を通して、聖霊は私たちの信仰を「確かに」して（問65）、私たちの救い全体がキリストの犠牲の業にかかっていることを私たちに「確証」するものである（問67）。洗礼は、キリストの犠牲が私たちのためであったこと（問69）、私たちの霊的な洗いが現実であること（問73）を思い起こさせ「確信させる」。同様に、主の晩餐は、私たちがキリストの犠牲と賜物（問75）、この方の真の体と血（問79）にあずかっていることを思い起こさせ「確証させる」ものである。御自身の聖霊によって、キリストが私たちを新しくするのは、その実によって私たちが自分の信仰を「確かめ」るためである（問86）。私たちの祈りは、神が私たちの主キリストのゆえに私たちの祈りを聞き入れてくださるという「揺るがない確信」を持つことを要求する（問117）。私たちが祈りの中で神を父と呼びかけるのは、神がキリストを通して私たちの父となられたとの畏れと「信頼」とを私たちの中に思い起こさせるためである（問120）。そして「アーメン」という小さな言葉は、私たちが祈ったことが「真実であり確実である」ことを意味する。というのも、神が私たちの祈りを聞いておられることは「確実」だからである（問129）。

結局のところ、『信仰問答』の中心概念としての役割を果たしているのは「慰め」という用語とその同義語の使用頻度ではない。むしろ、それが問2における『信仰問答』の主要三区分とどのように結びついているかということなのである。すなわち、この「慰め」という喜びの中で生きまた死ぬために、私たちは、私たちの悲惨（第一部）・私たちの救い（第二部）・私たちの感謝の道（第三部）を知る必要がある。残りの一二七の問答は、すべてこれら三つの部分に分けられ、究極的には、しばしば間接的にではあるが「慰め」の主題と関係しているのである。

それでは、この「慰め」についての『ハイデルベルク信仰問答』最初の問答の神学的・文献的資料は何であったか。長い間、ウルジヌスと草案作成委員会は、多様な教理問答書や他の諸文書を参考にしてきたと指摘されてきた。とりわけウルジヌス自身の『小教理問答』（一五六一年または六二年）であり、それほどではないが『大教理問答』（一五六二年）である[5]。『信仰問答』の一二九の問答中約九〇の一部もしくは全部が『小教理問答』の本文を下敷きにしており、『大教理問答』との並行箇所も数箇所ある[6]。これら二つの教理問答書への『ハイデルベルク信仰問答』の依存はすでに問1の初めの言葉に明らかである。それは『小教理問答』（SC）・『大教理問答』（LC）の冒頭の問答と明らかな文献的類似性を示している。

SC問１　生きている時と同じように死ぬ時にもあなたの心を支える、あなたの慰めは何ですか。
答　わたしのすべての罪を神がキリストのゆえに確かに赦して、わたしに永遠の命を与えてくださり、そうして永遠にこの方をほめたたえることです。(7)

LC問１　生と死において、あなたはどのような確かな慰めを持っていますか。
答　わたしが神によってこの方の形と永遠の命へと造られたこと。わたしがアダムにおいて自らこれを失った後、神は無限の恵み深い憐みによってわたしを御自分の恵みの契約の中に受け入れてくださり、そうして肉において送られた御子の服従と死のゆえに、信じるわたしに義と永遠の命をお与えくださること。また、御自分のこの契約をわたしの心の内に、わたしを神の形へと造り変え「アッバ、父よ」とわたしの内で叫ぶ御霊によって、また御言葉とこの契約の目に見えるしるしによって、封印してくださったことです。(8)

注目すべきは、『信仰問答』問1の問いが明らかにこれら二つの資料の言葉にしたがっているにもかかわらず、答えは先行する教理問答書とは全く異なっていることである。さらに、『信仰問答』の問52（キリストの再臨）・問53（聖霊）・問57（体の復活）・問58（永遠の命）との『小教理問答』の並行箇所には「慰め」への言及がない。(9)事実、『小教理問答』は「慰め」という言葉を、一一八ある問答の中で三回しか使っていない。一回は問1、あとの二回は選びの確信を扱う問答（SC51、52）においてである。『大教理問答』の場合は少し違って、「慰め」は三二三ある問答のうち六回だけ現れる。そのうち四回（LC1、103、110、131）は『信仰問答』の問1、52、53、58とそれぞれ並行している。他の二つはキリストの職務（LC64）と義認（LC141）の答えに現れる。『信仰問答』と違うのは、『大教理問答』は決して「慰め」という理念を文書の基本的構造と結びつけることもなければ、それを主要な主題としても示唆していない。また『小教理問答』は間接的にそうするだけだということである。

それでは、他にどのような文書が『ハイデルベルク信仰問答』問1の背後にあるのだろうか。何がウルジヌスや草案作成委員会に「慰め」を『信仰問答』の中心的主題とさせるインスピレーションを与えたのだろうか。これらの疑問に答えるためには、ルター派と改革派伝統双方を見る必要がある。少なくとも問1の一部に対するルター派の資料と思われるのは、ルター自身の一五二九年の『小教理問答』である。ゲータース（Goeters）やノイザー（Neuser）が指摘したように、有名な問1の答えの最初の数行はルターの「使徒信条」第二項の説明に驚くべき類似性を示している。[10]

わたしがわたし自身のものではなく、体も魂も、生きるにも死ぬにも、わたしの真実な救い主イエス・キリストのものであることです。この方は御自分の尊い血をもってわたしのすべての罪を完全に償い、悪魔のあらゆる力からわたしを解放してくださいました。（HC1）

イエス・キリスト……が私の主なのだ、とお父さんは信じている。主は……、ご自分のきよい、高価な血……とによって、……お父さんを、すべての罪と死と悪魔の力とから救い出し、買いもどし、ご自分のものとしてくださったのだ。だから、お父さんもイエスさまに属するものになり……。[11]（『小教理問答』）

二つの本文の鍵となるフレーズの並行的な言葉遣いは、そのドイツ語本文を比較した時にいっそう顕著である。

この方はわたしを解放してくださいました［mich . . . erlöset hat］（HC1）

主は……お父さん［わたし］を……救いだし［mich . . . erlöset hat］（『小教理問答』）

わたしのすべての罪を［für alle meine Sünden］（ＨＣ１）
お父さん［わたし］を、すべての罪……から［von allen Sünden］（『小教理問答』）

悪魔のあらゆる力から［aus aller Gewalt des Teufels］（ＨＣ１）
悪魔の力から［von der Gewalt des Teufels］（『小教理問答』）

御自分の尊い血をもって［mit seinem theuren Blute］（ＨＣ１）
ご自身の……高価な血……によって［mit seinem . . . theuren Blute］（『小教理問答』）

わたしが……わたしの真実な救い主イエス・キリストのものであること［eigen bin］（ＨＣ１）
お父さんもイエスさまに属するものになり［eigen sei］（『小教理問答』）

ここで特に明記すべきことは、キリストによって所有される、またはキリストの「ものになる」というルターの言葉の用法が『ハイデルベルク信仰問答』問1の「慰め」の主題の中心的要素になっているということである。

研究者たちはまた、ウルジヌスの三つの教理問答の最初の言葉と、メランヒトンのもう一人の学生であったヨアキム・メルリン（Joachim Mörlin）による一五四七年のルター派教理問答の第1問との並行関係を指摘している。

問　この世のすべてにまさるあなたの慰めは何ですか。

答　わたしがすべての人と同様生まれつき怒りの子であること（エフェソ二章）を知っているにもかかわらず、わたしがキリストの御命令（マルコ一〇章）に従い、わたしの尊い救い主であるイエス・キリストの内へと子どもとして洗礼を受けたことによって、別の人間であるキリスト者になったことである。[12]

問いの表現は確かにそれがウルジヌスの『小教理問答』・『大教理問答』・『ハイデルベルク信仰問答』の最初の言葉に影響を与えたかもしれないということを示唆する。問題は、この問いが実際にはメルリンの一五四七年版教理問答にはなく、『ハイデルベルク信仰問答』出版から三年後の一五六六年の改訂版にのみ現れることである。[13]にもかかわらず、その三年間にメランヒトンの二人の学生、ウルジヌスとメルリンが、自分たちの教理問答を慰めへの強調をもって始めたという事実は、彼らの師の著作の中でいかにこのモチーフが重要であったかを私たちが検討すべきことを示唆している。

救いの確かさという意味における慰めは、実際、メランヒトンの著作全体[14]、とりわけプファルツ改革に関係のある二つの著作における主要な神学的主題である。第一に、アウグスブルク宗教和議の拘束下にあるルター派領としてプファルツはメランヒトンの『アウグスブルク信仰告白』を自らの公的な教理文書としてみなしていた。いかなる新しい領内のカテキズムもその境界線を守らねばならなかった。それゆえ、『ハイデルベルク信仰問答』に神学的枠組みを提供した信仰規準が、同様に慰めの教理を強調していたとしても何ら驚くにあたらない。

『アウグスブルク信仰告白』のラテン語本文に見出すことができるのは、多様な文脈における少なくとも一四（ドイツ語では一一）の明らかな「慰め」という言葉の使用である。[15]神の御子についての第三条で、例えば、昇天したキリストは全被造物を支配し「彼を信じるすべての者を聖霊によって聖め、清くし、強め、慰め」[16]。悔い改めについての第一二条で、信仰が「心［conscientiam］を慰め、満たす」と述べる。[17] 信仰と善き業についての第二〇条は、「おののき、恐れる良心にとって大いに慰めとなり、救いとなる」キリストにある信仰による義認の教理に言及する。[18] 同様に、ミサは「おののく良心を慰めるため」として制定され用いられる（第二四条）。[19] 罪の告白の慣習について、「赦免の言葉はいかほど慰めに満ち」また「我々はこの赦免によって喜びの慰めを受け、このような信仰によって罪の赦しを得ることを知るのである」（第二五条）。[20] それとは対照的に、カトリック信仰の諸伝統の多くは「キリストの恵みについてなんらの慰めを」教えず、「信仰についてとか、試練における慰めについてとか、その類いの、どうしても必要な事柄に関する、有益な、キリスト教的な教え」をあいまいにしてしまった（第二六条）。[21] 簡単に言えば、デ・ルーヴァー（de Reuver）が言ったように「『良心の慰め』という言い方が［『アウグスブルク信仰告白』では］何度も、そして最も顕著な箇所に現れる。このことは、このルター派信仰告白が改革派のハイデルベルクの《慰めの書》とその類似した基本的かつ霊的なトーンによっていかに密接に結びついているかを示している」と。[22]

「慰め」の主題は、メランヒトンのもう一つの著作『牧師候補者の試問』にいっそう顕著である。これは牧師候補者の準備のための教理問答的な教本で、オットハインリヒが一五五六年の『プファルツ教会規程』の中に取り込み、またウルジヌスが一五五〇年代後半にブレスラウで教えていた時に用いたものである。ホルヴェークが指摘したように、この文書と『ハイデルベルク信仰問答』との間には多くの言語的並行箇所があるので、[23] その至る所にメランヒトンによる「慰め」への頻繁な言及を含む同書が、ウルジヌスと『ハイデルベルク信仰問答』にある影響を与えたことは十分ありえるし、またそうであろうと考えられる。[24] 後の『ハイデルベルク信仰問答』同様、『牧師候補者の試問』（一五五二年）におけるこれらの言及に一貫していることは、その救済論的な集中である。メランヒトンによれば、人々が律法による神の裁きを経験するのは「良心が恐怖と絶望に陥る時であり、それらはあまりに大きく、もし福音による主キリストの知識から来るいかなる慰めもないとしたなら、肉体的かつ永遠の死をもたらすものである」[25]。私たちの「哀れで惨めな本性は罪深いものである」が、にもかかわらず「私たちの罪と恐怖に怯える良心の知識においても」悪魔の働きを打ち破り、「大いなる私たちの解放の業を」完成させるために来られた仲保者の福音を通して「私たちには慰めがある」[26]。さらにまた、

福音がこの永遠の恵み深い慰めを告知する。すなわち、神が確かにまた御子イエス・キリストのゆえに、恵みにより私たち自身のいかなる功績にもよらず、私たちに罪の赦しを与え、私たちを義とし、私たちを受け入れ、御子イエス・キリストによって私たちに聖霊を与え、私たちを永遠の救いの世継ぎとすることを望んでおられる、ということである[27]。

「あなたの心を満たすこの深い慰めにおいて、神の御子はあなたに御自身の聖霊を与え、あなたの内に神にある命と喜びを働かせる[28]」。このことは部分的には、私たちが神の子どもであるという私たちの心の内なる御霊の証言から来るもので、それによって私たちは「神にあることの純粋な慰めを経験する[29]」。かくして、「信仰によって慰められ、主キリストに信頼して」私たちもまた今や「この方に従うことを欲する」のである[30]。

これらは『牧師候補者の試問』にある五〇以上の「慰め」という言葉の出現のわずかな例である。慰め・悲惨・救い・確信・従順という言葉はウルジヌスの『小教理問答』やとりわけ『ハイデルベルク信仰問答』の最初の問答に非常に似ている。実際、このメランヒトン的口調とルターの『小教理問答』の言葉の『ハイデルベルク信仰問答』問1におけるブレンドは、同書の冒頭の数行に間違いなくルター派的な香りを与えている[31]。しかし、さらに重要なことは、『牧師候補者の試問』における慰めの主題の広汎性であり、それが『ハイデルベルク信仰問答』において主題的役割を果たすことになるインスピレーションの一部となったことは全く可能だということである。

しかしながら、『ハイデルベルク信仰問答』のルター派的ルーツの可能性が深いのと同様、改革派的源泉の集成の影響をも見過ごすべきではない。それはすなわち、一連のカテキズム資料であって、一六世紀半ばに、改革者ヨハネス・ア・ラスコ（Johannes à Lasco）とその同労者たちであるマルテン・ミクロニウス（Marten Micronius）とヤン・ユーテンホーフェ（Jan Utenhove）によって、エムデンやドイツの改革派諸教会、またロンドンのいくつかのオランダ移民の会衆のために作られたものである。[32] 例えば、一五四六年のラスコの『エムデン（大）教理問答』（オランダ語訳、一五五一年）には、使徒信条第一項「我は全能の父なる神を信ず」の説明について、次のような問答がある。

問　なぜ聖書は神を「父」や「全能」と呼ぶのですか。
答　私たちの信仰の覚醒と堅固な確立のため、またすべての信仰者の慰めのためです。
問　「父」という小さな言葉は、どのような慰めをもたらしますか。
答　生と死において聞かれるべき、非常に特別な慰めです。それは、すなわち、私たちの主イエス・キリストの御父である、いと高き神が、私たちの父にもなることを欲しておられるということです。
問　私たちの神が「全能」であると告白することは、どのような慰めを私たちにもたらしますか。
答　もし私たちがそのことを信じるなら、他に並び立つ者のないこの御方に、私たちが完全に信頼してもよいことを確信して慰められるのです。[33]

ここで最も注目すべきことは「慰め」という言葉が五回も使われていることだけでなく、二つ目の答で「生と死における」慰めという、後にウルジヌス『小教理問答』1・同『大教理問答』1・『ハイデルベルク信仰問答』

1に見られる表現に言及されることである。

数年後、ミクロニウスは、ラスコの典礼文書 *Forma ac Ratio*（一五五三年）の部分的なオランダ語訳である『信仰の短い解説』（*Een corte undersouckinghe des gheloofs,* 一五五三年）を次のような問答で始めた。

問　どのようにして、あなたは自分がキリストの教会の一部であるとあなたの心の中で確信できますか。

答　私が神の子どもであると聖霊が私の霊に証ししてくださるという事実から……。さらに、私がまた神の御霊によって、神の戒めへの従順へと促されていると感じるからです(34)。

ここには慰めへの言及はないが、答における聖霊の二重の働きへの言及がそれとの緊密な関連を持っている。それは『ハイデルベルク信仰問答』問1の最後の行との明らかな類似性を有している。すなわち、聖霊によって、キリストは二つのこと――この方が「永遠の命を保証し」「今から後この方のために生きることを心から喜びまたそれにふさわしくなるように、整えてもくださる」ということ――を信仰者たちに為してくださると確言する箇所である。

ミクロニウスは、『信仰の短い解説』の後の方の問答で「慰め」という言葉を使っている。

問　（聖徒の交わり、罪の赦し、身体のよみがえり、永遠の命を信ず）には、どのような慰めがありますか。

答　第一に、すべてのキリストの恵みが等しくすべての聖徒と信者のものであること。第二に、彼らが父なる神から罪の赦しを、キリストの御名において謙遜な心を持った堅固な信仰を通して、何度でもいただくということ。最後に、この世においていかに貶められていようと、終わりの日に彼らは自らの身体で永遠の命へとよみがえるということです。

問　（主の晩餐）には、どのような慰めがありますか。

答　キリストの体と血の犠牲によって、私が罪の赦しをいただき、永遠の命へと養われるということです。それは、主の食卓で奉仕者からのパンを食し、私に与えられた杯を飲むのと同様に確実であり、それはちょうど私の体が日々の食物と飲み物によって自然に支えられるのと同じなのです[35]。

これらの最初のものは『ハイデルベルク信仰問答』問1と何の類似点もないが、慰めと『ハイデルベルク信仰問答』問57の身体の復活、また慰めと『ハイデルベルク信仰問答』問131や問58の永遠の命との結びつきを漠然と示唆している。第二の問答は、『ハイデルベルク信仰問答』問75・76・79の主の晩餐についての部分と似た言葉を含んでいるのみならず、明らかに慰めと救いの確かさを結びつけているが、『ハイデルベルク信仰問答』ではこのことが問1においてのみはっきりと結びつけられるのである。

最後に、一五五四年のラスコの『エムデン（小）教理問答』もまた興味あるいくつかの問答を含んでいる。

問3　あなたが真のキリスト者であり（直前の答に列挙されたような）キリストの恵みにあずかっていると、どうして確信できるのですか。

答　第一に、私が神の子どもであると……私の霊に証しをする聖霊の証言によって。第二に、聖霊によって、私が内なる自我において経験する、主なる神に仕えようとする意志と思いによってです[36]。

問24　それでは、この貧しく、律法に怯える、断罪された人間はどこから慰めを求めればよいのですか。

答　自分自身の中にでも、天地の他のいかなる被造物においてでもなく、ただ聖なる福音を通して私たちに啓示されている一人の仲保者また救い主であるイエス・キリストへの信仰においてです。[37]

これらの答の最初のものは、もちろん、『信仰の短い解説』や後の『ハイデルベルク信仰問答』問1における聖霊の二重の働きの叙述と並行している。二つ目の問答がとりわけ興味深いのは、『ハイデルベルク信仰問答』問1と同様、私たちの慰めがどこに見出されるかを問うているのみならず、その慰めの源を私たち自身ではなく仲保者かつ救い主であるイエス・キリストに置いている点である。

ウルジヌス『小教理問答』・同『大教理問答』・『ハイデルベルク信仰問答』と同様、「慰め」という言葉は比較的稀にしかこれら北ドイツの資料には見られない。『エムデン（大）教理問答』に五回、『信仰の短い解説』に二回、『エムデン（小）教理問答』には一回だけである。しかし、ウルジヌスの三つの著作と異なり、『エムデン教理問答』は「慰め」という観念に特別な場所を与えてはいない。それを最初の問答に位置づけることも、文書全体の構造に結びつけることで主題的な役割を与えることもしていない。実際、最も『ハイデルベルク信仰問答』問1に似ている材料を持つ文書である『エムデン（小）教理問答』は、救済論的ではなく目的論的な問い（なぜあなたは人間として造られたのですか）[38]をもって始めているし、唯一の慰めへの言及は問24までない。慰めは、良く言って、本文の中に深く隠されたマイナーな神学概念にすぎず、それが現れる限られた文脈を超える役割を果たしてはいないようである。にもかかわらず、これら北西ドイツの改革派カテキズムは、ウルジヌス『小教理問答』・同『大教理問答』・『ハイデルベルク信仰問答』の問いの言葉、『ハイデルベルク信仰問答』問1の答の最初と最後の数行の一部、また慰めとウルジヌス『大教理問答』問103・110・131、『ハイデルベルク信仰問答』問57の使徒信条の三つの教理との連関等に、基礎資料としての可能性を私たちに提供している。

それゆえ、『ハイデルベルク信仰問答』の全体的主題としての「慰め」ということから言えば、ウルジヌスにより大きなインパクトを与えたのはおそらくルター派の伝統である。しかし、慰めについての『ハイデルベルク信仰問答』の最初の問答の内容について言えば、ルター派と改革派からの材料が撚り合わせられているのを私たちは見出すのである。この点において、『ハイデルベルク信仰問答』問1は、同書の残りの多くの部分の典型となっていると言えよう。

三重構造

最初の問答に導入された『ハイデルベルク信仰問答』の中心主題から、今度は問2に示されている同書の三重構造へと移ろう。

問2　この慰めの中で喜びに満ちて生きまた死ぬために、あなたはどれだけのことを知る必要がありますか。

答　三つのことです。第一に、どれほどわたしの罪と悲惨が大きいか、第二に、どうすればあらゆる罪と悲惨から救われるか、第三に、どのようにこの救いに対して神に感謝すべきか、ということです。

『ハイデルベルク信仰問答』問2の明確な文献資料は、同書の基本文献として用いられたと思われるウルジヌススの『小教理問答』（*Catechesis minor*, 一五六一年または一五六二年）である。

問３　神の言葉は何を教えていますか。

答　まず私たちの悲惨さ、次にどのような方法でそこから救われるか、そしてこの救いに対して神にどのような感謝をささげるべきかを、私たちに示しています。

それでは、『小教理問答』のこの三区分のルーツはどこにあるのか。この区分については、特に四つの資料『ハイデルベルク信仰問答』問2と同様、この答は続く『小教理問答』の大きな区分を導入している。

それでは、『小教理問答』のこの三区分のルーツはどこにあるのか。この区分については、特に四つの資料——三つがルター派、一つが改革派。またそのうち二つが何らかの仕方で『ハイデルベルク信仰問答』に先立つ数年の間にプファルツと関係があるものである——が競合している。一世紀以上も前にアウグスト・ラングによって提唱されたこれらの文献の最も古いものは、マルティン・ルターによる初期のカテキズム的著作『十戒……の短い定式』（*Eine kurze Form der zehn Gebote* ..., 一五二〇年）である。[39] そこで、ルターは医療の比喩を用いてこの文書の三重構造を導入している。

救われるために三つのことを知らなければならない。第一に、何をすべきで何をしてはならないか。第二に、何をすべきで何をしてはならないかについて自ら為し得ないことを知ったならば、自分が求める力を見出すためにどこに行くべきかを知る必要がある。第三に、その力をどのように探しまた獲得すべきか知らねばならない。それは、あたかも病人が最初に病気の性質を決定し、次に何をすべきで何をしてはならないかを見出さねばならないようなものである。その後で、健康な人間にとって正しい事柄を行いまたそれを損なわないための薬を獲得できる場所を知らねばならない。そして第三に、この薬を探して獲得するかまたは持ってきてもらえるであろう望みを持たねばならない。

かくして、十戒は人に病気であることを自覚させ……、自分が罪深く邪悪な人間であると認識させる。信条は、戒めを守ることを助ける恵みである薬を彼の前に示し、どこに見出すべきかを教える。信条はまた、キリストにおいて与えられ明らかにされた神とその憐れみを指し示す。第三に、主の祈りは、彼に示された薬をいかに求め、獲得し、保持することができるかを教える。すなわち、適切で、謙遜な、慰め深い祈りによって……。これら三つのことに、聖書全体の要諦がある。(40)

ここにおける『ハイデルベルク信仰問答』の最初の二区分との並行は、特に律法を第一部に、信条を第二部に結びつけていることを考えれば、顕著である。ラングによれば、ウルジヌスは単純にルターの「病人」と「薬」の概念を「悲惨」と「救い」に置き換え、「感謝」という改革派的用語によって補ったのだと。(41)

一九世紀末にマウリッツ・ホーゼンによって示唆された第二の可能性は、フィリップ・メランヒトンの『神学総論』(*Loci communes theologici*) 初版(一五二一年)である。(42) ホーゼンが強く主張したのは、ロキがその様式を次の三つの主な要素から導き出したということである。すなわち、罪と律法、恵みと福音、そして悔い改め・愛・礼典である。(43) この構成そのものは、パウロのローマの信徒への手紙の構造によって印象付けられたものであった。(44)

二〇世紀の初期、ヨハン・ロイ (Johann Reu) は、第三の可能性に注意を喚起した。それは『私たちの聖なるキリスト教信仰の正しく真実な教理の簡潔にして秩序ある要約』というタイトルのルター派のキリスト教教理の要約で、一五四七年にレーゲンスブルクで最初に出版され、一五五八年にハイデルベルクで再刷された文書である。(45) この『要約』は匿名であったが、メランヒトンの教え子の一人であり、後に自分の師の神学に対する強力な批判者となった純正ルター派のニコラス・ガルス (Nicholas Gallus) の序文を含んでいる。この書物はハイデルベルクで一五五八年に再刷されて、『ハイデルベルク信仰問答』に至るまで五年間にわたってプファルツで用いられたカテキズム文書の一つとなったことは間違いない。[46]

この文書で注目すべき点は、その小区分が律法と罪、福音と信仰、善き業の三つの主要な教理的タイトルになっていること、[47]そして各区分の説明において、悲惨・救い・感謝という用語にそれぞれ遭遇することである。[48]『要約』は「少年と無垢な人々のための簡潔なキリスト教信仰告白」をもって閉じられているが、それはまた次の三つの部分に分けられている。

第一に、わたしは、哀れな罪深い被造物であることを告白します。

第二に、わたしは、私たちの主イエス・キリストが……わたしの罪の赦しと永遠の命を獲得し、贖ってくださったことを……告白し信じます。

第三に、わたしは、そのような大いなる恵みと善に対し、真実に神に感謝すべきであることを告白します。[49]

『要約』全体の三区分構造、悲惨・救い・感謝の用語、最後の短い告白文の三区分は、ロイをして次のような結論に導いた。『ハイデルベルク信仰問答』の最も有名な特徴の一つである三区分の組織的編成は、このルター派のカテキズムにその起源を持っていると。[50]

一九六〇年代にヴァルター・ホルヴェーク（Walter Hollweg）は、第四の仮説を出した。テオドール・ベザによる二つの改革派信仰告白『キリスト教信仰の告白』（*Confessio fidei christianae*, 一五六〇年）と『第二簡略告白』（*Altera brevis fidei confessio*, 一五六〇年）が、『ハイデルベルク信仰問答』の構造や内容、さらにはいくつかの言葉遣いにまで重要な影響を与えていると主張したのである。[51]ホルヴェークは、ハイデルベルクの町とベザとの緊密な関係を強調することによって議論の土台を据えた。『ハイデルベルク信仰問答』の出版に先立つ数年前から、すでにベザは、プファルツの選帝侯オットハインリヒやフリードリヒ三世・小会議員ミカエル・ディルラー（Michael Diller）・大学教授ペトルス・ボクィヌス（Peter Boquinus）・『ハイデルベルク信仰問答』に貢献することになるウルジヌスやオレヴィアヌスらとの友好的な関係を発展させていた。一五五七年と一五五九年の間に、ベザは個人的にハイデルベルクを四回も訪ねており、これらの訪問の間に、当地のプロテスタント聖餐論争に次第に関わるようになっていたのである。[52]

一五五九年一一月のハイデルベルクへの訪問は、さらなる（予想外であったにせよ）重要な展開へと導いた。明らかに選帝侯フリードリヒ三世の指示により、ある仲介者を通して、プファルツでプロテスタント信仰のジュネーヴ的理解の短い要約を必要としているとの報せがベザにあった。他のスイスの神学的著作ほど難しくあるいは散漫でないものをということであった。それから半年も経たない一五六〇年三月に、ベザの *Confessio de la foi chrestienne*（一五五九年）のラテン語版『キリスト教信仰の告白』（*Confessio fidei christianae*）がジュネーヴで出版された。序文で、彼はカルヴァンの『綱要』の広さと『ジュネーヴ教会信仰問答』の簡潔さの中道を目指したと書いているが、これこそまさにプファルツが彼に依頼したことであった。ベザの『告白』の簡略版である『第二簡略告白』もまたハイデルベルクではよく知られていた。長い信仰告白と同様、最初にフランス語（*Autre briefve confession de foy*）で一五五九年に作られ、『信仰告白』のフランス語・ラテン語版に付録として付けられていた。一五六一年にはフランス語からオランダ語に訳され、同年、ペトルス・ダテーヌス（Peter Dathenus）のオランダ人亡命者教会と共にフランクフルトからハイデルベルクへと移ってきたのである。フランス語本文のドイツ語訳が、おそらくはカスパール・オレヴィアヌスによって準備され、一五六二年にハイデルベルクで出版。翌年、この翻訳がハイデルベルクで『フランス信仰告白』ドイツ語訳の付録として再刷されたのである。[53]

これらすべてのデータから示唆されることは、ホルヴェークによれば、『ハイデルベルク信仰問答』の著者たちはその使命を成し遂げるために、ベザの二つの信仰告白を資料として用いることが可能であったということである。彼が論じるところによれば、彼らが実際にそうしたということは、これらの信仰告白と『ハイデルベルク信仰問答』とにある構造的・言語的類似から見てとることができると。『ハイデルベルク信仰問答』の構造に最も当てはまるのは、ホルヴェークによれば、『信仰問答』の三重区分と『第二簡略告白』の第17―21項にある聖霊の三重の働きとの並行関係である。すなわち、聖霊の第一の働きは律法による罪の覚醒に関係し、第二は福音による救い、第三が聖化である[54]。ホルヴェークはここでの第三の要素（聖化）と『ハイデルベルク信仰問答』の第三部のタイトル（感謝）との違いに気づいており、後者の区分では「聖化」が第二部の使徒信条の解説（『ハイデルベルク信仰問答』問24「聖霊なる神と私たちの聖化」を見よ）の下で扱われることを要求しているにもかかわらず、第三部の感謝・善き業・祈りの主題は、依然、そのルーツを二つのベザの信仰告白に持っていたと主張する[55]。

『ハイデルベルク信仰問答』の三重構造は、それでは、ルターに遡るのであろうか。それともメランヒトン、レーゲンスブルクの無名のルター派カテキズム、あるいはベザであろうか。これらの選択肢は、それぞれが確かに可能性を持っているが、一つとして完全ではない。おそらく最も可能性が低い資料は、メランヒトンの一五二一年版『神学総論』である。ホーゼンはそこに三重区分を推測したのであるが、それは全く読者には見て取れず、またメランヒトン自身、それが見て取れるようにはしていない。さらに、同書の後半を感謝の主題としてもいない。

もし三重構造についての明らかな基礎資料とならないものが『ハイデルベルク信仰問答』の構造に影響を与えたとすれば、他のいかなる文書であれ当てはまることになる。例えば、ルターの一五二九年の『小教理問答』がそれである。一五六六年にこのカテキズムを敷延して、メランヒトンの教え子であったヨアキム・メルリンは、ルターの著作をキリスト教教理の最も重要な要素、すなわち、私たちが信じ、救われ、敬虔な生活を生きるために知らねばならないことを含んでいると述べているが、その諸要素とは三つ。すなわち、律法・福音・キリスト教共同体の構成員のための「義務の一覧」（Haustafel）である。律法は私たちに、病気を診断する医師のように、私たちの罪を示す。信条と祈りと礼典からなる福音は私たちが必要とする薬を含む。そして、『小教理問答』の最後近くにある「義務の一覧」は、人がその人生の段階で神の御前で正しく生きることができるための特別な養生法を提供している。(56) メルリンがここで推測したより深い三重構造もまた『ハイデルベルク信仰問答』の悲惨・救い・感謝の配列を予示するものであるが、ロキにおけるのと同様、それは『小教理問答』の表面的な構造とはなっていないし、どこにも第三部の主題が「感謝」であると記されてもいない。(57)

ルターの『十戒……の短い定式』は、メランヒトンの『神学総論』やルターの『小教理問答』よりは可能性のある資料文献として推奨しうるものである。なぜなら、それは、最初にはっきり紹介されている三つの部分にしたがって明確に構成されているからである。さらに、ルターが律法と福音の役割を例証するのに用いた医者の喩えは、一五六三年の『プファルツ教会規程』の説教についての指示に、『ハイデルベルク信仰問答』の三重区分を適用するものとして再現されている。(58) 説教が人々を彼らの惨めさ、そこからいかに救われるか、いかにそのような救いに対して感謝の内に生きるべきかを知らせるように導く時、そのような説教は「傷ついた良心を癒す薬」となる。(59) また、ウルジヌス自身が『ハイデルベルク信仰問答』の注解で、数年後、「私たちの悲惨の知識は私たちの慰めにとって必要である……。なぜなら、それは私たちの内に救いへの欲求を、あたかも病を知ることが病人に薬への欲求を起こすように、かきたてるからである」と述べている。(60)

にもかかわらず、ルターの『定式』の第三部には「感謝」への言及がなく、また実際、キリスト者の生活における善き業についてさえない。『ハイデルベルク信仰問答』問86に導入されている感謝と善き業との結びつきのルーツを知るためには、ルターでも、ラングが主張した改革派伝統でもなく、おそらくは他のルター派の資料、一五三五年のヨハネス・ブレンツのカテキズムを見なければならない。

問　なぜ私たちは善き業を為すべきなのですか。

答　私たちが自分の行いによって罪の償いをするからでも永遠の命を獲得するからでもなく——キリストのみが罪を償い永遠の命を獲得してくださったのであるから——むしろ私たちが善き業によって私たちの信仰の証しをし、その善き御業に対して私たちの主なる神に感謝すべきだからです(61)。

この問答と『ハイデルベルク信仰問答』問86との言葉の並行関係は、偶然というにはあまりに顕著である。『ハイデルベルク信仰問答』の構造について、ホルヴェークが示唆する資料のもう一つの可能性であるベザの『第二簡略告白』もまた、魅力的である。メランヒトンの『神学総論』と異なり明確な三重構造を持っており、またルターの『定式』と異なりその第三部とキリスト者の生活における聖化との明確なつながりを表している。しかし、ホルヴェーク説のマイナス要因は、『ハイデルベルク信仰問答』の三重構造が依拠していると言われるベザによる聖霊の三重の働きの教理が信仰告白の中に埋め込まれており、三三問答中五つのみしか関係しておらず、文書全体の構造には何の影響も与えていないということである。加えて、聖霊による聖化の働きに「感謝」の言及は出てこない。

私たちの前にある四つの可能性のうち、一五五八年のハイデルベルク版のレーゲンスブルクの『要約』がおそらくは最も蓋然性が高い。なぜなら、『ハイデルベルク信仰問答』の区分を予示する三つの主題を巡る明らかな構成と、後に『ハイデルベルク信仰問答』が使用するこれらの区分を名付ける用語が、非常に稀であるにせよ、本文中に現れるからである。さらに、もし最後にある単純な告白の第三部（「そのように大いなる恵みと善に対して、私が真実に神に感謝すべきである」）を同区分の要約とみなすのであれば、感謝が『要約』の中で主題的な役割を担っていると言うこともできよう。

しかし、一つの躊躇は、律法と罪・福音と信仰・善き業という同じ三つの組み合わせは、一六世紀前半の他の文献にも、時には構造的な役割において、また感謝への言及を伴って、現れるということである。さまざまな例を見出すことができるが、例えばメランヒトンの一五二七―二八年の『巡察規定』[62]（Visitation Articles）において、あるいは『アウグスブルク信仰告白』（一五三〇年）第一二条（悔い改め）における痛悔・信仰・悔い改めの実の組み合わせの次のような叙述においてである。

さて、真の悔い改めは本来罪についての悔いと痛み、恐れをもつこと、罪が赦され、キリストにより恵みが得られると、福音と赦免を信じること以外のなにものでもない。この信仰がまた心を慰め、満たす。この後にまた改善がつづくのであって、人は罪を捨てるのである。これは悔い改めの実である[63]。

さらに、『アウグスブルク信仰告白』第二〇条（一五三一年、editio princeps）の「信仰とよい行いについて」によれば、聖霊は私たちの内に罪と信仰の知識を生み出すが、それは私たちがキリストにあって私たちに約束された大いなる慈しみから永遠の慰め（！）と命をいただくためである。その後、御霊もまた私たちの内に神が十戒において求めておられる諸々の徳を生み出すが、それはすなわち、神を恐れること・愛すること・感謝すること（！）・祈ること・賛美すること・私たちの隣人を愛することである[64]。この反響を私たちは『アウグスブルク信仰告白』の弁証（一五三一年）にも聞くことができる[65]。

さらに、三重区分が現れる『ハイデルベルク信仰問答』以前の別の資料は、一五三三年の『ブランデンブルク・ニュルンベルク教会規程』で、ルター派の改革者ヨハネス・ブレンツやアンドレアス・オジアンダーが主な作者である[66]。洗礼の礼典についての箇所において『教会規程』は次のように述べる。

私たちが［洗礼における］神のこの御業をより感銘深く秩序だった仕方で理解するためには、私たちが次のことを熱心に考えるべきである。何より第一に、聖書に従って私たちすべてが陥っている悲惨（［独］elend）と邪悪がいかに大きいか。第二に、洗礼を通して私たちを悲惨と邪悪から解放してくださることで示してくださった私たちの主イエス・キリストによる神の恵みがいかに大きいか。そして、第三に、この洗礼の恵みを常に、とりわけ必要な時に、いかに思い出しまた神を賛美しほめたたえるべきか。(67)

この文書は、この三重の視座を非常に詳しく説明していき、第三点の解説においては私たちを洗礼における「慰め」を見出すよう励ますだけでなく「神への感謝」（［独］danckbarkeyt）をもってそうするようにと勧めているのである。(68)

以上のように、『ハイデルベルク信仰問答』の三重構造の正確な資料を解決することはほとんど不可能である。一五二〇年代以降、悲惨・救い・感謝の多様な形が、ドイツにおける一連の神学的資料――カテキズム、教会規程、祈禱書、教理の要約、信仰告白――に表れる。『小教理問答』や『ハイデルベルク信仰問答』の構造化においてウルジヌスに与えたであろう影響は、プファルツに至ったこれらさまざまな文献的道筋を辿りえるかもしれない。しかし、私たちの研究にとって重要なことは、この三重構造にその最も初期かつ最も広範な表現を与えたのが、改革派ではなくルター派伝統であり、とりわけその創始者であるルターやメランヒトンの著作においてであったことである。『ハイデルベルク信仰問答』の輪郭がある特定のルター派カテキズムに基づいていると主張することにおいて、ロイはおそらく行き過ぎたのではあったが、それがルター派の背景を持っていたとの指摘は確かに正しかったのである。たといもし三区分が実際に、ホルヴェークが主張したように、ベザの改革派信仰告白によってインスピレーションを受けたとするならば、ベザ自身が単純に長いルター派の伝統を利用したのであろう。それに関わる慰めの主題同様、悲惨・救い・感謝のセットは、ルター派伝統に深く根ざしている枠組みを『ハイデルベルク信仰問答』に提供しているのである。

第三章

律法と福音（問3―19）

前章で、『ハイデルベルク信仰問答』の主題と構造のルター派、とりわけメランヒトン的ルター派の背景について、『信仰問答』問1へと織りなされているルター派と改革派諸文書の諸要素をも指摘しつつ、述べた。『ハイデルベルク信仰問答』問3―19では、『信仰問答』の最初の二区分である「悲惨」と「救い」にそれぞれ結び付いている「律法」と「福音」の関係におけるルター派と改革派の総合についてさらなる事例を見出すであろう。しかし、そこで私たちが出合うのは、時に改革派的素材に依存もしくは少なくとも改革派の神学的傾向を示している素材に肉付けられてはいるが、基本的にはルター派の骨格である。『ハイデルベルク信仰問答』の最初の主な区分は、次の問答から始まる。

問3　何によって、あなたは自分の悲惨さに気づきますか。
答　神の律法によってです。

第二部の最初には、これと並行する問答がある。

問19　あなたはそのこと［あなたの救い］を何によって知るのですか。

答　聖なる福音によってです。

悲惨と律法、救いと福音とのこの連関を理解するためには、『ハイデルベルク信仰問答』が悲惨・救い・感謝という三区分に配列されたキリスト教的慰めについての単なる手引きではないことを思い起こすべきである。それ以前や以後の何百年にもわたるキリスト教カテキズムと同様、『ハイデルベルク信仰問答』は本質的にキリスト教信仰の基本的諸要素――十戒・使徒信条・主の祈り・礼典――の説明なのである。それゆえ、『ハイデルベルク信仰問答』問1と2に導入されている主題と三重構造のもとに、私たちは次のような五重の下部構造をも見出す。すなわち、律法（要約）・信条・礼典・律法（十戒）・主の祈りである。

『ハイデルベルク信仰問答』におけるこれら下部構造の諸要素の順序に、取り立ててルター派的・改革派的特徴があるわけではない。『ハイデルベルク信仰問答』の主な資料となったカテキズムのパターンのいくつかを単純に比較するだけで、そのことは明らかである。

ルターの『小教理問答』（一五二九年）
　律法・信条・祈禱・礼典
ブレンツの『小教理問答』（一五三五年）
　洗礼・信条・祈禱・律法・主の晩餐
ユートの『小教理問答』（一五四一年）
　律法・信条・祈禱・礼典
カルヴァンの『ジュネーヴ教会信仰問答』（一五四五年）
　信条・律法・祈禱・礼典

ラスコの『エムデン大教理問答』（一五四六年）
律法・信条・礼典・祈禱
ラスコの『エムデン小教理問答』（一五五四年）
律法・信条・礼典・祈禱
ウルジヌスの『小教理問答』（一五六一／六二年）
律法（要約）・信条・礼典・律法・祈禱
ウルジヌスの『大教理問答』（一五六二年）
律法（要約）・信条・律法・祈禱・礼典
『ハイデルベルク信仰問答』（一五六三年）
律法（要約）・信条・礼典・律法・祈禱

ここに見られるように、ウルジヌスの『小教理問答』と『ハイデルベルク信仰問答』の最初の律法・信条という順序は、すでにルターの『小教理問答』のみならずユートやラスコの改革派の著作にもみられる。他方、ブレンツやカルヴァンといった、ルター派と改革派のカテキズムは、それぞれ全く異なるパターンを切り開いている。『ハイデルベルク信仰問答』とウルジヌスの『小教理問答』とを、先行カテキズムから区別できることは、第一に、それらが律法の解説を二つに分けていることである。すなわち、⑴律法の要約（人間の罪の鏡としての機能）と、⑵十戒の個別の戒め（感謝の生活の型としての機能）である。これらのカテキズムをさらに区別することは、それらが五つの下部構造――律法（要約）・信条・礼典・律法（戒め）・祈禱――をどのように悲惨・救い・感謝の三重構造と、そして究極的には「慰め」のテーマと結びつけているかということである。『ハイデルベルク信仰問答』のアウトラインを記せば、例えば、以下のようになる。

B　律法解説（十戒）（問92―115）

C　主の祈り解説（問116―129）

それゆえ、律法（要約）は「人間の悲惨」の第一部に置かれており、福音（問22）の要約である信条は「人間の救い」の下で扱われている。事実、本章の冒頭に引用した『ハイデルベルク信仰問答』の二つの問いに見られるように、律法（の要約）によって私たちの悲惨を知り（問３）福音（信条の要約）によって私たちの救いを知るに至るのである。

『ハイデルベルク信仰問答』第一部の律法と悲惨、第二部の福音と救いというこの構造的関連は、律法と福音の弁証法というルター派的味わいを創出する。(1) ルターは、聖書と説教において私たちに語りかけられる神の言葉は、律法と福音であると教えた。「律法」は神の完全かつ聖なる御旨の表現であるが、救いの道としては悪魔的かつ暴虐的になる。私たちに向かって指を振りながら「これが生きるためにあなたがしなければならないことだ」と言い、私たちの罪を暴き、恵みを受けるべく私たちを整える。他方、「福音」は私たちに対する神の命令ではなく贈り物であり、「これが、あなたが生きられるようにと、神がキリストにおいてあなたのために成し遂げてくださったことだ」と宣言する。福音は、律法が与えることのできない恵み・義・命を私たちに約束するのである。(2)

一般的に改革派伝統の代表者であるカルヴァンもまた、律法と福音とのこの両極性を認識しているが、狭い意味においてのみである。より広いまたより一般的な意味においては、律法は単に断罪と死の恐怖を与える教えではなく、旧約聖書全体を貫く契約としての律法であり、神の恵みの約束をも含むものである。また福音も、そのより広い意味においては、受肉したキリストによる恵みの告知のみならず、すでに旧約聖書において見出すことのできる神のすべての慈しみと恩顧の証しにほかならない。したがって、この広いまた十分な意味において、福

音は律法とただその表れの明瞭性においてのみ異なるのである。(3)

かくして『ハイデルベルク信仰問答』の最初の二つの部分は、明らかにその構造と下部構造において、改革派よりもルター派的な律法と福音の関係理解を反映している。律法は私たちの悲惨を明らかにし（第一部）、福音はその悲惨からの私たちの救いを明らかにする（第二部）。にもかかわらず、『ハイデルベルク信仰問答』における律法と福音の区別をあまりに明確にしてはならない。というのも、時折、第一部と第二部のルター派的構造は、わずかな改革派的アクセントによって和らげられたり、改革派的内容によって豊かにされたりしているからである。(4)このことは、『ハイデルベルク信仰問答』問3―19の表現の多くが改革派伝統の文書、とりわけテオドール・ベザによる『第二簡略告白』（SBC）に依存していることを考えれば、おそらくそれほど不思議ではない。ホルヴェークは、二つの文書の言語的並行関係を次のように指摘した。(5)

HC問4　神の律法は、わたしたちに何を求めていますか。

答　それについてキリストは、マタイによる福音書二二章で次のように要約して教えておられます。「『心を尽くし、精神を尽くし、思いを尽くし（、力を尽くし）て、あなたの神である主を愛しなさい』。これが最も重要な第一の掟である。第二も、これと同じように重要である。『隣人を自分のように愛しなさい』。律法全体と預言者は、この二つの掟に基づいている」。

SBCⅢ　わたしたちは、その［律法の］内に、神なる主を心を尽くし、また、わたしたちの隣人を自分のように愛すべきことを見出すことによって、わたしたちが何をしなければならないのかを十分明確に理解する。すなわち、神と私たちの隣人への完全な愛である。(6)

HC問5　あなたはこれらすべてのことを完全に行うことができますか。

答　できません。なぜなら、わたしは神と自分の隣人を憎む方へと生まれつき心が傾いているからです。

SBCⅣ　しかし、それに対して生まれつき整えられているのでなければ、どのようにそれを成し遂げることができようか。経験がわたしたちに教えるところによれば、わたしたちの本性はちょうど反対を行うように傾いており、すべての人々は……神と隣人を憎むのである。(7)

HC問12　わたしたちが神のただしい裁きによってこの世と永遠との刑罰に値するのであれば、この刑罰を逃れ再び恵みにあずかるにはどうすればよいのですか。

答　神は、御自身の義が満たされることを望んでおられます。ですから、わたしたちはそれに対して、自分自身によってか他のものによって、完全な償いをしなければなりません。

SBCⅠ、Ⅴ　彼らは完全に神の義を満足してはいない……。それゆえ、必然的に、すべての人々が例外なく断罪されねばならないか、彼らのために償いをしてくれる誰かを探さねばならないかである。(8)

HC問13　しかし、わたしたちは自分自身で償いをすることができますか。

答　決してできません。それどころか、わたしたちは日ごとにその負債を増し加えています。

SBCⅤ　さらなる違反によって、彼らは日ごとによりいっそう有罪となっている。(9)

HC問14　それでは、単なる被造物である何かがわたしたちのために償えるのですか。

答　いいえ、できません。なぜなら、第一に、神は人間が犯した罪の罰を他の被造物に加えようとはなさらないからです。第二に、単なる被造物では、罪に対する神の永遠の怒りの重荷に耐え、かつ他のものをそこから救うことなどできないからです。

SBCⅥ　どこでこのことを為し得る請負人を見出すことができるのか。確かに被造物の間ではできない……。神の義は、人間が責めを負う事柄に対して天使たちに責任を取らせようとはしない。さらに、このことは神の怒りを負うことであるから、天使たちでさえもそのような重荷に耐えられるほど強くはないことは疑いないからである[10]。

HC問15　それでは、わたしたちはどのような仲保者また救い主を求めるべきなのですか。

答　まことの、ただしい人間であると同時に、あらゆる被造物にまさって力ある方、すなわち、まことの神でもあられるお方です。

SBCⅦ　それゆえ、絶対的に必要なことは、わたしたちが避け所をあらゆる被造物にまさって力があり、同時にまことの人間である方に見出すことである[11]。

HC問18　それでは、まことの神であると同時にまことのただしい人間でもある、その仲保者とはいったいどなたですか。

答　わたしたちの主イエス・キリストです。この方は、完全な贖いと義のために、わたしたちに与えられているお方なのです。

SBCⅦ　かくして、神でも人間でもある仲保者を見出すことが必要となる。そのような唯一の仲保者とは、主イエス・キリストである[12]。

したがって、このベザの信仰告白は、おそらく『ハイデルベルク信仰問答』問3―19の部分に文献的基礎を提供したと思われる。その用語と議論の流れの並行関係は、偶然と言うにはあまりに顕著である。しかし、律法と福音についての『ハイデルベルク信仰問答』の教えのまとめ方また説明の仕方において、何か改革派的なことがあるだろうか。あるいは、『ハイデルベルク信仰問答』とそれに続く彼の注解書におけるウルジヌスの論述の仕方は、一五五九年版『キリスト教綱要』におけるカルヴァンからの「驚くべき逸脱」というコーネリウス・フラーフラント（Cornelius Graafland）の主張は正しいだろうか。[13] フラーフラントが論ずるところによれば、『綱要』は『ハイデルベルク信仰問答』と同様に律法論を仲保者キリストによる贖罪論の直前に置いているが、それは「キリストにおける贖い主なる神の知識、最初律法の下にある父祖たちに表され、次に福音において私たちに表された」と題された第二巻においてである。つまり、カルヴァンの救済または贖罪論は、『ハイデルベルク信仰問答』のように仲保者の教理から始まるのでなく、罪と律法の教理から始まるということである。フラーフラントの結論によれば、『綱要』は律法と福音を贖罪の枠組みの中に置いているのに対し、『ハイデルベルク信仰問答』は律法を贖罪とは別に、それに先立って扱っているというのである。[14]

『ハイデルベルク信仰問答』のこの解釈は、しかし、テキストそのものの考察から支持されない。律法と福音の対比は、『信仰問答』の概略が意図しているほど硬直したものではない。というのも、律法についての第一部ですでに福音が示唆されているが、それは福音についての第二部における律法の示唆以上だからである。まず『ハイデルベルク信仰問答』問3の文脈において問4の文言を見る必要がある。

HC問3　何によって、あなたは自分の悲惨さに気づきますか。
　　答　神の律法によってです。
HC問4　神の律法は、わたしたちに何を求めていますか。

答　それについてキリストは、マタイによる福音書二二章で次のように要約して教えておられます。「『心を尽くし、精神を尽くし、思いを尽くし（、力を尽くし）て、あなたの神である主を愛しなさい』。これが最も重要な第一の掟である。第二も、これと同じように重要である。『隣人を自分のように愛しなさい』。律法全体と預言者は、この二つの掟に基づいている」。

私たちの悲惨を明らかにする律法が私たちから求めていることは「キリストが、マタイによる福音書……で、……要約して教えておられ」ることである。神の律法が求めていることを私たちに教えるのは、キリスト――律法の終わり、律法の成就、旧約聖書に告知された福音（問19）を実現した方――なのである。律法が要求する第一のことは私たちが心を尽くして神を愛することであるが、それは『ハイデルベルク信仰問答』問6によれば神が私たちを御自身の形において為すようにと創造されたことであり、第三部によれば私たちが福音に対して信仰と律法への服従において応答する時にキリストが私たちを御自身の形において為すようにと再生されたことである（問86、92、114）。つまり、『ハイデルベルク信仰問答』は第一部「人間の悲惨さについて」のこの箇所で律法をキリストの口に置くことによって、律法が本当は福音の広い文脈においてのみ理解しうることをすでに示唆しているのである。[15]

律法についての『ハイデルベルク信仰問答』第一部において、より良き改革派的装いをもった福音の手がかりがすでにあるとするならば、福音についての第二部の初めには、より強力に律法が存する。まず、『ハイデルベルク信仰問答』第一部の終わりの問10と11の言葉が、ほとんどそのまま問12で繰り返されている。

第一部　人間の悲惨さについて

問10　神はそのような不従順と背反とを罰せずに見逃されるのですか。

答　断じてそうではありません。それどころか、神は生まれながらの罪についても実際に犯した罪についても、激しく怒っておられ、それらをただしい裁きによってこの世においても永遠にわたっても罰したもうのです。それは、「律法の書に書かれているすべての事を絶えず守（り行わ）ない者は皆、呪われている」と神がお語りになったとおりです。

問11　しかし、神は憐れみ深い方でもありませんか。

答　確かに神は憐れみ深い方ですが、またただしい方でもあられます。ですから、神の義は、神の至高の尊厳に対して犯される罪が、同じく最高の、すなわち永遠の刑罰をもって体と魂とにおいて罰せられることを要求するのです。

第二部　人間の救いについて

問12　わたしたちが神のただしい裁きによってこの世と永遠との刑罰に値するのであれば、この刑罰を逃れ再び恵みにあずかるにはどうすればよいのですか。

答　神は、御自身の義が満たされることを望んでおられます。ですから、わたしたちはそれに対して、自分自身によってか他のものによって、完全な償いをしなければなりません。

救いと福音についての『ハイデルベルク信仰問答』第二部を導入する問12の問答双方の初行は、悲惨と律法についての第一部を締めくくる問10と11の言葉をいくつか取り上げている。「神のただしい裁き」（問12）は、「ただしい裁き」（問10）や「神の義」（問11）を反映しており、「わたしたちが……この世と永遠との刑罰に値する」（問12）は、「神は……この世においても永遠にわたっても罰したもう」（問10）に基づく。また「神は、御自身の義が満たされることを望んでおられます」（問12）は、「神の義は……罪が、同じく最高の……刑罰をもって……

罰せられることを要求するのです」（問11）を想起させる。私たちが服さねばならない神のただしい裁き・償罪の要求・この世と永遠の裁きは、『ハイデルベルク信仰問答』の第一部と第二部を橋渡しする主題なのである。それゆえ、福音についての最初の部分は、律法の下での私たちの裁きの反復となる。[16]

ウルジヌスは問12の終わりで、律法の要求が満たされるための方法として「自分自身によってか他のものによって」という二つの方向へ展開しようとする。これらの選択肢の最初は、ゲータースが *modus legalis*（律法ノ方法）と呼ぶもの、すなわち、完全に律法に従いその罰金を支払うことによる神の義の充足である。[17] しかし、この選択肢の可能性は、問13において排除される。

問　しかし、わたしたちは自分自身で償いをすることができますか。

答　決してできません。それどころか、わたしたちは日ごとにその負債を増し加えています。

私たちの負債を「他のものによって」払うという第二の選択肢は *modus evangelicus*（福音ノ方法）である。[18] 神の義を満たし得る「他のもの」は、単なる被造物である何か（問14）ではない。「神は人間が犯した罪の罰を他の被造物に加えようとはなさらない」し、「単なる被造物では、罪に対する神の永遠の怒りの重荷に耐え、かつ他のものをそこから救うことなどできない」からである。「他のもの」は、「まことの、ただしい人間であると同時に、あらゆる被造物にまさって力ある方、すなわち、まことの神でもあられる」「仲保者」でなければならない（問15）。この仲保者のまことの人間性と神性の理由がそれぞれ問16と17に述べられ、問18のクライマックスへと至る。

問　それでは、まことの神であると同時にまことのただしい人間でもある、その仲保者とはいったいどなたですか。

答　わたしたちの主イエス・キリストです。この方は、完全な贖いと義のために、わたしたちに与えられているお方なのです。

律法の背景のもとに構成された、この仲保者の教理は私たちが福音から知りうるものである。

答19　それを神は自ら、まず楽園で啓示し、その後、聖なる族長たちや預言者たちを通して宣べ伝え、律法による犠牲や他の儀式によって予表し、御自身の愛する御子によってついに成就なさいました。

これは驚くべき答である。なぜなら、仲保者キリストによる贖罪の福音が旧・新約聖書における聖書全体の使信のまさに中心に位置づけられるのは、典型的な改革派のスタイルだからである[19]。福音の啓示は、創世記に始まり、イスラエルの歴史におけるさまざまな形式において宣べ伝えられまた予表され、ついに受肉した神の御子の働きにおいて成就した。特に注目すべきは、福音が「律法による犠牲や他の儀式によって」さえ予表されたという言葉である。ここにおける「律法」とは、単純に旧約聖書における儀式律法への言及であろうと思われるが、儀式的諸規則がその一部となっている信仰生活の全体的枠組みまたは救済史の全期間への言及と理解し得る。いずれにせよ、『ハイデルベルク信仰問答』問19は、明確かつ緊密に福音と律法を結びつけている[20]。

したがって、『ハイデルベルク信仰問答』第二部の最初の問答は、ただ福音についてのみならず、福音と律法について、あるいは道徳的・儀式的双方の意味における律法と関わる福音についての問答になっている。ここでも、『ハイデルベルク信仰問答』のルター派的構造によって示唆される律法と福音の鋭い区別は、両者の相互関係という典型的な改革派的論述によって、あるいはカルヴァンのようにそれを仲保者キリストによる救いの教理の下に置くことによって、和らげられている。

しかし、『ハイデルベルク信仰問答』における律法と福音の区別を誇張すべきでないとしても、それを過小評価すべきでもない。ノイザーによれば、『ハイデルベルク信仰問答』問3—4にはめ込まれている律法についてのカルヴァン主義的見解は、律法と福音との鋭いメランヒトン的対比を示していると思われるウルジヌスの『小教理問答』問4—7の重要な改訂によると、彼は指摘する。[21]『小教理問答』問4—7は、以下のとおりである。

問4　どうすれば私たちの悲惨さを認めることができますか。

答　神の律法によってです。それは、十戒に表されています。

問5　どうすれば救いの方法について知ることができますか。

答　福音、すなわち、キリスト教信仰の箇条と礼典によってです。

問6　私たちが神に負っている感謝については、どこに教えられていますか。

答　十戒と、神への祈りについての教えにおいてです。

問7　十戒の要約は何ですか。

答　キリストはそれをマタイによる福音書二二章の言葉によって、要約されました。「『心を尽くし、精神を尽くし、思いを尽くして、あなたの神である主を愛しなさい』。これが最も重要な第一の掟である。第二も、これと同じように重要である。『隣人を自分のように愛しなさい』。律法全体と預言者は、この二つの掟に基づいている」。また、これらの掟について神は次のように言われました。「律法の書に書かれているすべてのことを絶えず守らない者は皆、呪われている」。

ノイザーは、第一に、『ハイデルベルク信仰問答』問3―4は罪の教師としての「律法」の要約に言及していることを指摘する。つまり、『信仰問答』は、彼の言うところのより典型的にメランヒトン的なスタイルである、私たちに悲惨を示す律法の要約としての「十戒」（SC4）に言及していないし、二重の愛の戒めを「十戒の要約」（SC7）として語ってもいない。『ハイデルベルク信仰問答』における「十戒」への直接的言及は、よりカルヴァン的スタイルにおける第三部の律法の第三効用の議論まで取り置かれていると、彼は言う。[22]

しかし、この議論が見落としている点は、「律法」は第三部（問92）において明らかに「十戒」と同一視されているということ、そして、第三部における「十戒」の機能の一つは再生させられた人々の罪性を継続的な仕方で明らかにするということ（問115）である。したがって、「十戒」それ自体は『ハイデルベルク信仰問答』においても明確に教育的・暴露的機能を持っている。[23] さらに、『ハイデルベルク信仰問答』問4における律法の要求としてのキリストの二重の愛の戒めは、ノイザーが示唆するようなSCにおける律法と福音との対比の緩和を表してはいない。[24]『小教理問答』も『ハイデルベルク信仰問答』もこの対比をそれぞれの基本構造に組み込んでおり、両者とも旧約聖書の呪詛の言葉（「律法の書に書かれているすべてのことを絶えず守らない者は皆、呪われている」）を引用することによってそれを強調しており、両者ともキリストの律法の要約を引用することによって対比をある程度和らげている。それゆえ、ルター派的構造の内にあるこのわずかな改革派的アクセントは『ハイデルベルク信仰問答』の発明ではなく、主な資料の一つ（『小教理問答』）の特徴としてすでにあったものなのである。

しかしながら、第一部と第二部のルター派的構造に改革派的傾向を与えているのは、この律法と福音の相互関係だけではない。『ハイデルベルク信仰問答』の「悲惨について」と「救いについて」の部分の初めには、他のいくつかの改革派的強調点もまた織り込まれている。第一に、律法の導入に続くいくつかの問答に、人間の腐敗と意志の隷属の強調がある。

問5　あなたはこれらすべてのことを完全に行うことができますか。
答　できません。なぜなら、わたしは神と自分の隣人を憎む方へと生まれつき心が傾いているからです。
問8　それでは、どのような善に対しても全く無能であらゆる悪に傾いているというほどに、わたしたちは堕落しているのですか。
答　そうです。わたしたちが神の霊によって再生されないかぎりは。

律法は私たちの全存在をかけて神と隣人を愛するようにと私たちに呼びかける（問4）が、私たちの堕落した本性はちょうど反対、すなわち憎む方へと傾いている（問5）。この性向は実に深く私たちの腐敗に根ざしているため、聖霊による奇跡的な再生なしには為しえない（問8）。これらの問答において『ハイデルベルク信仰問答』は、堕落した人間性についてのより楽観的な中世カトリック的見解に対する全的不能という一般的プロテスタントの教理を単純に支持しているように見える。また、『ハイデルベルク信仰問答』問8では、救いにおける人間の協働というカトリック的強調に対して神の主権的働きを強調する一般的プロテスタントの見解を反映しているように見える。しかし、『信仰問答』はここにおいて再び、いかなるルター派的神人協働説に対しても堅固たる立場を示すことによって、草案作成チームにウルジヌスたちの改革派的本能を開陳しているのかもしれない。[25]神と回心者との協働としての回心という見解は、初め一五三〇年代のメランヒトンに馴染みのある教えとなり、『ハイデルベルク信仰問答』が作成される頃には、ルター派内部で激しい論争の主題となっていた。[26]『ハイデルベルク信仰問答』は――クアート（Couard）が「断固たる、しかし紳士的かつ攻撃的でない」と呼ぶ仕方ではあるが[27]——自らの堕落と再生の教理を提示して協働説論争に参戦し、実際上純正ルター派と軌を一にしているように見ることができる。このことは、ルター派正統主義の枠組みにおける信仰告白としての主張を豊かにするのに用いられていると思われる。[28]

　第二に、第二部の最初の問答は、『ハイデルベルク信仰問答』問47—48における遍在（ubiquitarian）ルター主義に対する弁証を示す、キリストの二性の統合という改革派（あるいはおそらく改革派・フィリップ派）的見解を反映していると思われる。[29]これは、『ハイデルベルク信仰問答』における単に抽象的なキリスト論的特徴というだけでなく、私たちの救い、それゆえに私たちの慰めが拠って立つ仲保者の救いの御業と密接に結びついている。私たちが必要とする仲保者また救い主は、真の人間であると同時に真の神である方（問15）である。真の人間であるのは人間が人間の罪を償わねばならないからであり（問16）、真の神であるのは「その方が、御自分の神性の力によって、神の怒りの重荷をその人間性において耐え忍び、わたしたちのために義と命とを獲得し、それらを再びわたしたちに与えてくださるため」だからである（問17、傍点付加）。そのように罪無き真の人間でありかつ神である方こそが主イエス・キリストであり、「完全な贖いと義のために、わたしたちに与えられているお方」なのである（問18）[30]。仲保者キリストによる救いは第二部で導入される福音の中心にあり、『ハイデルベルク信仰問答』問15—18における「まことの人間」と「まことの神」への繰り返される言及は、仲保者の性質の各々の属性が為された御業の効力を保証するためにそのまま維持されねばならないことを示している。

　最後に、福音についてのこれら最初の問答に反映されている「償い」についての見解は、ルター派というよりもより改革派的な香りを放っている。ルターにおいて私たちが見出すのは、一方においてサタンと悪しき諸力に対するキリストの勝利という古代教会における強調（勝利者キリスト贖罪説）と、他方においてプロテスタント宗教改革の間に発達した代理罰の教理との、あるバランスまたはブレンドである。[31]カルヴァンと改革派伝統により顕著なのは——贖罪における勝利の側面を無視はしないものの——代理・神的義の満たし・なだめ・犠牲の主題である。[32]『ハイデルベルク信仰問答』は、問1の答において、この二つのモチーフのルター的バランスをもって始めている。「この方（イエス・キリスト）は御自分の尊い血をもってわたしのすべての罪を完全に償い」（代理罰）、「悪魔のあらゆる力からわたしを解放してくださいました」（勝利者キリスト）。こうしたバランスは驚くことではない。前章で見たように、問1の答の最初の部分はルターの『小教理問答』に非常に密接に従っているからである。

しかし、『ハイデルベルク信仰問答』問12―18においては、別の傾向が見られる。確かに勝利者のモチーフは依然として存在する。「救い主［解放者］」（問15）の必要や「完全な贖い［解放］」のために私たちに与えられているキリストなどへの言及は、『ハイデルベルク信仰問答』問1のキリストが「悪魔のあらゆる力からわたしを解放してくださいました」という言葉を想起させる。仲保者また救い主は「あらゆる被造物にまさって力ある方」（問15）であるべきで、それゆえ「御自分の神性の力によって」（問17）神の怒りに耐え私たちをそこから救ってくださる（問14）という要求さえも、十字架上でキリストによって打ち破られるべき諸力に神の怒りを含めるルターの名残りかもしれない。[33]にもかかわらず、『ハイデルベルク信仰問答』問12―18における勝利者モチーフのこれらの手がかりは、第二部の最初の問いに導入され、仲保者が誰であるかのクライマックスの答に至るまで現れる代理罰という法的用語によって覆い隠されてしまう。すなわち、「神のただしい裁き」「刑罰」「義」「満たされる」「完全な償い」（問12）、「償い」「負債」（問13）、「償う」「罰」「犯した罪」（問14）、「神の義」「ただしい」「罪を償う」「他の人の償い」（問16）、「わたしたちのために獲得」「義」（問17）、「完全な義」（問18）などである。

さらに、『ハイデルベルク信仰問答』についての後の注解において、ウルジヌスは人間性がそこから救われる悲惨は、第一に義の欠如あるいは生まれつきの腐敗または罪にあり、第二に罪の刑罰にあると明確に述べている。したがって、この悲惨からの救いは、第一に罪の赦しと根絶、そして失われた義の回復、第二にあらゆる刑罰と悲惨からの解放を要求する。[34]

ウルジヌスは、救いについてのこの議論の初めで、「すべての人は、生まれつき、罪とサタンと死の奴隷である」と述べているが、結論では「救いは二つの部分からなるが、それは罪と死からの救いである」としている。[35] 彼は、サタンからの救いについて言及していない。それゆえ、ウルジヌスの注解におけるこの強調は、『ハイデルベルク信仰問答』問12—18におけるのと同様、贖罪の刑罰的次元がサタンに対する勝利者キリストの次元を侵食しているのである。

贖罪におけるこの視座は、『ハイデルベルク信仰問答』問3—19のルター派的律法と福音の弁証法における改革派的強調のもう一つの例と言えよう。ここにおいて、また本章において私たちが見てきた他の改革派的アクセント——すなわち『ハイデルベルク信仰問答』第一部における福音と第二部における律法の示唆、第一部における人間の堕落についての強い主張、第二部におけるキリストの二性統合の強調——と共に、『ハイデルベルク信仰問答』は、二つのプロテスタント伝統を両者の中間地を作り出すことで一つにしようとしているように思われる。その中間地とは、ルター派的律法と福音との鋭い区別を重んじつつ、いくつかの改革派的柔軟剤でその区別をいくらか和らげるという立場である。

第四章
摂理と予定（問20―28）

信仰と使徒信条

『ハイデルベルク信仰問答』第二部は「人間の救い」（［独］Von des Menschen Erlösung）と題されており、ほとんどは使徒信条の解説及び洗礼と主の晩餐の礼典からなっている。信条は、仲保者であるキリストに接ぎ木され、そのすべての益を私たちが受けるために私たちが信じなければならない福音の約束を要約しており（問20、22）、礼典はそれらの福音の約束のしるしまたは印章としての役割を果たしている（問66）。

信条と礼典についてのこれらの解説の導入となっているのは、『ハイデルベルク信仰問答』の中でも最も有名な問答の一つである信仰の定義であるが、これはウルジヌスの二つの先行教理問答の内容に密接に従っている。

ＨＣ問21　まことの信仰とは何ですか。

答　それは、神が御言葉においてわたしたちに啓示されたことすべてをわたしが真実であると確信する、その確かな認識のことだけでなく、福音を通して聖霊がわたしのうちに起こしてくださる、心からの信頼のことでもあります。それによって、他の人々のみならずこのわたしにも、罪の赦しと永遠の義と救いとが神から与えられるのです。それは全く恵みにより、ただキリストの功績によるものです。

SC問12　信仰とは何ですか。

答　それは確かな承認です。それによって、神の御言葉において私たちに伝えられたすべてのことが真実であると認めるのです。また、それは聖霊によって神の選民の心の内に起こされる心からの信頼でもあります。それによって罪の赦しと義と永遠の命とが、ただキリストの功績のゆえに恵みによって神から自分に与えられていると一人一人が確信するのです。

LC問38　信仰とは何ですか。

答　それは、私たちに託された神のすべての言葉に確かに同意すること、また確かな信頼であって、それによって各々は、神から諸々の罪の赦しや義と永遠の命が、キリストの功績のゆえにまたこの方を通して無償で与えられていることを確信させられるのです。それはまた、聖霊によって選ばれた者の心に点火されるものであり、私たちをキリストの生ける部分とし、私たちの内に神への真の愛と祈りをもたらすものです。

これら三つのテキストの多くは、メランヒトンによる一五五二年（ドイツ語）と一五五四年（ラテン語）の『牧師候補者の試問』（ＥＯ）の信仰についての叙述を下敷きにしているように思われる。

ＥＯ（一五五二年）　それによって人が罪の赦しを得、義とされる信仰とは、悪魔や不信心な人々の内に見られるような歴史の知識ではない。むしろ、この純粋な信仰とは、信仰のすべての箇条、またいわばそれらすべての箇条が向けられているところの目的であるキリストの恵みの約束を知り、それを真実として保つことである。それゆえ、信仰とは、神の御子、すなわち仲保者であり和解主であるイエス・キリストへの真実な心からの信頼である。この方のゆえに、またこの方を通して、私たちは罪の赦し、恵み、救いを持つからである。(1)

ＥＯ（一五五四年）　信仰とは、私たちに関わる（語られた?）あらゆる神の言葉、すなわち恵みの約束への承認であり、またそれは神に近づき、彼を呼び、「アッバ、父よ」と叫ぶ信頼である……。わたしは、罪の赦しが他の人々のみならずわたしにも与えられていることを信じる。(2)

信仰についてのこの記述と『ハイデルベルク信仰問答』問21との語彙や表現の類似性は、明らかである。両者とも、真の信仰とは「知識」(1552 EO: wissen, erkentnis; HC: erkandtnusz) であり「心からの信頼」(1552 EO: herzlich vertrawen; HC: hertzliches vertrawen) であると述べている。純粋な信仰とは、信仰のすべての箇条 (1552 EO) または神から与えられるあらゆる言葉 (1554 EO; HC) を「真実として保つ」(1552 EO: fur war halten; HC: für war halte) ことである。そして「(キリスト) のゆえに」(1552 EO: umb seinet willen) または「キリストの功績により」(HC: umb des verdiensts Christi willen)、「罪の赦し、恵み、救い」(1552 EO) または「罪の赦しと永遠の義と救い」(HC) が、「他の人々のみならずわたしにも」(1554 EO; HC) 与えられたのである。さらに、使徒信条の諸箇条を恵みの約束として真に理解すべきであるという、一五五二年版『試問』におけるメランヒトンの主張は『ハイデルベルク信仰問答』問22に響いている。そこでは、すぐに信仰の定義が続いて述べられている。

ＨＣ問22　それでは、キリスト者が信じるべきこととは何ですか。

答　福音においてわたしたちに約束されていることすべてです。わたしたちの公同の疑いなきキリスト教信仰の箇条が、それを要約して教えています。

知識と信頼としての信仰という、この定義は、すでに一五二〇年のルターの『十戒……の短い定式』[3]（*Eyn kurcz form der zeehen gepott . . .*）と、一五三〇年のメランヒトンの『アウグスブルク信仰告白』[4]に表されたルター派伝統に遡る。とは言え、それが独占的にルター派の概念ということではない[5]。信仰の二重の性格は、レオ・ユートの『（大）教理問答』（一五三四年）やカルヴァンの『綱要』初版（一五三六年）[6]のような初期改革派の諸資料にも見出すことができる。また、『ハイデルベルク信仰問答』問21の、信仰は「聖霊がわたしのうちに起こしてくださる」という言及は、ミクロニウスやラスコによる初期改革派教理問答書に同じような形で見出される[7]。しかし、『ハイデルベルク信仰問答』問21の基本線や表現、また問22における福音の約束の要約としての信条理解は、ルター派とりわけメランヒトン派の資料に根ざしている。このことは重要である。こうしてウルジヌスは信仰問答の中心である信条と礼典の解説を、ルター派の人々の耳に馴染み深いだけでなく、権威ある『アウグスブルク信仰告白』の本文が響く言葉で導入するからである。

問23で使徒信条全体を引用した後に、『信仰問答』は続く解説部分の構造を問24で概観する。ここでもウルジヌスは、自らの先行する教理問答書の言葉遣いに沿いながら述べている。

ＨＣ問24　これらの箇条はどのように分けられますか。

答　三つに分けられます。第一に、父なる神と、わたしたちの創造について、第二に、子なる神と、わたしたちの贖いについて、第三に、聖霊なる神と、わたしたちの聖化についてです。

ＳＣ問15　この信条にはいくつの部分がありますか。
答　三つです。第一は永遠の御父と私たちの創造について、第二は御子と私たちの贖いについて、第三は聖霊と私たちの聖化についてです。

ＬＣ問40　その［使徒信条の］主な部分は、いくつですか。
答　三つです。第一が創造と保持、第二は贖罪、第三が私たちの聖化についてです。

使徒信条のこの三区分と要約の仕方は、おそらくルターの『小教理問答』（一五二九年）を元にしている。[8]すでに『十戒……の短い定式』（一五二〇年）において、ルターは、信条を一二の箇条に分けるという中世において発達した伝統を捨て、三位一体的区分を採用している。[9]ウルジヌス以前の教理問答書においても使徒信条を三つに分けてまとめることはあったが、三位一体の各位格の「業」を特定するものは一つとしてなかった。[10]ルターの大・小教理問答がそれ以前の伝統と異なっているのは、信条の三区分を、三位一体の個々の位格と、創造と贖いと聖化という各々の業とに結びつけている点である。[11]『ハイデルベルク信仰問答』問24においてほとんど逐語的に取り上げられているのは、この二重のつながりである。

小教理　第一項　創造（［独］*Schöpfung*）について
ＨＣ問24　父なる神と、わたしたちの創造（［独］*erschöpffung*）について
小教理　第二項　贖い（［独］*Erlösung*）について
ＨＣ問24　子なる神と、わたしたちの贖い（［独］*erlösung*）について

小教理　第三項　聖とされること（［独］*Heiligung*）について

HC問24　聖霊なる神と、わたしたちの聖化（［独］*heiligung*）について(12)

プファルツ選帝侯国で広く用いられていたルターの文書から取られたこの三重構造は、実に全体の四分の一にあたる使徒信条についての三三の問答（HC26―58）を形作っている。しかし、ここにおけるルターの『小教理問答』の影響は、構造においてであると共に、その調子においてである。ルターの解説における個人的な調子（「わたしは、神がわたしをお造りくださったことを信じる……。イエス・キリストがわたしを贖ってくださったことを信じる……。聖霊がわたしを聖としてくださったことを信じる」(13)）は、『ハイデルベルク信仰問答』問24における、父なる神と「わたしたちの創造」、御子と「わたしたちの贖い」、聖霊と「わたしたちの聖化」という表現に響いている。加えて、『ハイデルベルク信仰問答』はここと信条の解説においてもルターの例にならって、内在的三位一体よりは経綸的側面を、また神性の唯一性よりは三つ性を強調している。この点は、初期改革派神学において一般的であった傾向の逆を行くものである(14)。『ハイデルベルク信仰問答』問25は、神の唯一性についての問い（「ただ一人の神がおられるだけなのに、なぜあなたは父、子、聖霊と三通りに呼ぶのですか」）を、おそらくは改革派の資料を反映しつつ挙げているが(15)、その答えは簡潔である（「それは、神が御自身についてそのように、すなわち、これら三つの位格が唯一まことの永遠の神であると、その御言葉において啓示なさったからです」）。信条の解説全体における強調は、神の本質や唯一性ではなく、三位一体の各位格とその業なのである。

摂　理

使徒信条の第一項（ＨＣ26―28）の主題を「父なる神と、わたしたちの創造」（問24）とした時に、『ハイデルベルク信仰問答』はルターの『小教理問答』にならっているが、当時の多くのカテキズムがそうであるように、本項についてのウルジヌスの解説は『ハイデルベルク信仰問答』問26―28にせよ、その元となったウルジヌスの『小教理問答』17にせよ、初めの創造の業についてではなく、神の摂理によるその被造物の保持また統治に焦点をあてている。

ＨＣ問26　「我は天地の造り主、全能の父なる神を信ず」と唱える時、あなたは何を信じているのですか。

答　天と地とその中にあるすべてのものを無から創造され、それらを永遠の熟慮と摂理とによって今も保ち支配しておられる、わたしたちの主イエス・キリストの永遠の御父が、御子キリストのゆえに、わたしの神またわたしの父であられる、ということです。わたしはこの方により頼んでいますので、この方が体と魂に必要なものすべてをわたしに備えてくださること、また、たとえこの涙の谷間へいかなる災いを下されたとしても、それらをわたしのために益としてくださることを、信じて疑わないのです。なぜなら、この方は、全能の神としてそのことがおできになるばかりか、真実な父としてそれを望んでもおられるからです。

ＨＣ問27　神の摂理について、あなたは何を理解していますか。

答　全能かつ現実の、神の力です。それによって神は天と地とすべての被造物を、いわばその御手をもって今なお保ちまた支配しておられるので、木の葉も草も、雨もひでりも、豊作の年も不作の年も、食べ物も飲み物も、健康も病も、富も貧困も、すべてが偶然によることなく、父親らしい御手によってわたしたちにもたらされるのです。

HC問28　神の創造と摂理を知ることによって、わたしたちはどのような益を受けますか。

答　わたしたちが逆境においては忍耐強く、順境においては感謝し、将来についてはわたしたちの真実な父なる神をかたく信じ、どんな被造物もこの方の愛からわたしたちを引き離すことはできないと確信できるようになる、ということです。なぜなら、あらゆる被造物はこの方の御手の中にあるので、御心によらないでは動くことも動かされることもできないからです。

SC問17　永遠の御父について、あなたは何を信じていますか。

答　永遠の御父が神性の第一位格であられること。この方が御自分の形である御子を永遠より生み、御子を通して天と地とすべての被造物を無から創造され、御自身の意志の永遠の聖定に従って、御自身の栄光と彼らの救いのためにそれらを保ち支配し、万物においてまた全被造物を通してのみならず、自らの腐敗によって罪を犯す邪悪な者を通してさえも、あらゆる善を行ってくださるということ。また、御自分の独り子なる御子のゆえに、わたしを子として受け入れてくださるということ。さらに、わたしの体と魂を配慮してくださるので、父親らしい御心に反しては何事もわたしに起こりえないし、すべてのことが必ずわたしの救いの益となるということです。

ルターの『小教理問答』が『ハイデルベルク信仰問答』のこの短い部分の枠組みを提供しているとしても、その内容の多くに影響を与えたのはカルヴァン、とりわけ彼の『ジュネーヴ教会信仰問答』と『キリスト教綱要』（一五三六年）であると指摘する学者がいる。例えば、ズートホフは、『ハイデルベルク信仰問答』問27と28の問いと答えに対する『ジュネーヴ教会信仰問答』の影響を見出している。[16] ヤコプス（Jacobs）もまた『ジュネーヴ教会信仰問答』と『ハイデルベルク信仰問答』問26との並行関係を見ているし、[17] ラングは『ハイデルベルク信仰問答』のこれら三つの問答すべてに一五三六年版『綱要』におけるカルヴァンの第一項の解説の響きを見出している。[18]

ウルジヌス『小教理問答』問17や『ハイデルベルク信仰問答』問26―28の言葉遣いについて言えば、これらの主張には確かにある真理がある。例えば、ウルジヌス『小教理問答』問17（「御自分の独り子なる御子のゆえに、わたしを子として受け入れてくださるということ」）や『ハイデルベルク信仰問答』問26（「わたしたちの主イエス・キリストの永遠の御父が、御子キリストのゆえに、わたしの神またわたしの父であられる、ということ」）における神の父性への言及は、『ジュネーヴ教会信仰問答』問22を想起させる。

問　なぜあなたは神を父と呼ぶのですか。

答　それは……神の子と確認され、宣言せられた、イエス・キリストとの関係においてそうなのであります。しかし神は、イエス・キリストの父である限り、そこからまたわれわれの父でもあられるということになるのであります。[19]

さらに、『ハイデルベルク信仰問答』の主要な資料となったカテキズムの中で、摂理と神の「聖定」（ＳＣ問

17）や「熟慮」（HC問26）との関係が見出されるのは『ジュネーヴ教会信仰問答』問24だけである。[20] カルヴァンが『ジュネーヴ教会信仰問答』問27で述べている諸々の対比（「雨や旱ばつを、豊作や不作を、健康やもろもろの病を」[21]）は、同様のより長い『ハイデルベルク信仰問答』問27のリスト（「雨もひでりも、豊作の年も不作の年も……、健康も病も」）に含まれている。『ジュネーヴ教会信仰問答』問23・24・27で五回以上も用いられている「神の御手」の比喩は、[22]『ハイデルベルク信仰問答』問27・28に三度表れる（「いわばその御手をもって」「父親らしい御手によって」「この方の御手の中に」）。また、摂理と私たちの「益」（HC問26）や、摂理と私たちの「救い」（HC問1）との関係に出合うのもカルヴァンにおいてである。[23] 最後に、カルヴァン（GC問29）とウルジヌス（HC問28）のみが、一つの問いをまるまる摂理の教理の益についてあてており、[24]『ハイデルベルク信仰問答』問28の三重の答えは、一五五九年版『綱要』（一・一七・七）におけるカルヴァンの言葉を反映している。

HC問28　わたしたちが逆境においては忍耐強く
『綱要』（一五五九年）逆境における忍耐
HC問28　順境においては感謝し
『綱要』（一五五九年）物事の好ましい結果に対しては感謝の心
HC問28　将来についてはわたしたちの真実な父なる神をかたく信じ
『綱要』（一五五九年）将来についての思い煩いからの驚くべき自由[25]

しかし、ウルジヌス『小教理問答』問17や『ハイデルベルク信仰問答』問26—28の言葉遣いに影響を与えたと思われる他の改革派資料もある。『ハイデルベルク信仰問答』問27における神の統治における事柄のリストの二つの対比（「木の葉と草」「食べ物と飲み物」）は、ブツァーの『短く書かれた解説』（一五三四年）にも表れる。[26] ブリンガーの一五五九年カテキズムは「天と地とその中にあるすべてのもの」は「体と魂に必要なものすべてを自ら備えることができ」（ＨＣ問26参照）、「私たちは神の御手からすべてこれらの益や賜物を受ける」（ＨＣ問27参照）という言葉を含んでいる。[27] 加えて、ウルジヌス『小教理問答』問17や『ハイデルベルク信仰問答』問26の多くの言葉が、北ドイツのミクロニウスやラスコのカテキズムに暗示されている。

ミクロニウス『小教理問答』（一五五二年）

問48　御父について語られている言葉によって、あなたは何を理解しますか。

答　それは、永遠の神がわたしの神また父、すなわち、天と地とその中にあるすべてのものの創造者・保持者・統治者であられることを、わたしが信じているということです。わたしは、わたしの信頼を全くこの方の内にのみ置き、この方がわたしを助けようとしてくださり、またそうしてくださることを確信するのです。この方はそのために全能かつわたしの父なのですから。[28]

ミクロニウス『信仰の短い解説』（一五五三年）

問12　父なる神を扱う第一の部分について、あなたは何を信じていますか。

答　それは、わたしが、わたしの全信頼を永遠の真実な神に置き、この方がわたしにとって全能の神また情け深い父であられることを見て、この方が魂と体のすべての必要においてわたしを助けてくださることを確信することです。[29]

ラスコ『エムデン小教理問答』（一五五四年）

問30　父なる神についての最初の主な箇条について、あなたは何を信じていますか。

答　真実で永遠の生ける神が私たちとすべての被造物を創造し保っておられること、また、この方がキリスト・イエスにあって私たちを子どもとして受け入れていてくださり、恵み深い父であられることです。[30]

ウルジヌス『小教理問答』問17の重要な文句（「御自分の独り子なる御子のゆえに、わたしを子として受け入れてくださるということ」）や『ハイデルベルク信仰問答』問26のいくつかの鍵となるフレーズや文句（「天と地とその中にあるすべてのもの」「わたしの神またわたしの父であられる」「わたしはこの方により頼んでいます」「体と魂に必要なもののすべてをわたしに備えてくださる」「この方は、全能の神としてそのことがおできになるばかりか、真実な父としてそれを望んでもおられるからです」）すべては、これら北ヨーロッパの改革派カテキズムの用語法を帯びている。

しかしながら、このことは、『ハイデルベルク信仰問答』の当該箇所における用語上の影響が改革派資料からのみであるということを意味しない。『ハイデルベルク信仰問答』問26におけるウルジヌスの前置詞「「天と地」と」（sampt）は、同様の文脈ではルターの『小教理問答』においてのみ見出される。[31] さらにこのカテキズムは、ブツァーの『短く書かれた解説』の五年前に、神の備えのリストに「食べ物と飲み物」（HC問27）という表現を含んでいる。[32] メランヒトンもまた、神が私たちを助けることが「おできになるし……望んでもおられる」こと（HC問26参照）、また私たちの生が神の摂理的「御手」の中にあること（HC問27・28参照）を主張している。[33] しかし、ウルジヌスと草案作成チームによって用いられた資料の優位は、カルヴァンやラスコたちによる改革派資料にあるように思われる。

それでは、この初期改革派資料への依存は、どれほど『ハイデルベルク信仰問答』問26―28の神学的調子に影響を与えているのだろうか。例えば、ギェンゲ（Gyenge）が主張するところによれば、『ハイデルベルク信仰問答』は信条の第一項を全くカルヴァンの精神で解釈している。すなわち、神が「御子キリストのゆえに、わたしの神またわたしの父であられる」という問26の告白の背後にあるのは、キリストのみに集中するカルヴァンの信仰概念（一五五九年版『綱要』三・二・一）である、と。[34] しかし、ラツェル（Latzel）にとっては、『ハイデルベルク信仰問答』問26の実存的性格は、特に答えにおける八つの一人称代名詞に照らして見た時、ルターの『小教理問答』における人格的調子の香りがするのである。[35] そして、フェアボーム（Verboom）は、『ハイデルベルク信仰問答』のこの部分に、初期ルター派資料の人格的・救済論的強調と改革派における摂理へのより神学的なアプローチとの調和的結合を見出すのである。[36]

第一に言わねばならないことは、『ハイデルベルク信仰問答』問26とウルジヌス『小教理問答』問17のキリスト論的モチーフは、カルヴァンに固有なものではなく、ラスコやブリンガーのカテキズムにも見出すことができるということである。[37] さらに、ルターの『小教理問答』の一人称（「わたしは神がわたしを造られたことを信じる」[38]）は、多くの初期改革派諸資料にも見られるものである。例えば、ブツァーの『短く書かれた解説』、カルヴァンの一五三六年版『綱要』、ユートの『（大）教理問答』、ブリンガーの『大人のための教理問答』、ミクロニウスの『小教理問答』や『信仰の簡潔な解説』、ラスコの『エムデン小教理問答』などである。[39]

しかしながら、『ハイデルベルク信仰問答』問26のキリスト論的・救済論的次元（「わたしたちの主イエス・キリストの永遠の御父が、御子キリストのゆえに、わたしの神またわたしの父であられる」）は、『ハイデルベルク信仰問答』問1における摂理（「わたしがわたし自身のものではなく……、わたしの真実な救い主イエス・キリストのものであることです。この方は……天にいますわたしの父の御旨でなければ髪の毛一本も落ちることができないほどに、わたしを守っていてくださいます」）を背景に読む時に、確かにルター派的連関を有している。[40]『ハイデルベルク信仰問答』問1は、ここにおいて、ルターの『小教理問答』の二つの主題――(1)信条第二項のルターの解説における信仰者のキリストへの「帰属」としての救いと、(2)第一項の解説における神による信仰者の「保持」（Luther:

bewahret）または「守り」（HC: bewaret）としての摂理――を融合している。それゆえ、神は「御子キリストのゆえに」（ＨＣ問26）私の父であると告白することは、私がキリストのものであるがゆえに、御父と親子関係にあって、その結果、御子を通しての父の特別な配慮がある（ＨＣ問１）ということの別の主張なのである。(41)『ハイデルベルク信仰問答』問１によれば、それが福音の慰めの一部であり、私が自分のものではなく私の救い主イエス・キリストのものであるというルターの「所有」の教理に根ざすものである。それゆえ、『ハイデルベルク信仰問答』は、問22の答（「福音においてわたしたちに約束されていること」）の視座に忠実に、使徒信条の第一項を「福音」の鍵となる約束の一つとして提示しているのである。

予　定

神と摂理の教理という文脈において当然見出すであろう主題がここに欠けていることを述べないまま、『ハイデルベルク信仰問答』のこの部分を終えることはできない。すなわち、予定についてである。使徒信条の解説の導入部分において、『ハイデルベルク信仰問答』はこの問題について述べる完璧な機会を用意した。問20で「それでは、アダムを通して、すべての人が堕落したのと同様に、キリストを通してすべての人が救われるのですか」と問うているからである。ところが、例えば「いいえ。神が永遠の命へと予定された人々のみが救われるのです」と答える代わりに、『ハイデルベルク信仰問答』は単純に「いいえ。まことの信仰によってこの方と一つになり、そのすべての恵みを受け入れる人だけが救われるのです」と述べる。そこでの焦点は歴史における信仰者の救いであって、彼らが信仰へと導かれる背後にある永遠の神的決定ではない。事実、予定が明確に言及されるのは『信仰問答』の中で二箇所のみ、しかもついでに語られるだけである。キリストが生きている者と死んだ者とを裁かれるために再臨される時、この方は「わたしを、すべての選ばれた者たち（*auszerwehlten*）と共にその御許へ、すなわち天の喜びと栄光の中へと迎え入れて」(問52)くださるのであり、教会とは「永遠の命へと選ばれた(*auszerwelte*)一つの群れ」(問54)だということである。

このように重要な神学的問題についての沈黙は、どのように説明されるであろうか。ある人たちが示唆するのは、『ハイデルベルク信仰問答』のジャンルと読者のゆえだということである。中心的執筆者や草案作成チームのメンバーたち自身は強固な予定論者であったが、このような複雑な問題を青年や信徒たち向けのカテキズムで扱わない方が最善だと彼らは判断した、と。(42) この点において、彼らはカルヴァンのひそみにならったのかもしれない。その多くの著作で予定論を徹底的に論じていながら、彼の『ジュネーヴ教会信仰問答』(一五四五年)では一つの問いもそのことにあてていないからである。(43)

しかし、このようなアプローチは、二つの理由で完全に説得的だとは思われない。第一に、『ハイデルベルク信仰問答』は、三位一体やキリストの神性と人性との関係(HC問46—49)といった他の困難かつ論争的な主題を避けてはいないからである。(44) 第二に、『ハイデルベルク信仰問答』のほとんどの部分についての基礎資料となり、同じく若い一般的読者を対象にしたウルジヌスの『小教理問答』では、三つの問いを予定について――遺棄についての言及さえ含んで――あてているからである。

問50 永遠の滅びの内にあるそれほど多くの人々に先んじて、どうしてあなたにこの賜物が与えられたのですか。

答 なぜなら、神がわたしを世界の基が置かれる前からキリストにあって永遠の命へと選んでくださり、今や御自分の霊の特別な恵みによって再生してくださっているからです。もしそうでなければ、わたしの本性の腐敗は、遺棄されている多くの人々同様、自ら知りつつまた進んで自分の罪の内に滅びるほどであったことでしょう。

問51　自分は永遠の命に選ばれていると宣言してしまうこの教えは、あなたを安心させ、日々の悔い改めの業をおろそかにしてしまうのではないですか。

答　決してそんなことはありません。むしろ敬虔のうちに堅くとどまり成長する熱心さをわたしの内に駆り立てます。なぜなら、神に対する真の回心がなければ自分の選びの確信が自分を慰めることはできないし、自分の救いを確信すればするほどいっそう神に自分の感謝を表したいと熱望するからです。

問52　しかし、神によって選ばれた人以外は誰も救われないと聞くと、自分の救いを疑う気持ちに駆られませんか。

答　そんなことは全くありません。それゆえにこそ、あらゆる試みの中でも確かな慰めがわたしを満たすのです。ですから、もし真剣に心からの愛をもって神を信じまた従うことを熱望しているならば、このいわば最も確かな証によって、次のように考えるべきです。すなわち、永遠の命へと選ばれている者のうちにわたしが数えられており、それゆえに、たといどんなにわたしの信仰が弱くとも決して滅びることはない、と。

これらの問いのうち、一つとして『ハイデルベルク信仰問答』に取り入れられたものはない。さらに、選びについての他の三つの言及、すなわち、『小教理問答』問12（「神の選民」）・問39（「すべての選民」）・問43（「すべての選民」）もまた、それぞれの並行箇所である『ハイデルベルク信仰問答』問21・53・57の答えに欠如している。(45)

予定に対する『ハイデルベルク信仰問答』の沈黙についてのより説得的な説明は、著者たちが、教理的調和のために意図的に避けたということである。[46] プファルツにおいてフリードリヒ三世が目指した一致は、カルヴァン主義者のみならず、カルヴァンほど深く予定の教理を掘り下げようとはしなかったメランヒトンやブリンガーの弟子たちもまた包含しなければならなかった。予定は、「メランヒトンが一五三五年版『神学総論』において、いわば立ち入り禁止を宣言した」主題であり、[47] メランヒトンは「神の神秘にあまりに深く立ち入る理由を好奇な人々に与えること」を欲していなかったと、カルヴァン自身が認めている。[48] ブリンガーは、実質的にはカルヴァンの予定の教理からそれてはいなかったが、彼もまた遺棄を含む「神の聖定の諸側面の分析にあまりに思弁的また徹底的であることを快くは思っていなかった」と思われる。[49] フリードリヒのメランヒトン的傾向や領内における神学的諸派の統合願望を考えれば、このような分裂を引き起こす可能性のある教理に信仰告白的位置を与えることへの彼の躊躇は、確かに理解し得ることである。

しかし、『ハイデルベルク信仰問答』における予定への沈黙についての説明と考えられる、もう一つの要因がある。それは『アウグスブルク信仰告白』の枠組みということである。同『信仰告白』は、予定について一度も直接的に言及していないが、[50] 第五条のドイツ語本文に以下のような文章がある。「このような信仰を得るために、神は福音と聖礼典を与える説教の務めを設定された。それを手段として神は聖霊をお与えになるが、聖霊は、欲する（〔ラ〕神のみ旨にかなう）時と所において、福音を聞く人々のうちに信仰を起こす[51]」。これが、『アウグスブルク信仰告白』における予定への明確な言及に最も近いものである。すなわち、聖霊が信仰を「欲する時と所」または「神のみ旨にかなう時と所」に与えるとの認識は、救いが究極的には神の主権的意志に根差していることを意味するからである。[52] 興味深いのは、これがほとんど正確に、すべての人が救われるかという問いに『ハイデルベルク信仰問答』が答える仕方だということである。すなわち、「まことの信仰によってこの方と一つにな……る人だけが救われ」（問20）、信仰は「聖霊が、わたしたちの心に聖なる福音の説教を通してそれを起こし、聖礼典の執行を通してそれを確かにしてくださる」（問65）のである。『アウグスブルク信仰告白』の枠組みを維持しているだけでなく、その用語法を示唆するような言葉で、『ハイデルベルク信仰問答』は信仰者に信仰を働かせる聖霊の教理を予定の教理に換えて置いているのである。(53)

信仰の生起のみならずその保持（聖徒の堅忍）もまた救いへの選びの実であるから、私たちは選びについて暗示された言及を『ハイデルベルク信仰問答』の他のいくつかの箇所でも見出すことができる。(54)

答1　［キリストは］御自身の聖霊によりわたしに永遠の命を保証し、今から後この方のために生きることを心から喜びまたそれにふさわしくなるように、整えてもくださるのです。

答21　［真の信仰は］心からの信頼のことでもあります。それによって……、このわたしにも……永遠の義と救いとが神から与えられるのです。

答31　［キリストは］わたしたちの永遠の王として、御自分の言葉と霊とによってわたしたちを治め、獲得なさった贖いのもとにわたしたちを守り保ってくださるのです。

答32　ついには全被造物をこの方と共に永遠に支配するためです。

答52　かつてわたしのために神の裁きに自らを差し出しすべての呪いをわたしから取り去ってくださった、まさにその裁き主が天から来られることを待ち望むように、です。この方は、御自分とわたしの敵をことごとく永遠の刑罰に投げ込まれる一方、わたしを、すべての選ばれた者たちと共にその御許へ、すなわち天の喜びと栄光の中へと迎え入れてくださるのです。

答53　［聖霊は］永遠にわたしと共にいてくださる、ということです。

答54　神の御子が……、御自身のために永遠の命へと選ばれた一つの群れを、御自分の御霊と御言葉とにより、まことの信仰の一致において……、集め、守り、保たれる、ということ。そしてまた、わたしがその群れの生きた部分であり、永遠にそうあり続ける、ということです。

答56　神が……、わたしのすべての罪と、……罪深い性質をも、もはや覚えようとはなさらず、それどころか、恵みにより、キリストの義をわたしに与えて、わたしがもはや決して裁きにあうことのないようにしてくださる、ということです。

答57　わたしの魂が、この生涯の後直ちに、頭なるキリストのもとへ迎え入れられる……、ということです。

答58　わたしが今、永遠の喜びの始まりを心に感じているように……。

答59　わたしが、キリストにあって……永遠の命の相続人となる、ということです。

このかなり抑制された予定の教理の背景的扱いと共に、神が全被造物をその永遠の「熟慮」（聖定）と摂理によって保ち支配しておられること、また「この涙の谷間へいかなる災いを下されたとしても、それらをわたしのために益としてくださること」（問26）は、おそらく神の選びの決意を含むに十分なだけ広く理解されるべきである。[55] 結局のところ「天にいますわたしの父の御旨でなければ髪の毛一本も落ちることができないほどに、……実に万事がわたしの救いのために働くのです」（問1）。そして「どんな被造物もこの方の愛からわたしたちを引き離すことはできない……。なぜなら、あらゆる被造物はこの方の御手の中にあるので、御心によらないでは動くことも動かされることもできないからです」（問28）。事実、ノイザーが示唆したように、『ハイデルベルク信仰問答』の二八の問答に出てくる一人称単数の「わたし」は、「選民の一人としてのわたし」と実際には読むことができるであろう。[56]

かくして、『ハイデルベルク信仰問答』による使徒信条の解説の第一部で私たちが見出すことは、ここでもルター派の枠組みであって、ルター派・改革派諸資料からの用語や主題などによって補強されたものである。中心にあるのは、メランヒトン的信仰の定義（HC問2）とルターの『小教理問答』に遡る信条の区分と主題化である（ＨＣ問24）。『ハイデルベルク信仰問答』問26―28の摂理の解説は、「父なる神とわたしたちの創造」というルターの見出しの下にあって、広く改革派の資料や用語を用いているが、ここでもルターのカテキズムの影響を反映した救済論的傾向を持っている。最後に、予定の教理についての『ハイデルベルク信仰問答』の沈黙は、『アウグスブルク信仰告白』の例にならっており、選びに特別に一つの問いを割くことも、二重予定や遺棄や限定的贖罪に言及することも全くない。にもかかわらず、神がそれを良しとされる人々にお与えになる聖霊の働きとしての信仰という『アウグスブルク信仰告白』の記述は、通常カルヴァン主義的伝統において最も明確な表現を見出す選びや堅忍について、少なくともそれらが隠された教理を含む余地を『ハイデルベルク信仰問答』に造り出したのである。

第五章
キリストと聖霊（問29—64）

キリストの業と人格

『ハイデルベルク信仰問答』の中心に、キリストの教理がある。『信仰問答』は、「人間の悲惨さについて」（問3—11）、「人間の救いについて」（問12—85）、「感謝について」（問86—129）の三つの主要部分に分かれているが、第二部の中心である仲保者と聖礼典の教理の間に使徒信条の三つの箇条についての解説がある（問26—58）。そして、この信条の解説の中心に「子なる神について」の第二項の解説があるのである（問29—52）。本節の焦点は、しかし、御子についての教理一般ではなく「子なる神と、わたしたちの贖いについて」（問24、傍点付加）である。すでに見てきたように、御子の人格と贖罪の業は、『信仰問答』全体の主題である信仰者の慰めに、キリスト論的基礎を据えている。それゆえ、三位一体の第二位格についての問24は、『信仰問答』の構造的中心のみならず神学的核を為すのである。

『信仰問答』の中心にあるキリストによる救いとは、正確には何か。『ハイデルベルク信仰問答』は「救い」（deliverance）という単語を一七回用いている（訳注　『信仰問答』は「救い」に関わる複数の単語を用いているが、この言葉は最も日本語に訳しにくい単語の一つである。文字通りには解放を意味する。本稿では「救い」「解放」「贖い」など『信仰問答』の訳語に合わせて訳すために必ずしも統一されていないが、すべて同じ単語である）。七回は名詞

（Erlösung）として、九回は動詞（erlösen）として、一回は仲保者のタイトル（Erlöser）として。当然のことであるが、このうち一二回は『信仰問答』の第二部（人間の救いについて）に現れる。それらが現れるさまざまな文脈は、『ハイデルベルク信仰問答』の著者たちが救いを実に広く理解していたことを示す。キリストの業の適用の諸側面を含む、その業の諸次元を含んでいるからである。『信仰問答』の最初の問答において、すでに、私たちは、イエス・キリストが「悪魔のあらゆる力からわたしを解放してくださった」（問1、傍点付加）ことを学ぶ。問34は、加えて、この方が私たちを「罪と悪魔のすべての力から」（傍点付加）解放してくださったと述べる。仲保者として、この方はまた「罪に対する神の永遠の怒りの重荷」（問14、傍点付加）と「永遠の刑罰」（問37、傍点付加）から解放してくださった。どのようにしてかと言えば、「わたしたちの唯一の大祭司として、御自分の体による唯一の犠牲によってわたしたちを贖い」（問31）、「御自身の尊い血」（問34）と「唯一の償いのいけにえとして、御自身の苦しみによって」（問37）であり、さらには「（わたしの主キリストは）十字架上とそこに至るまで、御自身もまたその魂において忍ばれてきた言い難い不安と苦痛と恐れとによって、地獄のような不安と痛みからわたしを解放してくださった」のである（問44）。

しかし、この救いは、悪魔・罪・神の怒り・永遠の刑罰・地獄のような不安や痛みからの解放以上のものである。それは、現在と未来において「獲得なさった贖い（Erlösung）のもとにわたしたちを守り保ってくださる」キリストの王的御業をも含む（問31）。ここの「保つ」という言葉のドイツ語（erhalten）は、主の祈りの第二禱と第六禱についての『信仰問答』の解説にも用いられている。

HC問123　第二の願いは何ですか。

答　「み国を来らせたまえ」です。すなわち、あなたがすべてのすべてとなられる御国の完成に至るまで、わたしたちがいよいよあなたにお従いできますよう、あなたの御言葉と聖霊とによってわたしたちを治めてください、あなたの教会を保ち（erhalte）進展させてください、あなたに逆らい立つ悪魔の業やあらゆる力、あなたの聖なる御言葉に反して考え出されるすべての邪悪な企てを滅ぼしてください、ということです。

HC問127　第六の願いは何ですか。

答　「われらをこころみにあわせず、悪より救い出したまえ」です。すなわち、わたしたちは自分自身あまりに弱く、ほんの一時立っていることさえできません。その上わたしたちの恐ろしい敵である悪魔やこの世、また自分自身の肉が、絶え間なく攻撃をしかけてまいります。ですから、どうかあなたの聖霊の力によって、わたしたちを保ち（erhalten）、強めてくださり、わたしたちがそれらに激しく抵抗し、この霊の戦いに敗れることなく、ついには完全な勝利を収められるようにしてください、ということです。

神は、悪魔の業を滅ぼすことによって、教会を保とうとされる。そして、悪からの救いまたは解放のための祈りは、主が悪魔や他の敵たちとの霊的な戦いにおいて私たちを支えてくださるようにということである。キリストが「獲得なさった贖いのもとにわたしたちを守り保ってくださる」（問31）という事実は、それゆえ、私たちが悪魔の力から解放された（問1、34）とは言え、未だあらゆる悪魔的な脅しから解放されたわけではないことを示唆している。キリストの救いの御業のある部分、すなわち悪魔の支配からすでに助けられた者たちに対する攻撃をかわすことは、依然として続いている。

『信仰問答』における「救い」という用語のまた別の用法もまた、単純にキリストが過去に成し遂げたことではないことを示唆している。問74の幼児洗礼については、次のように述べられる。

問　幼児にも洗礼を授けるべきですか。

答　そうです。なぜなら、彼らも大人と同様に神の契約とその民に属しており、キリストの血による罪の贖いと信仰を生み出される聖霊とが、大人に劣らず彼らにも確約されているからです。それゆえ、彼らもまた、契約のしるしとしての洗礼を通してキリスト教会に接ぎ木され、未不信者の子供たちとは区別されるべきです。そのことは、旧約においては割礼を通してなされましたが、新約では洗礼がそれに代わって制定されているのです（傍点付加）。

幼児には、大人に劣らず「キリストの血による罪の贖いが、……確約されている」。「罪の贖い」という表現は先（問34）にも見たが、そこではキリストが十字架上でなさった働きへの言及であった（「御自身の尊い血によって、わたしたちを罪……から解放し」）。問74では、キリストの業の個々人への適用という意味において用いられているように思われる。この場合、契約の子どもたちへの洗礼に、罪の赦しの約束が意味され封印されているのである。それゆえ、『ハイデルベルク信仰問答』において、罪からの解放（deliverance）は、成し遂げられた贖い（redemption）と適用される贖い双方を意味し得る。

この概念は、『ハイデルベルク信仰問答』第二部（問12―85）すべてが「救い」の見出しの下に置かれていることを考えれば、はるかに広いものである。単語そのものは第二部に一二回しか出てこないが、第二部全体が実際にはこの主題に支配されており、そのすべての意味に寄与している。このキリストによる贖いの内には、仲保者の務め（問12―18）、人間の罪への償い（問16）、私たちの義と命への回復（問17）が含まれている。私たちは信仰によってキリストへと接ぎ木され（問20）、あらゆる益を受け（問20）、聖霊によって「罪の赦しと永遠の義と救いとが神から与えられ……それは全く恵みにより、ただキリストの功績による」ことを確信させられる（問21）。父なる神は、「御子キリストのゆえに」私たちの神また父であられる（問26）。キリストによる恵みによって、私たちは「神の子とされて」（問33）おり、その「無罪性と完全なきよさとによって、罪のうちにはらまれたわたしのその罪を……覆ってくださる」（問36）。「この世の裁判官による刑罰をお受けになることによって、わたしたちに下されるはずの神の厳しい審判からわたしたちを免れさせ」てくださった（問38）。十字架上で、私たちの上にかかっていた「呪いを御自身の上に引き受けて」（問39）くださり、キリストの「御力によって、わたしたちの古い自分がこの方と共に十字架につけられ、死んで、葬られる」（問43）。この方の復活は三つのことを成し遂げる。死を打ち破って「御自身の死によってわたしたちのために獲得された義にわたしたちをあずからせてくださる」こと、「その御力によってわたしたちも今や新しい命に呼びさまされている」こと、そして私たち自身の未来の復活の保証となることである（問45）。昇天された主は「わたしたちのために」天にとどまり（問46）、父なる神の前で私たちのために執り成し、地上にいる私たちに御自分の霊を送ってくださる（問49）。その霊を通して「御自分の部分であるわたしたちのうちに天からの諸々の賜物を注ぎ込んで」くださり、「わたしたちをその御力によってすべての敵から守り支えて（erhält）くださる」（問51）。最後に、この方がいつの日か戻られるのは「御自分とわたしの敵をことごとく永遠の刑罰に投げ込まれ」「わたしを、すべての選ばれた者たちと共にその御許へ、すなわち天の喜びと栄光の中へと迎え入れてくださる」ためである（問52）。これらすべての救済的行為が「救い」の見出しのもとに置かれている。『ハイデルベルク信仰問答』にとって、「解放」（deliverance）とは実際上「救い」（salvation）と同義語なのである。

このキリストによる包括的な解放または救いが『ハイデルベルク信仰問答』の神学的核を構成するということは、問1ですでに示唆されていた。そこでは、信仰者の「生きるにも死ぬにも……ただ一つの慰め」が「わたしの真実な救い主イエス・キリストのものであること」（傍点付加）だと言われているからである。福音の慰めは、私たちが属するキリストが、私たちを救う方であるということなのである。すなわち、この方が私たちの罪のために十分な償いをし、悪魔の力から私たちを解放してくださったからである。私たちに起こる一切のことが天の父の御旨のうちにあり、私たちの救いのために働くように、この方は私たちを守っていてくださる。そして、御自身の御霊によって私たちの救いを確信させ、この方のために生きることを可能にしてくださる。さらに、この慰めの喜びの中で生き死ぬために、私たちは、私たちが解放された罪と悲惨の大きさ、罪と悲惨から解放される手段、そして、そのような解放に対して神に感謝する仕方について、知らなければならない（問2）。これが、一言で言えば、『ハイデルベルク信仰問答』のメッセージなのである。したがって、もし『ハイデルベルク信仰問答』問1と全体がキリスト中心の三位一体的なものであるとすれば、[1]それは同時にキリスト教信仰全体の要約においてキリスト中心の救済論的なものとなる。[2]『信仰問答』全体が、実に、キリストに関する部分の「子なる神と、わたしたちの贖い（解放）について」（問24）という表題を帯びることができるのである。

このキリスト論的・救済論的モチーフは、ここでも再び、ルターの『小教理問答』に根差している。使徒信条第二項のルターによる解説の表題は「贖い（解放）について」（Von der Erlösung）である。[3]使徒信条第一項（父なる神）の場合と同様、『ハイデルベルク信仰問答』の著者たちはその第二項の記述においてもルターに密接に従い、問24において「子なる神と、わたしたちの贖い（Erlösung）について」としている。すでに問1において、また問34においても、この主題がルターのカテキズムに非常によく似た言葉によって表現されている。[4]『小教理問答』と『ハイデルベルク信仰問答』問1の冒頭部分との類似性は、すでに指摘した。[5]

イエス・キリスト……が私の主なのだ、とお父さんは信じている。主は……、ご自分のきよい、高価な血……とによって、……お父さんを、すべての罪と死と悪魔の力とから救い出し、買いもどし、ご自分のものとしてくださったのだ。だから、お父さんもイエスさまに属するものになり……。（『小教理問答』[6]）

わたしがわたし自身のものではなく、体も魂も、生きるにも死ぬにも、わたしの真実な救い主イエス・キリストのものであることです。この方は御自分の尊い血をもってわたしのすべての罪を完全に償い、悪魔のあらゆる力からわたしを解放してくださいました。（HC問1）

さらに、『信仰問答』問34（「あなたはなぜこの方を『我らの主』と呼ぶのですか」）との並行関係も驚くほどである。[7]

主は、金や銀をもってではなく、ご自分のきよい、高価な血……とによって、……お父さんを、すべての罪と死と悪魔の力とから救い出し、買いもどし、ご自分のものとしてくださったのだ。（『小教理問答』[8]）

この方が、金や銀ではなく御自身の尊い血によって、わたしたちを罪と悪魔のすべての力から解放しまた買い取ってくださり、わたしたちの体も魂もすべてを御自分のものとしてくださったからです。（HC問34）

ここにおける語彙や語句の類似は顕著である。「自由にし／解放し」「悪魔の力から／悪魔のすべての力から」「買い取り／買い取って」「金や銀ではなく御自身の聖なる尊い血によって／金や銀ではなく御自身の尊い血によって」。

しかし、おそらくルターによる最も重要な影響は、『ハイデルベルク信仰問答』の相互所有の言葉（わたしはキリストのもの、キリストはわたしのもの）に見出される。『小教理問答』の「ご自分のものとしてくださった」という表現は、『ハイデルベルク信仰問答』問1（わたしが……わたしの真実な救い主イエス・キリストのものであることです）や問34（御自分のものとしてくださった）に響いている。さらに、ルターの「イエス・キリスト……が私の主なのだ」は、『ハイデルベルク信仰問答』問1の「わたしの真実な救い主」という句に反映されている。この関係的言語は、ルターの使徒信条の解説の救済論的中心を占めているが、『ハイデルベルク信仰問答』においても慰めという全体的な主題の土台として、同じ神学的役割を果たしている[9]。『ハイデルベルク信仰問答』の他の部分と同様、使徒信条第二項の解釈についてのルター派的枠組みは、改革派の資料によって補強されている。すでに学者たちが指摘しているように、そのことは何よりもまず、本箇条についての『ハイデルベルク信仰問答』とカルヴァンの『ジュネーヴ教会信仰問答』との間にある顕著な言語的類似性に明らかである[10]。『ジュネーヴ教会信仰問答』の言語のいくつかは、おそらくウルジヌスの『大教理』・『小教理』[11]を通して『ハイデルベルク信仰問答』に入り込んだのだが、その類似性は低く見積もるにはあまりにも多くまた顕著である。以下にいくつかの例をあげる。

HC問31　なぜこの方は「キリスト」すなわち「油注がれた者」と呼ばれるのですか。
　答　なぜなら、この方は父なる神から次のように任職され、聖霊によって油注がれたからです。すなわち、わたしたちの最高の預言者また教師として……、わたしたちの唯一の大祭司として……、わたしたちの永遠の王として、……くださるのです。

GC問34　次にキリストという言葉はどんな意味ですか。
　答　彼は天の父から、王、祭司……、および預言者に任ぜられるために油を注がれなさったのであります[12]。

GC問36　しかし、どんな種類の油を注がれたのですか。
　答　それは……聖霊のもろもろの恵みによるものでありました[13]。

HC問32　しかし、なぜあなたが「キリスト」者と呼ばれるのですか。
　答　なぜなら、わたしは……その油注ぎにあずかっているからです。それは、わたしもまた……

生きた感謝の献げ物として自らをこの方に献げ、この世においては自由な良心をもって罪や悪魔と戦う……ためです。

GC問43　では彼の祭司職（の目的）は。

答　彼によって、われわれもまた……われわれ自身を……犠牲物として神に捧げる途をえるのであります。(14)

GC問42　彼の王国はわれわれにどんな益がありますか。

答　それは、彼によって良心の自由を与えられ、また義しさと潔さとの中に生きるため……、われわれが魂の敵である悪魔や罪や肉や世に打ち勝つ力をえることであります。(15)

HC問38　なぜその方は、裁判官「ポンテオ・ピラトのもとに」苦しみを受けられたのですか。

答　それは、罪のないこの方が、この世の裁判官による刑罰をお受けになることによって、わたしたちに下されるはずの神の厳しい審判から、わたしたちを免れさせるためでした。

GC問57　それはどうしてですか。

答　……われわれの人格を代理するために、彼は地上の裁判官の法廷に出頭することを望まれ、また天の審判のみ座においてわれわれを赦すために……、有罪の宣告をうけることを望まれたのであります。(16)

HC問39　その方が「十字架につけられ」たことには、何か別の死に方をする以上の意味があるのですか。

答　あります。それによって、わたしは、この方がわたしの上にかかっていた呪いを御自身の上に引き受けてくださったことを、確信するのです。なぜなら、十字架の死は神に呪われたものだからです。

GC問60　彼が十字架につけられたことは、それ以外の方法で彼を死に至らせるより以上の意味を何か含んでおりますか。

答　はい。……彼はわれわれの呪いをご自分の上に移し、われわれを呪いから解き放すために木に懸けられなさった……。それは、この種の死は神から呪われていたからであります[17]。

HC問42　キリストがわたしたちのために死んでくださったのなら、どうしてわたしたちも死ななければならないのですか。

答　わたしたちの死は、自分の罪に対する償いなのではなく、むしろ罪の死滅であり、永遠の命への入口なのです。

GC問63　しかし、われわれは死ぬことを少しもやめないのですから、この勝利はわれわれに何かの益をもたらすようには思われません。

答　……信徒たちの死は、今や彼らをよりよい生命へ導くための、通路にほかならないからであります[18]。

HC問43　十字架上でのキリストの犠牲と死から、わたしたちはさらにどのような益を受けますか。

答　この方の御力によって、わたしたちの古い自分がこの方と共に十字架につけられ、死んで、葬られる、ということです。それによって、肉の邪悪な欲望がもはやわたしたちを支配することなく、……なるのです。

GC問72　（キリストの死の）その他の効用はないのですか。

答　われわれの古き人は十字架につけられ、われわれの肉は力をうばわれるのであります。これは、もろもろの悪しき欲望がもはやわれわれを支配しなくなるためであります。[19]

HC問44　なぜ「陰府にくだり」と続くのですか。

答　それは、わたしが最も激しい試みの時にも次のように確信するためです。すなわち、わたしの主キリストは、十字架上とそこに至るまで、御自身もまたその魂において忍ばれてきた言い難い不安と苦痛と恐れとによって、地獄のような不安と痛みからわたしを解放してくださったのだ、と。

GC問65　彼がよみへ降られたと、付け加えられているところは何を意味しますか。

答　それはただ、彼が……自然的死を、受けられたというのみでなく、さらに彼の魂は、聖ペテロが苦難と呼んでいる、驚くべき苦悶の中に、とざされたのであります。[20]

HC問45　キリストの「よみがえり」は、わたしたちにどのような益をもたらしますか。

答　第一に、この方がそのよみがえりによって死に打ち勝たれ、そうして、御自身の死によってわたしたちのために獲得された義にわたしたちをあずからせてくださる、ということ。第二に、その御力によってわたしたちも今や新しい命に呼びさまされている、ということ。第三に、わたしたちにとって、キリストのよみがえりはわたしたちの祝福に満ちたよみがえりの確かな保証である、ということです。

GC問73　次の個条をいってごらんなさい。

答　……そのよみがえりによって、彼は死を亡ぼし……その力をことごとく打ち砕かれたからであります[21]。

GC問74　このよみがえりは、われわれにどのような益があるのですか。

答　第一に、義がわれわれのために、このよみがえりにおいて、豊かに獲得されたことであります。第二に、このよみがえりは、われわれがいつの日にか、光栄ある朽ちぬ体によみがえることの、確かな保証であることであります。第三には……、われわれは今から、新しい生命によみがえって、神に仕え、み心に従って潔く生きることであります[22]。

HC問49　キリストの昇天は、わたしたちにどのような益をもたらしますか。

答　第一に、この方が天において御父の面前でわたしたちの弁護者となっておられる、ということ。第二に、わたしたちがその肉体を天において持っている、ということ。それは、頭であるキリストがこの方の一部であるわたしたちを御自身のもとにまで引き上げてくださる一つの確かな保証である、ということです。

GC問77　この昇天はわれわれにとって、どんな益がありますか。

答　二重の益があります。すなわち……、われわれの代理として天に入られましたので、われわれのために天に入り口が与えられたので……あります。次に、彼はかしこで、神のみ顔の前にでて、われわれの仲裁者または弁護人となってくださるのであります[23]。

これらは、二つのカテキズムによる使徒信条第二項の解説における用語的並行関係のいくつかの例である[24]。加えて、『ハイデルベルク信仰問答』は、『ジュネーヴ教会信仰問答』と同様、信条の解説のすぐ後に義認の教理を論じており（HC問59—64）[25]、『ハイデルベルク信仰問答』問59、62、63は、『ジュネーヴ教会信仰問答』問114—116、118、121—122、125におけるカルヴァンの言葉のいくつかを反映している。

他方、問60における『ハイデルベルク信仰問答』の義認の定義の形式と用語のあるものについては、ベザ起源と思われるものもある。『信仰問答』の著者たちは、良心の三重の告発と、これらの攻撃に対するイエス・キリストの人格と業に見られる三重の救済策と、結果として起こる信仰者における義認の三重の状態というように構成している。[26]

良心の告発	救済策	義認の状態
1　わたしが神の戒めすべてに対して、はなはだしく罪を犯している。	キリストの償い	あたかもわたしが何一つ罪を犯したこともなく。
2　それを何一つ守ったこともない。	キリストの義	キリストがわたしに代わって果たされた服従をすべてわたし自身が成し遂げたかのように。
3　今なお絶えずあらゆる悪に傾いている。	キリストの聖	罪人であったこともない。

これら三つの告発とキリストにある三つの救済策は、一五六〇年のベザの『キリスト教信仰の告白』（*Confessio christianae fidei*）において提供されているものとほとんど同一である。[27]

良心の告発	救済策

1　わたしたちは数えきれないほどの罪を犯した。　キリストの償い
2　わたしたちの内には、神がわたしたちから求める義をどこにも見出せない。　キリストの義
3　本性において、わたしたちは汚れており神に対して憎むべき存在である。　キリストの聖

第二項についての『信仰問答』の解説の改革派的性格は、単に言葉以上のものを改革派諸資料から得ていることによる。『信仰問答』のこの部分におけるいくつかの教理は、改革派伝統にユニークなものであるか、改革派に特徴的な様式で提示されている。例えば、キリストの三重の務めが『信仰問答』問31―32に現れるが、これは宗教改革神学へのカルヴァンの顕著な貢献である。これらの職務についての言及は、ルターの大・小教理問答また『アウグスブルク信仰告白』には皆無であり、初期のいくつかの改革派資料にただ王的職務（ブッァー）または祭司的・王的職務（ユート、ブリンガー、一五三九年版『綱要』や『ジュネーヴ教会信仰問答』以前のカルヴァン）についての言及があるのみである。(28) このカルヴァン的・改革派的特徴が、『信仰問答』におけるルター派的主題全体と織りなされているのである。『信仰問答』問31は、三職それぞれが明確にキリストの救いの業と結び合わされているからである。

問　なぜこの方は「キリスト」すなわち「油注がれた者」と呼ばれるのですか。
答　なぜなら、この方は父なる神から次のように任職され、聖霊によって油注がれたからです。すなわち、わたしたちの最高の預言者また教師として、わたしたちの贖い（erlösung）に関する神の隠された熟慮と御意志とを、余すところなくわたしたちに啓示し、わたしたちの唯

一の大祭司として、御自分の体による唯一の犠牲によってわたしたちを贖い（erlöset）、御父の御前でわたしたちのために絶えず執り成し、わたしたちの永遠の王として、御自分の言葉と霊とによってわたしたちを治め、獲得なさった贖い（erlösung）のもとにわたしたちを守り保ってくださるのです。

『ハイデルベルク信仰問答』の「子なる神について」のルター派的枠組みには、「償い」に関するより改革派的見解とも言うべきものが含まれている。第三章で見たように、ルターとルター派伝統は、償いに関する古代教会の《勝利者キリスト（Christus Victor）》説とプロテスタント宗教改革において発展した代理贖罪説の中庸的な主張をした。カルヴァンと改革派伝統も確かにサタンに対する十字架上のキリストの勝利を認めるが、代理（substitution）・償罪（satisfaction）・宥め（propitiation）・犠牲という主題により大きな強調を置いた。[29]『ハイデルベルク信仰問答』は、これら二つのモチーフのルター的並置によって問1の答を始めている。すなわち「この方は御自分の尊い血をもってわたしのすべての罪を完全に償い」（代理贖罪）、「悪魔のあらゆる力からわたしを解放してくださいました」（勝利者キリスト）、と。しかし、先に述べたように、第二部（問12—18）の最初の問答では、仲保者キリストの働きは、ほとんど刑罰と償いという言葉で述べられているのである。

この不均衡は、問29—52における使徒信条第二項の解説にも引き継がれている。確かに《勝利者キリスト》のモチーフは全く消え去ったわけではない。キリストが「獲得なさった贖いのもとにわたしたちを守り（schützet）保って（erhält）くださる」（問31、傍点付加）し「わたしたちをその御力によってすべての敵から守り（schützet）支えて（erhält）くださる」（問51）ことを、私たちは確信している。[30] キリストが私たちのために獲得されたこの救いは、悪魔のすべての力に対する「主」の勝利（問34、問1参照）なのであるから、「この世において……罪や悪魔と戦」うための私たち自身の王的召命（問32）において私たちを今助けてくださるのである。[31] それゆえ、私たちは「あなたの教会を保ち（erhalte）……悪魔の業……を滅ぼしてください」（問123）また「わたしたちを保ち（erhalten）、強めてくださり、わたしたちがそれら（悪魔やこの世、また自分自身の肉）に激しく抵抗し、この霊の戦いに敗れることなく、ついには完全な勝利を収められるようにしてください」（問127）と祈り続ける。そして、いつの日かキリストが裁き主として再臨され「御自分とわたしの敵をことごとく永遠の刑罰に投げ込まれる」（問52）という確信を持つことができるのである。

にもかかわらず、代理的犠牲や償いという言葉もまた『信仰問答』のこの部分を支配している。大祭司キリストは「御自分の体による唯一の犠牲によって」（問31）私たちを贖われた。この方が「罪に対する神の御怒りを体と魂に負われた」のは「唯一の償いのいけにえとして、御自身の苦しみによってわたしたちの体と魂とを永遠の刑罰から解放」するためであった（問37）。「この世の裁判官による刑罰をお受けになることによって、わたしたちに下されるはずの神の厳しい審判から、わたしたちを免れさせ」てくださった（問38）。十字架につけられたことにより「わたしの上にかかっていた呪いを御自身の上に引き受けてくだ」さり（問39）、それによって「神の義と真実」（問40）を満たし、私たちの「自分の罪に対する償い」（問42）を支払ってくださった。「十字架上とそこに至るまで、御自身も……忍ばれてきた言い難い不安と苦痛と恐れとによって、地獄のような不安と痛みからわたしを解放してくださったのだ、と」（問44）わたしを確信させてくださる。「そのよみがえりによって死に打ち勝たれ、そうして、御自身の死によってわたしたちのために獲得された義にわたしたちをあずからせてくださる」（問45）。この方の再臨の待望においてさえ、「かつてわたしのために神の裁きに自らを差し出しすべての呪いをわたしから取り去ってくださった、まさにその裁き主……を待ち望む」（問52）のである。[32]

キリストの三職や償いの教理に加えて、「『信仰問答』は、ジャン・カルヴァンによって展開された（陰府）降下についての改革派的見解を述べている」と論じられてきた。[33] カルヴァンの『ジュネーヴ教会信仰問答』を反映するような用語で、『ハイデルベルク信仰問答』問44は、事実、キリストの陰府降りについて十字架の死に先立って経験された苦難という象徴的解釈を提示している。しかしながら、この理解を「改革派的見解」と呼んだり「ルター的見解とは全く相容れない」[34]と述べるのは、証拠が示す以上のことである。『信仰問答』が作成された時には統一した改革派的見解はなかったし[35]、ルター派の中にもコンセンサスはなかった[36]。実際、ルター自身、キリストの死の前後における陰府降りについて教えており、死の前とはすなわち、ゲッセマネと十字架の「陰府（地獄）」に対するカルヴァンの着目を先取りしたものである[37]。『和協信条』（The Formula of Concord）が一五七七年に最終的に問題を決着させた時には、ルターの別の教えに従い、「神であって人である全人が埋葬のあとでよみに降り、悪魔を征服し、よみの力を打ちこわし、悪魔からすべての力を奪った」と述べている[38]。しかし『和協信条』でさえも「初代キリスト教の教父たちにも、われわれの教師たちのある人々にも、キリストのよみ下降の条項のちがった説明が見られる」と認めている[39]。初期ルター派・改革派双方の伝統における解釈の流動性という事実が、後になって改革派的と言われるようになる陰府降下についての見解を、『信仰問答』の著者たちがルター派的枠組みの中に取り入れることに何の躊躇もなかったことを説明する助けとなるかもしれない[40]。

『ハイデルベルク信仰問答』におけるもう一つの改革派的強調と言われるものは、キリストの人間性の遍在（omnipresence）というルター派的教理に対する、問47―48の応答である[41]。この教理は、ルターが主の晩餐におけるキリストの人間性の現臨（real presence）についての彼の確信を強めるために一五二〇年代に用いたもので、ヨハネス・ブレンツによる一五五九年の『シュトゥットガルト信仰告白』においてヴュルテンベルク領近郊で信仰告白的地位を得たばかりの教えであった[42]。『ハイデルベルク信仰問答』はキリストの昇天についての四つの問答（問46―49）の中で遍在の教理と格闘しているが、そこは確かに使徒信条の解説においてキリストの人間性の現在の性質や消息を論じるべき明白な場所であった。『信仰問答』問46によれば、私たちが使徒信条の「天にのぼり」を唱える時に意味することは、キリストが「地上から天に上げられ、生きている者と死んだ者とを裁くために再び来られる時まで、わたしたちのためにそこにいてくださる」ということである。しかし、ここに難しい問題が起こる。もしキリストが今も天の「そこに」おられるとすれば、世の終わりまで私たちと「共に」いてくださるという約束はどのように実現されるのか（問47）。この点において、『信仰問答』は明らかに遍在の教理を拒否して「その人間としての御性質においては、今は地上におられません」と述べ、私たちと共におられるのはただ「その神性、威厳、恩恵、霊において」であると述べる（問47）。問48は、このような理解はキリストの二性を分けてしまう古代のネストリウス派の異端的主張と同じではないかとの嫌疑を先取りして、「人間性が神性のある所どこにでもある、というわけではないのならば、キリストの二つの性質は互いに分離しているのではありませんか」と述べる。答えは、いわゆるカルヴァン主義的外（extra Calvinisticum）の教理をもって、キリストの神性は「確かにそれが取った人間性の外（［ラ］extra）にもあれば同時に人間性の内にもあって、絶えず人間性と人格的に結合しているのです」と答えている。このことは、ルターが考えるように、主の晩餐においてキリストの肉と血を私たちが飲食することには何の障害にもならない。なぜなら「この方が天におられわたしたちは地にいるにもかかわらず」「聖霊によって、その祝福された御体といよいよ一つにされてゆく」からである（問76）。

しかし、『ハイデルベルク信仰問答』がここでルター派的教理に対して改革派的論争を仕掛けていると主張することは、全く正しいとは言えない。事実、キリストの人間性の遍在の教理についての境界線は、ルター派と改革派の間ではなく、遍在主義的（通常、純正）ルター派と、メランヒトン的ルター派・カルヴァン派・ツヴィングリ派との間にあるからである。後者は、メランヒトン・カルヴァン・ツヴィングリに従って、挙げられたキリストの体の天における場所的臨在を主張する。(43) フリードリヒ三世のメランヒトンに対する長きにわたる好意・改革派神学への新たな関心・純正ルター派への募る失望感を考慮すれば、遍在の問題について『ハイデルベルク信仰問答』がメランヒトン主義と改革派の立場を取ってこれらの共通基盤を強調したことはほとんど驚くに値しない。

しかし、『ハイデルベルク信仰問答』のこの反・遍在主義的立場は、『アウグスブルク信仰告白』の境界内に留まっているのかという問いは残る。ヴィンター（Winter）が指摘したように、後者はキリストの二性が「一つの人格に分離されずに結びついている」（第三項）ということ以上には述べていないからである。この文章の下にいかなる遍在主義的仮説があろうとも、キリストの神性が「人間性の内にもあって、絶えず人間性と人格的に結合しているのです」との『信仰問答』問48の記述は、少なくとも表面上は、『アウグスブルク信仰告白』第三条の叙述と完全に一致しているし、ウルジヌスはここにおける彼のキリスト論が決して同『信仰告白』と矛盾するものではないと考えていた。(44) 実際、フリードリヒ三世が一五六六年のアウグスブルク会議において皇帝の前で『ハイデルベルク信仰問答』への忠誠を弁明しなければならなかった時、ザクセン選帝侯アウグストは彼を支持して、この点において『ハイデルベルク信仰問答』はブレンツの遍在主義的な『シュトゥットガルト信仰告白』（一五五九年）と同程度しか『アウグスブルク信仰告白』から離れてはいないと論じた。(45) 両者とも、『アウグスブルク信仰告白』本文の合法的解釈とみなされ得たのである。

『ハイデルベルク信仰問答』が使徒信条の御子についての箇条の解説で為したことは、それゆえ、ここでも多様な改革派的諸要素をルター派的枠組みの中に取り込むことであった。その枠組みとは包括的なキリスト論的・救済論的モチーフであり、信仰者が属する御子キリストによる救いというルターの『小教理問答』における同箇条についての扱い方である。この骨組みを満たしているのがカルヴァンやベザの資料からの言葉、またキリストの三職や代理罰的償いについての改革派的強調である。キリストの陰府降りや昇天の教理においては、しばしば考えられるほど改革派的強調は多くはない。ここにおいて『ハイデルベルク信仰問答』は、二つの伝統の共通基盤を述べることでコンセンサスを形成しているように思われる。最初の教理（陰府降り）における共通基盤とは、『信仰問答』問44における解釈をルター派が排除するほど、ルター派も改革派の立場も未だ十分明確に定義されてはいなかったということである。第二の教理（昇天）における共通基盤とは、遍在を巡っては、メランヒトン的ルター派も改革派も純正ルター派との論争において同じような結論に達していたということである。

聖霊の働き

使徒信条の第三項「聖霊なる神」（問53―58）についての『ハイデルベルク信仰問答』の解説は、先行する「父なる神」（問26―28）や「子なる神」（問29―52）とある重要な点において類似している。それは、すなわち、「聖霊なる神と私たちの聖化」（Heiligung）という大きな主題が、ルターの『小教理問答』に基づいているということである。[46] また、この部分の内容もいくらかルターのそれに負っているように思われる。キリスト教共同体の一部としての信者のアイデンティティは、問53（この方はわたしにも与えられたお方であり）において暗示され、問54（わたしがその群れの生きた部分であり、永遠にそうあり続ける）や問55（信徒は誰であれ、群れの一部として、主キリストとこの方のあらゆる富と賜物にあずかっている）では明示されているが、これは信条の第三項についてのルターの解説にある同様の強調を反映している。

> 聖霊が福音によってわたし〔邦訳「お父さん」を変更〕に呼びかけ……わたしを照らし、ほんとうの信仰においてきよめ、守ってくださるのだと……。同じように聖霊は、地上の全キリスト教会を呼び、集め、照らし、きよめ、……支えてくださる。このキリスト教会の中で、聖霊はわたしにも信じるすべての人にも、毎日すべての罪を十分ゆるし、終わりの日にわたしもすべての死者も復活させ、キリストを信じるすべての人といっしょに、わたしに永遠のいのちを与えてくださる。[47]

しかし、さらに衝撃的なのは、『ハイデルベルク信仰問答』問53とメランヒトンの『アウグスブルク信仰告白』

第三条における聖霊の扱いとの並行関係である。

HC問53　「聖霊」について、あなたは何を信じていますか。

答　第一に、この方が御父や御子と同様に永遠の神であられる、ということ。第二に、この方はわたしにも与えられたお方であり、まことの信仰によってキリストとそのすべての恵みにわたしをあずからせ、わたしを慰め、永遠にわたしと共にいてくださる、ということです。

AC3　キリストは……彼を信じるすべての者を聖霊によって聖め、清くし、強め、慰め、彼らにいのちとあらゆる類いの賜物と財貨を分け与え、悪魔と罪から守り、保護してくださる。[48]

すぐに気づくことは、双方の文書にある聖霊の働きについてのいくつかの共通点である。双方とも、慰め[49]、霊的賜物の分与、聖霊の内住（HC53「永遠にわたしと共にいてくださる」、AC3「守り、保護してくださる」）である。

しかし、さらに留意すべきことは、『アウグスブルク信仰告白』第三条が聖霊の働きを、実際には御霊を通してのキリストの業と描いていることである。聖とし、清め、力づけ、慰め、命と賜物を分け与え、悪魔と罪から守るのは（聖霊の代理による）キリストなのである。御子のすぐれた代理者としての御霊という視点も、『ハイデルベルク信仰問答』問53に（明確なかたちではないが）存する。わたしを慰め、キリストとその恵みにあずからせ、永遠にわたしと共にいる御霊は「わたしにも与えられたお方で」あるのだ。ここでは御霊を付与する主体が明らかではないが、問49では「御自分の霊をわたしたちに送ってくださる」のはキリストであると語られている[50]。さらに、『ハイデルベルク信仰問答』には、キリストの働きにおける御霊の補助的働きへの多くの言及がある[51]。「（キリストは）御自身の聖霊によりわたしに永遠の命を保証し、今から後この方のために生きることを心から喜びまたそれにふさわしくなるように、整えてもくださる」（問1）。「わたしたちの永遠の王として、御自分の言葉と霊とによってわたしたちを治め」られる（問31）。「その神性、威厳、恩恵、霊においては、片時もわたしたちから離れてはおられない」（問47）。「この方の一部であるわたしたちを御自身のもとにまで引き上げてくださる……保証のしるしとして御自分の霊をわたしたちに送ってくださる」（問49）。「御自分の聖霊を通して、御自身の部分であるわたしたちのうちに天からの諸々の賜物を注ぎ込んでくださる」（問51）。「神の御子が……、御自身のために永遠の命へと選ばれた一つの群れを、御自分の御霊と御言葉とにより……、集め、守り、保たれる」（問54）。私たちの救いの全体が十字架上のキリストの唯一の犠牲にかかっていることを、御霊は福音において私たちに教え、礼典において確証される（問67）。洗礼の外的洗いの制定において、「わたしのすべての罪を、この方の血と霊とによって確実に洗っていただける」ということをキリストは約束された（問69。問73も見よ）。「（キリストの血と霊とによって洗われるとは）聖霊によって新しくされ、キリストの一部分として聖別される、ということ」（問70）。「十字架につけられたキリストの体を食べ、その流された血を飲むとは」「聖霊によって、その祝福された御体といよいよ一つにされてゆく、ということ」（問76、問79も見よ）。「主の晩餐がわたしたちに証しすることは……、わたしたちが聖霊によってキリストに接ぎ木されている、ということ」（問80）。「キリストは、その血によってわたしたちを贖われた後に、その聖霊によってわたしたちを御自身のかたちへと生まれ変わらせてもくださる」（問86）。以上、ここに挙げたほとんどすべてにおいて、キリストが行為の主体であり、聖霊は手段の前置詞（「御自身の霊によって」「聖霊を通して」など）による客体である。キリストのための御霊の働きについての『ハイデルベルク信仰問答』の強調は、その手がかりをルターの『小教理問答』（「自分の理性や力では私の主、イエス・キリストを信じることも、みもとにくることもできず、聖霊が福音によってお父さん［わたし］に呼びかけ……」）から取ったのかもしれないが[52]、おそらくは『アウグスブルク信仰告白』の模範に従ったのであろう。

しかし、ここでもまた、一見ルター派的主題と傾向と思われるものが、改革派的影響によって修正されている。その影響のあるものは言語的なものである。『ハイデルベルク信仰問答』問53―58のいくつかは、例えばカルヴアンの『ジュネーヴ教会信仰問答』の用語法を反映している。

HC問53　「聖霊」について、あなたは何を信じていますか。

答　第一に、この方が御父や御子と同様に永遠の神であられる、ということ。第二に、この方はわたしにも与えられたお方であり、まことの信仰によってキリストとそのすべての恵みにわたしをあずからせ、わたしを慰め、永遠にわたしと共にいてくださる、ということです。

GC問91　もっと明確な説明が必要です。

答　われわれの心の中にいます聖霊は、主イエスのみ力をわれわれに感じさせます。なぜならば、聖霊はわれわれを照らして、主のもろもろの恵みを知らせ……かくしてわれわれは、イエス・キリストにおいてわれわれに贈られているすべての宝と賜物とを、聖霊によって受けるのであります。(53)

HC問54　「聖なる公同の教会」について、あなたは何を信じていますか。

答　神の御子が、全人類の中から、御自身のために永遠の命へと選ばれた一つの群れを、御自分の御霊と御言葉とにより、まことの信仰の一致において、世の初めから終わりまで集め、守り、保たれる、ということ。そしてまた、わたしがその群れの生きた部分であり、永遠にそうあり続ける、ということです。

GC問93　公同の教会とは何ですか。

答　それは神が永遠の生命に定め、選ばれた信徒たちの群れであります。(54)

HC問55　「聖徒の交わり」について、あなたは何を理解していますか。

答　第一に、信徒は誰であれ、群れの一部として、主キリストとこの方のあらゆる富と賜物にあずかっている、ということ。第二に、各自は自分の賜物を、他の部分の益と救いとのために、自発的に喜んで用いる責任があることをわきまえなければならない、ということです。

GC問98　では次の聖徒の交わり、というのは何を意味していますか。

答　これは教会員の間にある一致を、よりよくいい表わすために付け加えられております。またこのことからわれわれは、われわれの主が教会に賜う恵みはすべて、各々の信徒の益と救いのためであることを理解すべきであります。なぜならば、彼らはすべて共に交わりを保っているからであります。(55)

HC問56　「罪のゆるし」について、あなたは何を信じていますか。

答　神が、キリストの償いのゆえに、わたしのすべての罪と、さらにわたしが生涯戦わなければならない罪深い性質をも、もはや覚えようとはなさらず、それどころか、恵みにより、キリストの義をわたしに与えて、わたしがもはや決して裁きにあうことのないようにしてくださる、ということです。

GC問102　この赦しという言葉はどんな意味ですか。

答　神がその無償の好意をもって、信徒たちのもろもろの過誤を赦し、これを取り除いて下さり、かくして、神の審判の座でこれらの過誤が、彼らを罰するために数えられるようなことは少しもないという意味であります。(56)

『ハイデルベルク信仰問答』問54―55（またほとんど同じであるウルジヌス『小教理問答』問40―41と『大教理問答』問125・116）の場合、さらに似ている改革派の文献資料はラスコの『エムデン小教理問答』（一五五四年）であったかもしれない[57]。

ＨＣ問54　「聖なる公同の教会」について、あなたは何を信じていますか。

答　神の御子が、全人類の中から、御自身のために永遠の命へと選ばれた一つの群れを、御自分の御霊と御言葉とにより、まことの信仰の一致において、世の初めから終わりまで集め、守り、保たれる、ということ。そしてまた、わたしがその群れの生きた部分であり、永遠にそうあり続ける、ということです。

Ｅｍ45　あなたは、一つの聖なるキリスト教会、あるいは会衆という、次に続く条項で何を信じますか。

答　わたしは、わたしの主イエス・キリストが、この堕落した悪い世から聖霊と聖なる福音の声によって、この世の初めから永遠の聖なる変わらない教会、すなわち、選ばれた者の会衆を、御自分に呼び集め、保っておられることを信じ、また、わたしがこの教会の肢であることを告白します[58]。

ＨＣ問55　「聖徒の交わり」について、あなたは何を理解していますか。

答　第一に、信徒は誰であれ、群れの一部として、主キリストとこの方のあらゆる富と賜物にあずかっている、ということ。第二に、各自は自分の賜物を、他の部分の益と救いとのために、自発的に喜んで用いる責任があることをわきまえなければならない、ということです。

Em47　あなたは、聖なるものの交わりという言葉をどのように理解しますか。

答　わたしは、キリストの教会の真の肢が、教会の頭と恵みとのすべてを互いに共有するのと同じように、また、その賜物を愛によって建徳のために共有するのだと、それを理解します。[59]

しかし、ここにおける改革派的影響は言葉の上だけではない。ルターの『小教理問答』における聖霊についての文章の目立った特徴は、使徒信条第三項のタイトルを「聖化（聖とされること）[60]」としているのみならず、明らかにこの御霊の働きを使徒信条の残りの諸項目（聖なる公同の教会・聖徒の交わり・罪の赦し・身体のよみがえり・永遠の命）と結び付けていることである。

聖霊が福音によってお父さんに呼びかけ、賜物をもってお父さんを照らし、ほんとうの信仰においてきよめ、守ってくださるのだと、お父さんは信じている。同じように聖霊は、地上の全キリスト教会を呼び、集め、照らし、きよめ、イエス・キリストのもとで、まことのひとつの信仰のうちに支えてくださる。このキリスト教会の中で、聖霊はお父さんにも信じるすべての人にも、毎日すべての罪を十分ゆるし、終わりの日にお父さんもすべての死者も復活させ、キリストを信じるすべての人といっしょに、お父さんに永遠のいのちを与えてくださる。[61]

聖霊は、教会を集め、聖とし、私たちを赦し、よみがえらせ、永遠の命を与えるのである。

聖霊の働きと信条の最後の諸項目との連関が、『ハイデルベルク信仰問答』とその直接的資料であるウルジヌスの『小教理問答』と『大教理問答』には欠けている。『ハイデルベルク信仰問答』問53の後で、聖霊に言及されるのはこの項の中でただ一度（問54）だけである。それは、おそらくカルヴァンの『ジュネーヴ教会信仰問答』の影響を反映していると考えうる。なぜなら、使徒信条の第三項を、同書は聖霊と教会の二つに分けているからである。[62] カルヴァンもまた、教会についての第四項では、御霊についてただ一度言及しているだけである。[63] ウルジヌスの『小教理問答』と、さらに顕著に『ハイデルベルク信仰問答』にその傾向が見られるのは、これらのカテキズムの第三部（感謝について）全体がすでに聖霊の聖化の働きにあてられているからである。例えば『ハイデルベルク信仰問答』問86は第三部を導入しているが、「キリストは、その聖霊によってわたしたちを御自身のかたちへと生まれ変わらせてもくださるからです。それは、わたしたちがその恵みに対して全生活にわたって神に感謝を表し、この方がわたしたちによって賛美されるためです」と述べている。この「新しい人の復活とは……［私たちのために神の律法に記された］神の御旨に従ったあらゆる善い行いに心を打ち込んで生きることと」なのである（問90）。それゆえ、『ハイデルベルク信仰問答』がルターと同様「聖化」の見出しを問53―58に付けているとはいえ、より典型的に改革派的なスタイルにおいて聖霊の聖化の御業が最も明確かつ詳細な表現を取るのは、第三部の十戒と主の祈りの解説においてなのである。

信仰者が大きなキリスト教共同体の一部であるという、ルターの『小教理問答』や『ハイデルベルク信仰問答』問53―55で私たちが出合う記述もまた、微妙に改革派的傾向を示していると言えるかもしれない。フェアボームが指摘しているように、『ハイデルベルク信仰問答』問53の御霊が「わたしにも与えられたお方であり」という表現は、改革派の契約の教理を示唆しうるからである。[64]『ハイデルベルク信仰問答』は、第一に、プファルツの青年向けカテキズムとして作られたものであり、問74によれば幼児も「キリストの血による罪の贖いと信仰を生み出される聖霊とが、大人に劣らず彼らにも確約されている」のだから、問53―55は洗礼を受けた契約の子の口唇による一連の告白と解し得る。「わたしには、大人に劣らず、聖霊が与えられており」（問53）「わたしもこの群れの生きた部分であり」（問54）「わたしも主キリストとこの方のあらゆる富と賜物にあずかっている」（問55）と。

他方で、私たちは『ハイデルベルク信仰問答』のこの部分における改革派的アクセントを強調しすぎないように注意しなければならない。もちろん、ここには選びへの言及はあるが問54の教会の定義の中で触れられているに過ぎず、かつそれは『信仰問答』全体に二回出てくるうちの一つに過ぎないからである。[65] 問54の「御霊と御言葉」の組み合わせもまた時にカルヴァン主義の特徴とみなされるが、[66] この連関は（たといそれほど強くはなくとも）ルター派の伝統にもある。[67] 最後に、問53や55におけるキリストとその恵みとの信仰者の霊的一致への言及もカルヴァン神学にそのルーツを持つと示唆されてきたが、[68]「キリストとそのすべての恵み」との密接なつながりは『ハイデルベルク信仰問答』のそこここ（問20、65、75）に言及されており、おそらくはメランヒトンにルーツを持つものである。[69] また、たといメランヒトンがキリストとの一致の教理を十分に展開しなかったとしても、[70] ルターにおいては実際十分に強調されている。それはたんにカルヴァンのそれに似ているというだけでなく、むしろそれに影響を与えたかもしれないのである。[71] 同時に、ゲータースが述べているように、『ハイデルベルク信仰問答』の聖霊によるキリストとの一致の教理はまた、純正ルター派によるキリストの人間性遍在の教理に対する改革派の弁明をそれとなく反映しているかもしれない。昇天した主の体はどこにでもあるのではなく天にあるのだから、この方がその体をもって地上において私たちのために獲得した恵みはただ聖霊を通して私たちにもたらされうる。この聖霊は「キリストのうちにもわたしたちのうちにも住んでおられ……［キリスト］が天におられわたしたちは地にいるにもかかわらず、わたしたちがこの方の肉の肉、骨の骨と」なるからである（問76）。[72]

それゆえ、『ハイデルベルク信仰問答』の「聖霊なる神」の解説は、形式的には律法と福音・摂理・キリスト論などの部分と非常に似ている。問53—58はルターの『小教理問答』のタイトルによって導入され、キリストの御業を適用する代理者として『信仰問答』を通じて強調される聖霊（これがキリストと聖霊を同じ章で扱っている理由である）は『アウグスブルク信仰告白』第三条の台本にならって現れる。改革派的アクセントを看取することはできるが、ほとんどの場合ほんのわずかである。結果として生み出されるのは、双方の伝統による言葉の複雑なブレンドであり、その伝統は両者の断層線にではなく共通の土台に焦点がある。この点において、信条の第三項についての解説は、『信仰問答』の次の礼典についての部分をよく先取りしていると言えよう。

第六章

礼典（問65―85）

論争

礼典の教理と実践にまさって一六世紀に論争を生み出した教会的問題は、おそらくない。それが引き起こした神学的争いは、カトリックとプロテスタントのみならず、ルター派・再洗礼派・改革派・英国国教会の間でもある。その中心にあったのは、それによって人々が救いの恵みを受けると信じていた手段そのものであり、この恵みの手段をいかに考えるかがしばしばその人の罪・キリスト・聖霊・教会・信仰生活の理解と関係していたことは驚くに値しない。

第一章で見たように、プファルツは、『ハイデルベルク信仰問答』に至るまでの数年間に、とりわけ主の晩餐を巡る礼典論争を自ら経験していた。以来、数世紀にわたって、論争は『信仰問答』自身の礼典観に集中してきた。この論争の現代的局面は、一八〇〇年代中葉に始まり、一九世紀の終わりまでに少なくとも五つの立場が現れた。『信仰問答』の礼典の教理は(1)メランヒトン／カルヴァン的なのか（ヨハネス・エブラルド、ジョン・ネヴィン）、(2)厳密にメランヒトン的なのか（ハインリヒ・ヘッペ）、(3)厳密にカルヴァン的なのか（カール・ズートホフ）、(4)ツヴィングリ／ブリンガー的なのか（マウリッツ・ホーゼン）、または(5)カルヴァンとツヴィングリの折衷なのか（チャールズ・ホッジ）、である。[1]二〇世紀に入ると、立場の数は実質的に減少したが、議論に加わる人々の数はかなり増加した。議論は今や大きく分けて『信仰問答』の礼典観がカルヴァン的か、ツヴィングリ的（通常は「新ツヴィングリ的」または「後期ツヴィングリ的」つまり「ブリンガー的」）[2]か、あるいはこれら二つの融合かである。メランヒトンは、もはやほとんど言及されなくなった。[3]

その礼典観が純粋にカルヴァン的であると解釈する二〇世紀の主唱者には、E・F・カール・ミュラー、ヤン・バーフィンク、ヘルマン・ヘッセ、ヘンドリクス・ベルコフ、フレッド・クルースターがいる。[4]ヤン・ロールスは、おそらく「修正ツヴィングリ的」またはブリンガー的解釈の最良の代表であろう。[5]しかし、二〇世紀のいくつかの研究は、『信仰問答』の礼典観が双方の伝統の要素を（さまざまな混合においてではあるが）含んでいると主張する。ジョージ・リチャーズは、『信仰問答』の礼典の教えは「明確にカルヴァン的」と主張するが、主の晩餐の教理においては少なくとも「ツヴィングリとカルヴァンの見解がブレンドされている」と認識している。[6]ジェームズ・グッドも、『信仰問答』の礼典論はカルヴァン的であるが、『信仰問答』が意図的にある点においては不確かにしていることを認め、それによって高低双方の礼典主義者たちに適合させていると主張した。[7]G・P・ハルトフェルトは、逆に、カルヴァンの影響を完全に排除することはできないが、カルヴァンとの実際の違いから、むしろブリンガーまたおそらくはボクィヌスの顕著な影響を見なければならないと主張した。[8]ブライアン・ゲリッシュも、『信仰問答』の礼典の神学は、カルヴァンというよりもツヴィングリ、特にブリンガーに負っていると言う。[9]最後に、ノイザーは、『信仰問答』の礼典論の第二部と第三部を厳密に区別して、礼典への導入（問65—68）と洗礼の扱い（問69—74）はよりカルヴァン的であるが、主の晩餐の教理（問75—82）はハインリヒ・ブリンガーの新ツヴィングリ的立場を反映していると主張する。[10]

これらの異なるレッテルは、単に『ハイデルベルク信仰問答』の礼典観全体にあてはめられているのではなく、礼典の教理の詳細に対してもである。例えば、信仰を伴わなければ礼典の参与者に何も与えられないという『信仰問答』の主張は、ズートホフにとってはカルヴァン的特徴であるし、ホーゼンにはブリンガー的である。[11]ゲリッシュと（暗示的にではあるが）ローレムは、『信仰問答』の洗礼と主の晩餐についての問いにおける「しるし」と「しるされたもの」との並行関係（同様に……確実に）はブリンガー的であるとみなすが、ベルコフはそれをカルヴァン的とする。[12] 主の晩餐におけるキリストの霊的臨在もまた、ある人々（例えば、ホーゼン）にとってはブリンガー的と断言され、他の人（例えば、グッド）にとってはカルヴァン的であるとされる。[13] また、ズートホフやロールスは、信者のためのキリストの死の確かさの保証または確証としての礼典という理解を、それぞれカルヴァン的またブリンガー的と見ている。[14]

それゆえ、二一世紀初頭において、『ハイデルベルク信仰問答』の礼典論の神学的傾向について、一九世紀の終わり以上のコンセンサスはない。唯一の違いは、メランヒトンの役割が、実際上議論から消えてしまったことである。しかし、『ハイデルベルク信仰問答』の礼典観は、『信仰問答』全体と同様、プファルツ宗教改革の全体的傾向を反映しており、またその光において解釈されねばならないということが、私たちの主張である。再び、私たちは、ルター派と改革派伝統双方の文献的・教理的諸要素の総合と出合うことになる。そして、ここにおいて、おそらく『ハイデルベルク信仰問答』の他のどこにもまさって、フリードリヒ三世と執筆者たちのチームによる「エキュメニカル」な戦略を見るのである。礼典論はプファルツにおけるプロテスタント諸陣営を最も鋭く分断していた問題であるがゆえに、『信仰問答』の著者たちはこの点においてとりわけ熱心に、フェアボームが「最大のコンセンサス」と「最少の不一致」と呼んだことを実現させようと腐心したと思われる。[15]

ルター派的諸要素

『ハイデルベルク信仰問答』における礼典論のルター派的次元とは、何を意味するのか。その一部はすでに『信仰問答』問66の礼典の定義に見られるかもしれない。

問　礼典とは何ですか。

答　それは、神によって制定された、目に見える聖なるしるしまた封印であって、神は、その執行を通して、福音の約束をよりよくわたしたちに理解させ、封印なさるのです。その約束とは、十字架上で成就されたキリストの唯一の犠牲のゆえに、神が、恵みによって、罪の赦しと永遠の命とをわたしたちに注いでくださる、ということです。

この答の前半分は、先行するウルジヌスの二つのカテキズムの並行箇所の構造と用語法に密接に従っている。

ＳＣ問54　礼典とは何ですか。

答　それは神によって制定された儀式で、それらによってちょうど目に見える保証と公的証言のように、福音において約束されている恵みそのものについて、すべての信徒たちに思い起こさせ確信させてくださるのです。そうして、今度は彼ら自身が自らを信仰と清い生活へと結びつけ、不信者から自分を区別するようになるのです。

ＬＣ問275　［礼典とは何か］もっとはっきり言ってください。

答　礼典とは儀式であって、神によって制定されかつ恵みの約束に加えられ、福音において約束された恵み、すなわち、キリストとの交わりとこの方のあらゆる恩恵を表すためのものです。また、これらの儀式を真の信仰において用いるすべての人々に、そのことが確実に実現しかつ永遠に有効であることを確証され、そうして、いわば目に見える保証と公的証によって、今度はこれらを用いる人々が自らを神への真の信仰と敬虔の内に保たせるためのものです。

前記の三つの答すべてが含んでいるのは、礼典についての短い定義（「礼典とは／それは」）、その起源（「神によって制定され」）、二重の目的（「よりよくわたしたちに理解させ／思い起こさせ／表す」・「封印する／確信させる」）、そして、しるされ封印されているものとは何か（「福音の約束／福音において約束されている恵み」）ということである。ホーゼンとノイザーによれば、[16] ウルジヌスの『大教理問答』275は、メランヒトンの『牧師候補者の試問』（一五五四年）における定義「礼典とは……神的に制定された儀式であり、福音において語られた約束に加えられ、表され、適用される恵みの約束の証言または保証である」[17] に基づいている。これは確かに一つの可能性である。なぜなら、ウルジヌスは同書をブレスラウで教えていた時に教科書として用いたし、一五五九年に彼が作文したメランヒトンの立場の弁論において、この礼典の定義に言及しまた引用さえしたからである。[18] この定義の型と用語の多くは、『大教理問答』275のみならず、同じくウルジヌスの『小教理問答』54や『ハイデルベルク信仰問答』問66にも表れている。

『ハイデルベルク信仰問答』問66の定義の別の面もまた、メランヒトンの影響を反映しているかもしれない。礼典制定における神の二重の目的、すなわち、福音の約束を私たちによりよく理解させることとその約束を封印することは、続く問答における二つの動詞のコンビネーション、「思い起こしまた確信させられる」（問69、75）や「教え」「確信させよう」（問73、79）に要約されている。ウルジヌスもまた「思い起こさせ確信させる」という複合動詞を一年前の『小教理問答』の礼典論において三回用いている（SC54、57、64）。この用法もまた、その師であるメランヒトンに遡るかもしれない。彼は、一五二一年の『神学総論』において、礼典が二重の機能を持っていると強調していたからである。それは神の約束を信仰者に「思い起こさせる」（admonent）のみならず、神がその約束を自分に個人的にあてはめてくださることを悩める良心を持つ人々に「確かにする」または「確証を与える」（certa reddatur）ものであると。[19] 事実、メランヒトンがこの点をまとめるためにその箇所で用いているラテン語動詞（admonere と confirmare）は、この順序でウルジヌスの『小教理問答』（54、57、64）にも『ハイデルベルク信仰問答』（問69、75）のラテン語訳にも現れるのである。[20]

定義のまた別の部分、礼典にしるされまた封印されているという福音の二重の約束への『信仰問答』問66の言及は、ルターの『小教理問答』にヒントを得たのかもしれない。[21] 神の約束とは「罪の赦しと永遠の命とをわたしたちに注いでくださる、ということ」（問66。問70、74、76も参照）との主張には、洗礼は「罪の赦しをもたらし……永遠の命を与える」ということや、主の晩餐において「罪の赦しと命と救い」が与えられるとのルターの叙述の響きがある。[22]

最後に、『ハイデルベルク信仰問答』が生まれたルター派的文脈は、『信仰問答』の問66の定義や洗礼（問69）・主の晩餐（問75）の序論的問いに述べられていないことの中にも反映されているかもしれない。それは、すなわち、人間の責任についてである。ウルジヌスの二つのカテキズムによれば、神が礼典を制定された理由の一つは「彼ら（信仰者）自身が自らを信仰と清い生活へと結びつけ」（SC54）「自らを神への真の信仰と敬虔の内に保たせるため」（LC275。問272も見よ）である。洗礼が私たちに思い起こさせ確信させるのは「私たちが日々真の回心に精進する義務を負う」（SC57）ことであり、主の晩餐は「私たちがこの方にのみ命を請い求め、この方の一部であるかのように生き、互いに愛し合う義務を負う」（SC64）ことである。しかし、『ハイデルベルク信仰問答』問66、69、75は、ウルジヌスの『小教理問答』や『大教理問答』の並行箇所と構造や用語法において従っているほど密接には、人間の義務のしるしとしての礼典というような言及を含んでいない。このことは一見するとおかしく見えるかもしれない。メランヒトンもカルヴァンもブリンガーも、彼ら自身の礼典の定義にそのような言葉を含めているからである。[23] にもかかわらず、初期ツヴィングリの伝統が礼典のこの意味を強調していたために、プファルツのメランヒトン派やカルヴァン派また帝国の他の諸領のルター派君主たちに対し、あまりにツヴィングリ的と聞こえないために「人間の責任」という言葉を『ハイデルベルク信仰問答』は排除したのかもしれないのである。[24]

その構造や用語のいくつかがルターやメランヒトンに遡りうるとは言え、『ハイデルベルク信仰問答』問66の定義が独占的にルターまたはメランヒトン的というものでもない。その一部は、初期の改革派カテキズムの中にも、またはそこにのみ見出すことができるからである。その一例は、『ハイデルベルク信仰問答』問66、ウルジヌスの『小教理問答』54や『大教理問答』275、またメランヒトンの『牧師候補者の試問』（一五五四年）などの定義に見られた四重構造（叙述・起源・目的・焦点）は、ブリンガーの大人のための一五五九年カテキズムにおける彼の定義にもみられる。

問　礼典によってあなたが何を意味しているのかわたしに説明してください。

答　礼典は、聖なる象徴また聖なる儀式、あるいはまた聖なる行為であって、神によって……制定され、それによってこの方は私たちに差し出すことを封印また表される。[25]

同じことは、『ハイデルベルク信仰問答』の定義の細かな点にも言える。例えば、問66の「わたしたちに理解させ、封印なさる」という複合動詞は、メランヒトンやウルジヌスの初期の著作にもさまざまな形で見られるが、カルヴァンの一五四五年『ジュネーヴ教会信仰問答』（「表し……封印する」）[26]や、ブリンガーの大人のためのカテキズム（「封印し表す」）[27]にも見られる。同様に、福音の二重の約束「赦しと新しい命」（問66）は洗礼の文脈で現れるが、『信仰問答』の問70や、ルターやメランヒトン、そしてブリンガーやカルヴァンにも見られる。[28]『信仰問答』問66における「目に見える……しるし」としての礼典への言及は、メランヒトンやウルジヌスの初期の定義には欠けているが、レオ・ユートのツヴィングリ的『小教理問答』（一五四一年）[29]や『ジュネーヴ教会信仰問答』には現れる[30]。最後に、『信仰問答』問65や66に繰り返される「聖なる」という形容詞（「聖霊」「聖なる福音」「聖礼典」「聖なるしるしまた封印」）も、メランヒトンやウルジヌスの初期の著作にはないが、ユートやブリンガー[31]のチューリヒ・カテキズムやミクロニウスやラスコの北ドイツの改革派カテキズムの並行箇所には現れるのである[32]。かくして、『ハイデルベルク信仰問答』問66の礼典の定義にいかなるルター的・メランヒトン的資料[33]があったとしても、礼典の構造や用語法のいくつかには改革派伝統の資料も響いている。『ハイデルベルク信仰問答』は、プファルツにおけるあらゆる視点、すなわちメランヒトン派・カルヴァン派・ブリンガー派によって構築され、それらを含むに十分広くかつ簡潔な定義によって礼典論のための基調を造り出そうとしているように見える。

しかし、『ハイデルベルク信仰問答』問65―85におけるより重要なルター派の影響は、背後にある二つの文書、メランヒトンの『アウグスブルク信仰告白』と彼のフリードリヒへの一五五九年の『応答』（*Responsio*）の存在であったかもしれない。『アウグスブルク信仰告白』はもちろん『ハイデルベルク信仰問答』の時代のプファルツの信仰規準であったし、『応答』は聖餐を巡るプファルツの苦い論争の後にメランヒトンからフリードリヒへの適切なアドバイスを提供したものである。これらの文書は、一六世紀の礼典論における最も論争的な問いである「礼典の物質的しるしがそれらが示す霊的祝福にいかに正確に関係しているか」を『信仰問答』が扱う方法を導く助けとなったかもしれない。

二〇世紀における学問的議論の多くは、この点において、ほとんどメランヒトンに注意を払うことなしに、『ハイデルベルク信仰問答』がカルヴァンに従っているのかブリンガーなのかということに集中した。カルヴァンが擁護していた立場はゲリッシュが「象徴的道具主義」（symbolic instrumentalism）と呼ぶもので、礼典のしるしや要素は道具であり、それらが象徴する霊的現実を、それらを通しまたはそれらによって神の霊がもたらすという主張である[34]。礼典のしるしは、それらが示すものと区別し得るが分けることはできない。「しるし」と「しるされたもの」とが結び合わされるのは、前者と共に後者が差し出され信仰者がそれらを同時に受けるという仕方で、である。[35] 礼典は、言葉の厳密な意味において、「恵みの手段」なのである。

他方、ブリンガーの立場は、ゲリッシュが「象徴的並行主義」（symbolic parallelism）と呼んだものである。ブリンガーが案じたのは、カルヴァンの用いた instrumentum という名詞、exhibere という動詞、per という前置詞が、聖霊よりも礼典のしるしにより効力を与えかねないということであった。礼典は、しるしを「通して」恵みを「授ける」「手段」ではない。むしろ、諸要素は、ただ象徴的な並行または可視的類比を提供するにすぎず、そこにおいて神がしるしとは独立して与える神的恵みの内的働きを証しするものである。主の晩餐の場合のように御霊はしるしと同時に働くかもしれないが、しるしはそれらが指し示す祝福とは別のままである。それらはただ恵みに「似ている」だけであって、それを「授ける」ものではない。[36]

ローレムが最近指摘したように、カルヴァンとブリンガーの間にあるこれらの相違は、一五四九年の『チューリヒ一致信条』（Concensus Tigurinus）における妥協を超えて、彼ら自身においても彼らに影響された信仰告白的伝統においても残り続けた。主の晩餐の教理に関して、ローレムは次のように結論している。

> いずれにせよ、主の晩餐についての二つの見解は何世紀にもわたって改革派伝統の中に並行して生き続けた。目の前にある改革派信仰についての記述は、主の晩餐をキリストとの一致を与える神の恵みの内的働きへの証しや類似や並行、または刺激的並行と述べているだろうか。もしそうなら、その祖先はチューリヒのツヴィングリの後継者であるハインリヒ・ブリンガーであるかもしれない。あるいは、晩餐を、神がキリストの体との完全な交わりの恵みを差し出してこれを授ける道具または手段そのものと述べているだろうか。もしそうなら、その系図はジャン・カルヴァン（とブツァー）に遡るであろう。[37]

したがって、あまりにも多くの人々が論じてきた問いとは、この点において『ハイデルベルク信仰問答』はどちらの立場なのかということであった。「しるし」と「しるされたもの」との関係において、『信仰問答』はカルヴァン的なのか、ブリンガー的なのか。我々はすでにその鍵を次の問65に持っていると、ノイザーは論じる。

問　ただ信仰のみが、わたしたちをキリストとそのすべての恵みにあずからせるのだとすれば、そのような信仰はどこから来るのですか。

答　聖霊が、わたしたちの心に聖なる福音の説教を通してそれを起こし、聖礼典の執行を通してそれを確かにしてくださるのです。

ノイザーによれば、聖礼典の使用を通しての御霊による信仰の確証という言及は、信仰がすでに持っている祝福を単に確証するのみというツヴィングリ的立場よりも、聖礼典が弱い信仰の成長を助ける（問66「よりよくわたしたちに理解させ」参照）というカルヴァンの見解を反映している。別言すれば、『ハイデルベルク信仰問答』にとって、聖霊は単に信仰者がすでに持っている何かを強化するのではなく、礼典を通して何かを実際に与えるということである。カルヴァン同様、『信仰問答』は礼典を“Heilsmittel”、すなわち救いの祝福が信者にもたらされる手段として扱っているのだ、と。[38]

しかしながら、ゲリッシュとロールスが主張するのは、『ハイデルベルク信仰問答』は、恵みの手段としての礼典という十分なカルヴァン的叙述には足りないということである。ゲリッシュにとって、『ハイデルベルク信仰問答』における礼典は、神の恵みのしるしまた保証であって、それら自身がしるすところの恵みをもたらすわけではない。それらはただ、礼典とは別に我々がそれを持っていることを私たちに思い起こさせ確証するにすぎない。[39] 実際、ロールスによれば、問73は、洗礼がすでに与えられている恵みの神的なしるしであり保証であるという印象を残している。[40] また、『ハイデルベルク信仰問答』の主の晩餐は、我々がキリストに霊的に養われることの確信の手段に過ぎず、養いそのものが起こる手段なのではない。[41] ゲリッシュもロールスも、この点において、『ハイデルベルク信仰問答』はカルヴァンよりもブリンガーにより近いと結論する。

一見すると、ゲリッシュとロールスが有利なように見えるかもしれない。『ハイデルベルク信仰問答』問65のように、カルヴァンが礼典を御霊がそれによって信仰を確証し養う手段と見なしていることは本当であるが、[42] この強調点は彼固有のものではなく、ブリンガーもまさに同じ点を主張している。[43] さらに、礼典は――ノイザーが“Gabecharakter”（付与性）と呼ぶ――しるしを通して実際に何かを信者に与えることができると、『信仰問答』問65は教えていない。『信仰問答』が教えるのは、礼典の使用を通して聖霊が私たちの信仰を確かにすることであって、それらを通して諸要素によって「しるされている」霊的益がもたらされる道具であることを必ずしも意味していない。実際、『ハイデルベルク信仰問答』の起草委員会は、ウルジヌスの『小教理問答』53（mediis et instrumentis）や『大教理問答』266、267（instrumentum）の当該箇所に述べられていた「手段」や「道具」という用語を用いてはいないのである。それはおそらく、それらの用語によって問題となる読み方を避ける試みなのであった。

同様のことは、洗礼（問69―74）と主の晩餐（75―85）についての『信仰問答』の個々の扱いにもあてはまる。『信仰問答』問69によれば、洗礼は「わたしがわたしの魂の汚れ……を、この方の血と霊とによって確実に洗っていただける、ということ。そして、それは日頃体の汚れを落としているその水で、わたしが外的に洗われるのと同じくらい確実である」ということを私たちに思い起こさせ確信させるが、カルヴァンの『ジュネーヴ教会信仰問答』のように「罪の赦しと新生とがわれわれに提供され、われわれはこれを受けることが確実で」あるような仕方で「事実がともに結びついている」とは、『ハイデルベルク信仰問答』のどこにも述べられていない。[44] 同様に、主の晩餐が私たちに思い起こさせ確信させるのは「この方御自身が、その十字架につけられた体と流された血とをもって、確かに永遠の命へとわたしの魂を養いまた潤してくださる（が、それは）主のパンと杯とをわたしが奉仕者の手から受けまた実際に味わうのと同様に確実である」（問75）ということであるが、カルヴァンがその『聖晩餐についての小論』で教えているように、体と血という言葉がパンとブドウ酒に帰されているのは「それらが我らの主イエス・キリストが私たちにそれらを分け与えてくださる道具（[仏] instrumens）だからである」とは、『信仰問答』のどこにも教えられていないのである。(45)『ハイデルベルク信仰問答』は礼典を確証または確信の手段として描いていると言えるかもしれないが、厳密にカルヴァン的な言葉の意味において――すなわち、外的しるしもまた印証において表された神的祝福を御霊がそれらによってまたはそれらを通して信者にもたらす恵みの手段として――ではない。(46)

しかし、『ハイデルベルク信仰問答』は「しるし」と「しるされたもの」との関係においてカルヴァンを反映してはいないが、顕著にブリンガー的と特徴付けられるわけでもない。『信仰問答』は、確かにブリンガーのように「しるし」と「しるされたもの」を共に一種の「象徴的並行主義」の内に置くが、以下の比較が示すようにカルヴァンもまたそうしているのである。

問73 それではなぜ、聖霊は洗礼を「新たに造りかえる洗い」とか「罪の洗い清め」と呼んでおられるのですか。

答 ちょうど体の汚れが水によって除き去られるように、わたしたちの罪がキリストの血と霊とによって除き去られるということを、この方はわたしたちに教えようとしておられるのです。それればかりか、わたしたちが現実の水で洗われるように、わたしたちの罪が霊的に洗われることもまた現実であるということを……、わたしたちに確信させようとしておられるのです。

問79 それではなぜ、キリストは、パンを御自分の体、杯を御自分の血またその血による新しい契約と……と言うのですか。

答　ちょうどパンとブドウ酒がわたしたちのこの世の命を支えるように、十字架につけられたその体と流された血とが、永遠の命のために、わたしたちの魂のまことの食べ物また飲み物になるということを、この方はわたしたちに教えようとしておられるのです。そればかりか、わたしたちが、これらの聖なるしるしをこの方の記念として肉の口をもって受けるのと同様に現実に……、そのまことの体と血とにあずかっているということ……［を］、わたしたちに確信させようとしておられるのです。

人々の体が（洗礼の）水で洗われるのと同様に、神が御自身の御霊によってキリストの血をもって私たちの魂の内に働かれる（ブリンガー）[47]。

　さて、主の晩餐において、パンとブドウ酒はキリストのまさに体と血を表す……。パンが人を養い強めるように……、キリストの体も、信仰によって食される時、人の魂を養い満たし……、ブドウ酒が渇いている者の飲み物であるように……、我らの主イエスの血も、信仰によって飲まれる時、燃えるような良心の渇きを消すのである（ブリンガー）[48]。

GC問325　水は、これらの事柄とどのような類似性をもっているために、これらを表わすことになるのですか。

答　罪の赦しは一種の洗いであって、あたかも体の不潔が水で洗い清められるように、われわれの魂がこれによってその汚れから潔められるのでありますから[49]。

GC問341　何ゆえ主はパンによってその体を、ぶどう酒によってその血を、われわれに表されるのですか。

答　それはパンがわれわれの体に対して、われわれの体を養い、この死すべき生命を支える特性をもっているように、主のみ体のわれわれの魂に対する特性もまた、霊的にこれを養い生かすにあることを示すためであります。同様に、ぶどう酒が身体的に、人を強め気力を回復させ楽しくならせるように、主の血はわれわれの霊的歓喜であり、気力回復であり、力であることを示しております。(50)

それゆえ、カルヴァンは、ブリンガーや『ハイデルベルク信仰問答』と同じく、洗礼における物理的な洗いや主の晩餐における物理的な飲食の外的しるしを、内的な霊的洗いや養いと「象徴的並行」(51)と描いているのである。カルヴァンとブリンガーを分けるのは、「しるし」と「しるされたもの」とが並行的かどうかではなく、それらが単に並行的かどうかである。礼典のしるしや行為は、聖霊が与える恵みとは別の可見的類比に過ぎないのか（ブリンガー）、それともそれらは類比以上もの、すなわち、それらを通して恵みが信者にもたらされる手段または道具そのものなのか（カルヴァン）、これこそが『ハイデルベルク信仰問答』が取り扱わない問いなのである。したがって、『信仰問答』はどちらかの立場を肯定もしなければ否定もしない。この点において、『信仰問答』は二人の改革者が一致できる所までは進むが、それ以上は沈黙する。

顕著にツヴィングリまたはブリンガー的と解釈し得る「しるし」と「しるされたもの」との関係への唯一の言及は、ロールスによれば、問73の答に現れる。

問73　それではなぜ、聖霊は洗礼を「新たに造りかえる洗い」とか「罪の洗い清め」と呼んでおられるのですか。

答　わたしたちが現実の水で洗われる（gewaschen werden）ように、わたしたちの罪から霊的に洗われる（gewaschen sind）こともまた現実であるということを、神はこの神聖な保証としるしとを通して、わたしたちに確信させようとしておられるのです。

ロールスの考えはこうである。一つ目の「洗われる」は現在のプロセスまたは行為を表しているが、二つ目の「洗われる」は、現在の状態または状況を表していると。つまり、より正確に訳すならば「わたしたちが現実の水で今洗われているように、わたしたちの罪が霊的にすでに洗われたこともまた現実であるということを、神は……わたしたちに確信させようとしておられるのです」と。別言すれば、水の洗礼は、すでに起こった霊的洗礼の確証であり、すでに与えられている恵みをしるしているのだということである。[52]

「しるし」と「しるされたもの」とのこの時間的分離は、確かにツヴィングリ的連関を有しており[53]、ブリンガーの洗礼論においても非常に強く意図されていることである。[54] しかし、『ハイデルベルク信仰問答』は、必ずしもここでチューリヒへの借りを裏切ってはいない。洗礼への同様のアプローチは、すでにウルジヌス、メランヒトン、またカルヴァンにさえ見出せるからである。例えば、一五五九年の『テーゼ』における礼典論の中で、ウルジヌスが強調したことは、礼典の機能とは恵みとその賜物を授けること（conferre）ではなく、すでに授与されている（collata）恵みと賜物を私たちの内に封印することだということであった。礼典が恵みの付与への証しとなるのは、儀式の前であれ最中であれ、礼典の現実性（res）が受け止められた後のことである。[55] ウルジヌスは、この点を次の洗礼の部分でも繰り返している。[56] 彼が洗礼についてこのように述べたことは当然のことと理解できる。なぜならメランヒトンもまた洗礼をこのように述べており、ウルジヌスはこの『テーゼ』をメランヒトンの礼典観を擁護するために作ったからである。彼の一五二一年の『神学総論』における比較的短い洗礼論において、メランヒトンはペンテコステ後の洗礼を「すでに付与された」（iam donatae）恵みのしるし、「すでに授与された」（iam collatae）恵みの保証でありしるし、「付与された恵み」（donatae gratiae）の証し、「すでに授与された」（iam collatam）恵みの確証であると特徴付けている。[57]

カルヴァンもまた、『チューリヒ一致信条』（一五四九年）においてブリンガーと共に、礼典で「しるされた」現実は忠実なる人々によって礼典の外でも受け取られ得ることを喜んで認めた。『一致信条』（一九条）[58]によれば、使徒パウロが罪の赦しを付与され、コルネリウスが聖霊を受けたのは、共に洗礼の前であった。水の洗礼はパウロにとって依然として罪の洗いであり、コルネリウスにとって再生の洗い桶であったが、それはこれらの恩恵が大いに与えられるための信仰を確証し増し加える限りにおいてであった。[59]しかしながら、すでに授与された恵みのしるしと封印としての洗礼という共通のアプローチは、礼典そのものにおける「しるし」と「しるされたもの」の関係と同一の理解と言うわけではない。一五五二年の使徒言行録注解において、カルヴァンは依然として罪の赦しを――この恩恵は洗礼において強められる信仰に対して大いに与えられるのではあるが――洗礼に「伴う」（annectitur）もの（というブリンガーにとって居心地を悪くするであろう動詞）として述べている。[60]

後に、ウルジヌスは、カルヴァンとブリンガーの間の立場を取った。洗礼に至るすでに再生させられた人の場合、カルヴァンと同様に、水の洗礼が証しする賜物が信者の中に増し加わるという「しるし」と「しるされたもの」とのある種の一致について語っている。[61]他方で、礼典を通しての恵みの授与を述べる段になると、ウルジヌスはカルヴァンよりも慎重になる。この文脈で前置詞 per を用いてもかまわないが、それはただ礼典の恩恵がしるしと共に同時に、あるいは以前よりもより豊かにもたらされると理解されるならばである。[62]しかし、ウルジヌスの考えによれば、恩師メランヒトンと同様、[63]「礼典と共に」または「礼典において」（つまり、礼典の使用において）という表現の方がより正確なのである。[64]

要するに、カルヴァン・ブリンガー・メランヒトンの追従者たちは皆、『ハイデルベルク信仰問答』問73における内的・外的洗礼という並行関係に同意すると同時に、「しるし」と「しるされたもの」との関係の一致については依然として異なる理解を持つことができたのである。問73において、水の洗礼のしるしは、確証や強められる信仰という付加的な恵みが礼典と共にまたはそれを通して与えられるかどうかにかかわらず、すでに与えられた恵みを証しすることができるとされている。このように「しるし」と「しるされたもの」との正確な関係についての特定の立場を取らないということにおいて、問73は『信仰問答』の礼典部分における典型である。

この沈黙をどのように説明できるだろうか。『ハイデルベルク信仰問答』にとって、この問題に解決を与えないということが、おそらくさまざまな見解に適合する一致した信仰問答としての一つの道なのであった。フリードリヒ三世と起草者たちのチームは、ここにおいて先に言及した二つのルター派文書からヒントを得たのではないかと思われる。すなわち、メランヒトンの『アウグスブルク信仰告白』とフリードリヒへの一五五九年の『応答』である。第一に、『ハイデルベルク信仰問答』が教理的基準として敬意を表さねばならなかった『アウグスブルク信仰告白』は、それ自身、礼典の「しるし」と「しるされたもの」との関係について中立的である。例えば、主の晩餐について、『アウグスブルク信仰告白』第一〇条の一五三〇年ドイツ語・ラテン語版は、以下のようになっている。

ドイツ語本文　主の晩餐についてはこう教えられている。すなわち、キリストの真のからだと血は聖餐におけるパンとぶどう酒の形のもとで真に存在し、そこで分け与えられ、受け取られる。(65)

ラテン語本文　主の晩餐についてはこう教えられている。すなわち、キリストの体と血が主の晩餐において真に存在し、味わうために分け与えられること。(66)

しかし、一五四〇年にメランヒトンはもう一つのラテン語版（「修正版」）を作成した。これはフリードリヒ三世がドイツのプロテスタント諸侯を説得して一五六一年のナウムブルク会議で無修正の一五三〇年版（「無修正版」）

の許容的解釈と認めさせようとしたものである。修正版において、第一〇条は今や以下のようになった。「主の晩餐についてはこう教えられている。すなわち、パンとぶどう酒と共に、キリストの体と血が真に差し出され、主の晩餐において味わわれる」[67]。

　パンとブドウ酒と「共に」（cum）キリストの体と血が「差し出され」また「表される」（exhibeantur）と述べることは、曖昧であるが、おそらく意図的にそうなのである。これは、キリストによる真の養いを肯定するが、キリストがどのように正確に聖餐に臨在するのか、またキリストが受け取られるのは諸要素を「通して」なのかそれらと「共に」なのかという問題を解決してはいない[68]。用語法が不確定であるため、ルター派（メランヒトン派そして純正ルター派）・改革派（カルヴァン派そしてブリンガー派）双方がそれぞれ自らの立場でそれを解釈することを許容するに足るものであった[69]。この曖昧さは、『ハイデルベルク信仰問答』にも保たれているように思われる。パンと杯を受けるのと「同様に確実に」主の晩餐においてキリストを受けるということ（問75）は、パンとブドウ酒と「共に」キリストを受ける（ＡＣ10）というのと、ほとんど違いがないように思われる。いずれの場合でも、いかにキリストと物質的要素とが関係しているかの明確な指示はない。

　驚くべきことに、ウルジヌスはここにおいて『ハイデルベルク信仰問答』と『アウグスブルク信仰告白』無修正版（一五三〇年）との一致さえも見ている。『ハイデルベルク信仰問答』が強調するのは、パンとブドウ酒のしるしはキリストの体や血「そのもの」（wesentlich）になるのではなく（問78）、「パンとブドウ酒の形のもとに肉体的」（leiblich）に臨在される」（問80）のでもないが、主の食卓の信者はそれでもキリストの「まことの」（waren）体と血」とに「現実に」（wahrhaffig）あずかる（問79）、ということである。一五六四年の『ハイデルベルク信仰問答』の弁護において、ウルジヌスが論じたのは、このことが一五三〇年版『アウグスブルク信仰告白』のドイツ語・ラテン語本文に完全一致しているということである[70]。ウルジヌスによれば、『アウグスブルク信仰告白』は、キリストが「本質的」（wesentlich）または「肉体的」（leiblich）に主の晩餐に臨在しているとは決して述べていない。『信仰告白』が述べているのは、キリストのまことの（warer）体と血が、現実に（wahrhaftig）臨在しているということである。私たちは実際にそのまことの体と血を受けるのであるが、それはただ「礼典的」（sacramentsweise）かつ「霊的」（geistlich）になのである。(71)

『ハイデルベルク信仰問答』の著者たちは、それゆえ、主の晩餐についての『アウグスブルク信仰告白』の教理の枠組みの中で意識的に作業しようとして、「しるし」と「しるされたもの」との関係を曖昧にするという仕方で『信仰告白』に従ったのである。しかし、メランヒトンの影響はそれにとどまらない。一五五九年に、フリードリヒ三世は、ハイデルベルクにおける純正ルター派であるティレマン・ヘシュシウスとカルヴァン派のヴィリアム・クレビッツとの主の晩餐を巡る激しい論争に介入した。フリードリヒのためにいくつかのアドバイスと共に、メランヒトンにこの件についての意見を求めた。その後まもなく、フリードリヒはメランヒトンはフリードリヒのために短い『応答』をしたためた。プファルツは、主の晩餐におけるキリスト臨在の様態の神秘を解こうとするより、晩餐のパンはキリストの体への koinonia（一致、参与、交わり）であるとのコリントの信徒への手紙一、一〇章一六節にあるパウロの定式において一致すべきである。我々が告白する必要のあることは、主の晩餐において実際にキリストの体と血と結ばれるということである、と。(72)

フリードリヒと『ハイデルベルク信仰問答』の著者たちは、問75—80において、そのアドバイスに従ったようである。「信徒がこの裂かれたパンを食べ、この杯から飲むのと同様に確実に、御自分の体と血とをもって彼らを養いまた潤してくださると、キリストはどこで約束なさいましたか」という問いに対して、問77はイエスの礼典制定についてコリントの信徒への手紙一、一一章にあるパウロの要約を引用する。そして、さらに、メランヒトンによって示唆されたテキストを引用して「この約束はまた聖パウロによって繰り返されており、そこで彼はこう述べています。『わたしたちが神を賛美する賛美の杯は、キリストの血にあずかることではないか。わたしたちが裂くパンは、キリストの体にあずかることではないか。パンは一つだから、わたしたちは大勢でも一つの体です。皆が一つのパンを分けて食べるからです』」と述べるのである。(73) メランヒトンの定式は問79でも再び現れ、「それではなぜ、キリストは、パンを御自分の体、杯を御自分の血またその血による新しい契約とお呼びになり、聖パウロは、イエス・キリストの体と血にあずかる、と言うのですか」と問う。答えは「ちょうどパンとブドウ酒がわたしたちのこの世の命を支えるように、十字架につけられたその体と流された血とが、永遠の命のために、わたしたちの魂のまことの食べ物また飲み物になるということ」をキリストはわたしたちに教え、「わたしたちが、これらの聖なるしるしをこの方の記念として肉の口をもって受けるのと同様に現実に……、そのまことの体と血とにあずかっているということ」を確信させようとしておられる、ということである。この主の晩餐におけるキリストとの一致の強調は、問75、76、80にもある。これらすべてのケースにおいて、『ハイデルベルク信仰問答』は、キリストがいかに諸要素と結合しているかでなく、我々がいかにキリストと結合しているのかに焦点を当てることによって、メランヒトンの導きに従っている。

改革派的要素

『ハイデルベルク信仰問答』のこの部分におけるルター派の影響は、メランヒトンの『牧師候補者の試問』（また、おそらくはルターの『小教理問答』）の用語のいくつか、メランヒトンの『アウグスブルク信仰告白』の教理的枠組み、そしてメランヒトンの『応答』のアドバイスなどによる。しかし、『ハイデルベルク信仰問答』は、ここでも再び改革派的用語や強調を本文に組み込むことによって、プファルツにおけるメランヒトン・ルター派、ブリンガー派、カルヴァン派の連合を築こうとしている。このことは、次の六つの例によって例証される。

(1)『ハイデルベルク信仰問答』問65―85の用語のいくつかは、改革派の資料の影響を受けているか、または直接引用されていると思われる。例えば『信仰問答』は、洗礼についての一連の問いを、洗礼において約束された二重の洗いを導入し（問69）、これら二つの部分を説明し（問70）、その聖書的根拠を与える（問71）ことによって始める。そして、次の問答が来る。

問72　それでは、外的な水の洗いは、罪の洗い清めそのものなのですか。
答　いいえ。ただイエス・キリストの血と聖霊のみが、わたしたちをすべての罪から清めてくださるのです。

これは、カルヴァンの『ジュネーヴ教会信仰問答』（一五四五年）の型と用語に極めて密接にならっている。同書もまた洗礼についての一連の問いを、礼典の二重の意味を導入し（GC324）、二つの各部分を説明する（GC325―326）ことによって始める。そして、次の問いが来る（HC72と比較）。

GC問327　あなたは水がわれわれの魂の洗いであるとは考えませんか。
答　いいえ。それはひとえに……イエス・キリストの血にのみよることでありますから。このことは、聖霊によってわれわれの良心にそれが注がれるとき、われわれに完うされるのであります。[74]

主の晩餐についての『ハイデルベルク信仰問答』問76の言葉もまた、非常にカルヴァンに似ている。

問76　十字架につけられたキリストの体を食べ、その流された血を飲むとはどういうことですか。
答　それは、キリストのすべての苦難と死とを、信仰の心をもって受け入れ、それによって罪の赦しと永遠の命とをいただく、ということ。それ以上にまた、キリストのうちにもわたしたちのうちにも住んでおられる聖霊によって、その祝福された御体といよいよ一つにされてゆく、ということです。

『綱要』
ある人は、「キリストの肉を食し、キリストの血を飲むとは、キリストそのものを信じることにほかならない」と一言のもとに定義づける。けれども、わたしの見るところでは、キリストは、あの有名な説教の中で、御自身の肉を食することをわれわれにすすめておられるところで、もっとはっきりした、そしてもっと気高い、あるものを教えようとされたのである……。この方式によって、主は御自分のことを「いのちのパン」と呼びたもうたとき（ヨハネ六・五二）、単に、御自身の死と復活との信仰のうちに、われわれの救いが存することを、教えたもうたのみでなく、真実にかれにあずかることによって、かれのいのちがわれわれに移されて、われわれのいのちとなる……ということを、教えようとしたもうたのである(75)。

一五五九年『綱要』からのこの一節は、カルヴァンがツヴィングリ的伝統を主の晩餐のしるしに対してあまりにも評価しなさすぎると批判している文脈に現れるが、「良きエキュメニカル神学者として……、カルヴァンはこの立場を呪ってはいないし、それが誰なのかを告げることもしていない(76)」。むしろ彼はツヴィングリ派との共通基盤を強調した上で、そこから一歩進んで自分自身の立場を述べている。『ハイデルベルク信仰問答』問76もほとんど同じ姿勢である。すなわち、純粋にツヴィングリ的な立場から距離（ルター派への動き?）を取ると共に、ツヴィングリ派とカルヴァン派に共通している内容を肯定（ブリンガー派への動き?）しているからである。

最後に、主の晩餐についての『ハイデルベルク信仰問答』の扱いとトマス・エラストゥスによる先行著書との驚くべき並行がある。彼は、ハイデルベルクの宮廷医であり、プファルツ参事会のメンバーであり、信徒神学者であり、ブリンガーの弟子であった。並行関係は、ドイツ語テキストを併記することによって、最も鮮やかに見て取ることができる。

HC75　allen seinen gütern gemeinschafft habest（そのすべての益にあずかっている）[77]

エラストゥス　in die gemainschafft aller seine güter angenommen

HC75　er selbst meine seel mit seinem gecreutizigten Leib vnnd vergossenen Blut, so gewisz zum ewigen leben speise vnd trencke . . . als ich . . . empfange . . . das brod vnnd den Kelch des HERRN（この方御自身が、その十字架につけられた体と流された血とをもって、確かに永遠の命へとわたしの魂を養いまた潤してくださる、ということ。それは……主のパンと杯とをわたしが……受け……るのと同様に確実である）

エラストゥス　er speise und träncke uns so gewiss mit der gemainschafft seines gekreutzigten leibs und vergossnen Blüts zum ewigen leben als gewiss wir brot und wein empfahen[78]

HC79　gleich wie brod vnnd wein das zeitliche leben erhalten, also sey auch sein gecreutzigter leib vnd vergossen blut . . . zum ewigen leben（ちょうどパンとブドウ酒がわたしたちのこの世の命を支えるように、十字架につけられたその体と流された血とが、永遠の命のために……）

エラストゥス　wie mit brot und wein sich der mensch zu disem zeitlichen leben zu erhalten pflegt, also muss er sich mit der gemainschafft des leibs und bluts Christi . . . auffenthalten zum ewigen leben[79]

HC79　zeichen vnd pfand（しるしと保証）

エラストゥス　warzaichen oder pfand[80]

これらは、『ハイデルベルク信仰問答』の当該箇所におけるエラストゥスの用語の影響の可能性を示すほんのいくつかの例である。これを根拠に『信仰問答』の聖餐論全体をエラストゥスに帰することや、[81]『信仰問答』全体の作成準備における彼の関与の大きさの証拠としてこれを引用するのは行き過ぎかもしれないが、[82]彼が起草委員会における改革派の代表として小さくない役割を果たしたことを示している。

(2)二つ目の改革派的要素は、問66、67、69、70、75、80に繰り返される礼典とキリストの十字架上の犠牲的死との関連である。シュトルムはこれをブリンガー・エラストゥス・ラスコを通してツヴィングリに遡る顕著にチューリヒ的な伝統の反映と論じ、[83]ノイザーとロールスも『ハイデルベルク信仰問答』の聖餐論に関して同じ観察をしている。[84]しかし、思い起こすべきは、カルヴァンもまた『ジュネーヴ教会信仰問答』のいくつかの点で礼典をキリストの十字架上の犠牲と結びつけているということである。例えば、洗礼の恩恵は一つとして洗礼の水そのものには内在しておらず、むしろ魂の洗いは「流されたイエス・キリストの血」に根差しており、再生は「キリストの死と復活とから」来ると、カルヴァンは主張する。[85]また、キリストの犠牲的死と主の晩餐とのつながりについて、さらに明確に次のように述べている。

GC問347　ではパンの印によって、われわれは要するに何を所有するのですか。

答　それは主イエスのみ体が、われわれを神と和解させるために、かつて一度犠牲として捧げられました……そのみ体がわれわれに与えられるのであります。

ＧＣ問348　ぶどう酒の印によってわれわれは何を所有するのですか。

答　かつて主がその血をわれわれのもろもろの罪の代償と贖いとして流されましたので、その実りを受けることをわれわれがいささかも疑わないために、その血をわれわれに飲むようにお与えになるのであります。

ＧＣ問349　あなたの答によれば、聖晩餐はわれわれをイエス・キリストのみ力にあずからせるために、イエス・キリストの死と苦難とへわれわれを導くというのですね。

答　その通りであります。なぜならば、われわれの贖罪のために、唯一のそして永遠の犠牲がすでに捧げられているこの時、われわれがこれを享受するよりほかに何も残っていないからであります。(86)

これは、『ハイデルベルク信仰問答』問75における、主の晩餐のパンと杯が十字架上のキリストの唯一の犠牲の裂かれた体と流された血にあずかっていることを信者に思い起こさせ確信させるという主張と、ほとんど変わらない。したがって、礼典と犠牲との『ハイデルベルク信仰問答』における連関を改革派的強調と見ることはできるが、純粋にツヴィングリ的ということではない。

(3)契約の教理は、『ハイデルベルク信仰問答』における別の改革派的要素である。「契約」という言葉は、ウルジヌスの『大教理問答』の、とりわけ礼典の部分（ＬＣ274、276―277、279、284、288、293―296、306）においてかなり頻繁に現れるが、奇妙なことに『小教理問答』においてはたった三回のみ（ＳＣ55、63、71）であり、また『ハイデルベルク信仰問答』では二回（ＨＣ74、82）見出されるだけである。この変則について我々はより詳しく次章で考察するが、ここでは各々の文書の目的と読者が異なっていることに部分的には関係しているということだけを指摘しておく。さらに契約の教理は、プファルツ内外のルター派にとっては神学的な躓きの石となるかもしれないので、意図的に『ハイデルベルク信仰問答』の草稿において消去されたのかもしれない。しかし、『信仰問答』に用語そのものが現れるという事実は残るし、次章で見るように、この改革派的契約の要素には表面的な事柄以上の意味がある。

(4)『ハイデルベルク信仰問答』が踏まないようにしているのは、ルター派のつま先だけではない。メランヒトンが『アウグスブルク信仰告白の弁証』(一五三一年)[87]においてキリストの体と血が主の晩餐において「真にかつ実質的に(substantialiter)臨在する」と宣言したのと同様、カルヴァンもまた『ジュネーヴ教会信仰問答』において信仰者は諸要素にあずかる時に「主がご自身の実質(substantia)にわれわれをあずからせてくださる」と述べている[88]。これらの表現は双方とも、ウルジヌスにおいて現れる。一五五九年の『テーゼ』の中では主の晩餐でキリストは信仰者に対し「真にかつ実質的に臨在する」(vere et substantialiter adest)と述べ[89]、『大教理問答』300では「キリストを食する」とは単にキリストの功績への参与のみならず、キリスト御自身の人格と実質(substantia)との交流なのであると述べている[90]。しかし、ブリンガーは主の晩餐におけるキリストの体の臨在と交流を述べるのに「実質」や「本質」という言葉の使用に強く反対しており[91]、実際、驚くべきことに、この用語はウルジヌスの『小教理問答』にも『ハイデルベルク信仰問答』にも現れないのである。ホーゼンやノイザーはこれを『ハイデルベルク信仰問答』の聖餐論全体のチューリヒ的傾向の証拠と見るが[92]、プファルツにおける政治的神学的状況や『信仰問答』の一致志向的性格を考えると、このような用語の排除は意図的であったと考える方がよりありそうに思われる。ルター派にとっての「契約」という用語の場合と同じように、『信仰問答』の著者たちはブリンガー派にとっておそらく躓きの石となったであろう用語を避けようとしたのかもしれない。我々はこれを『ハイデルベルク信仰問答』における改革派的要素と呼ぶことはおそらくできないが、『信仰問答』に対する改革派の影響を表していることは確かである。

（5）『ハイデルベルク信仰問答』問75は、キリストが主の晩餐において御自身を記念するために「裂かれた」パンを食べるように命じられたと述べている。そうすることによって「この方の体が確かにわたしのために十字架上でささげられ、また引き裂かれ……た、ということ。それは、主のパンがわたしのために裂かれ……るのを、わたしが目の当たりにしているのと同様に確実である、ということ」を、この方は約束されたのである。ここでの「裂かれ」への言及は、主の晩餐において司式者が聖餐のパンを会衆に配餐する前に裂く、その時のことである。ルター派とカトリック教会はこの「パン裂き」（fractio panis）を行わなかったが、改革派教会は行った。それは、単にキリストが命じられたからというだけでなく、パンにおけるまたはパンとしてのキリストの身体的現臨という考えに対する象徴的拒絶としてである[93]。

シュトゥルムによれば、“fractio”は後期ツヴィングリ派の要素であり、『ジュネーヴ教会信仰問答』には言及されていないが、チューリヒの影響のもとウルジヌスによって『小教理問答』（64）と『大教理問答』（297）に導入された[94]。実際、ブリンガーの『真実な信仰告白』（Warhaffte Bekanntnus, 一五四五年）にまで遡るチューリヒの信仰告白伝統に、それへの言及がある[95]。しかも、この習慣についての改革派の古典的声明と考えられている後期ツヴィングリ派のトマス・エラストゥスによる『パン裂きについての小冊子』（Das Büchlein vom Brodbrechen）は、『ハイデルベルク信仰問答』と同時期の一五六三年初頭に出版されたのである[96]。しかし、シュトゥルム自身が認めているように、この点については、一五五〇年代後半のカルヴァン派のベザによる二つの信仰告白もまたウルジヌスに影響を与えたのかもしれない[97]。『ハイデルベルク信仰問答』の起草者の一人であるオレヴィアヌスがおそらくはベザの『小信仰告白』のドイツ語訳（一五六二年）の訳者であることを考えると、『ハイデルベルク信仰問答』における“fractio”の強調について可能性のあるジュネーヴ資料をも持っていたことになる[98]。いずれにせよ“fractio panis”は、『信仰問答』に取り入れられたもう一つの顕著に改革派的な要素なのである。

（6）『ハイデルベルク信仰問答』の礼典論における最後の改革派的強調は、主の晩餐におけるキリストと信仰者との一致の絆としての聖霊という教えである。『ハイデルベルク信仰問答』問76と79（部分）は、以下のとおりである。

問76　十字架につけられたキリストの体を食べ、その流された血を飲むとはどういうことですか。
答　それ以上にまた、キリストのうちにもわたしたちのうちにも住んでおられる聖霊によって、その祝福された御体といよいよ一つにされてゆく、ということです。それは、この方が天におられわたしたちは地にいるにもかかわらず、わたしたちがこの方の肉の肉、骨の骨とな……るためなのです。

問79　それではなぜ、キリストは、パンを御自分の体、杯を御自分の血またその血による新しい契約とお呼びにな［る］……のですか。
答　わたしたちが、これらの聖なるしるしをこの方の記念として肉の口をもって受けるのと同様に現実に、聖霊のお働きによって、そのまことの体と血とにあずかっているということ［を］……この方は目に見えるしるしと保証を通して、わたしたちに確信させようとしておられるのです。

『ハイデルベルク信仰問答』のこの特徴は、しばしばカルヴァン派に顕著なトレードマークであると主張される[99]。実際、それはカルヴァンにおいて鍵となる主題であり、メランヒトンと彼を区別する特徴である。メランヒトンにとって、このような表現はあまりにも容易にツヴィングリ的な意味に誤解されて、晩餐におけるキリストの現臨を彼の霊に限定してしまう可能性があると感じていた[100]。しかし、主の晩餐における聖霊による信仰者のキリストへの結合への言及は、ブリンガーとカルヴァンとの『チューリヒ一致信条』（一五四九年）にも、続くブリンガーの著作にも現れる。『一致信条』で二人の改革者たちが告白することは、信仰者がキリストに接ぎ木されることによってのみ、彼らは救いの祝福を獲得し享受しうるということである（三、五、六、八）。それゆえ、信仰をもって礼典に来る者はすべて、礼典が感覚に対してしるすもの――キリストとその恩恵――を受ける（八、九）。しかし、キリストの限定的な体は天にあるのだから（二一、二五）、主の晩餐におけるこの方との霊的交わりは聖霊によって達成される。キリストは、御自身の霊の信仰者における内住によって、信仰を通して、魂を養うのである（三、六、八、一二、一四、二三）[101]。

　ブリンガーは、ほとんど同じことを『第二スイス信仰告白』で述べている。キリストの体は天の神の右にある。それゆえ、我々は注意を礼典のパンに固着させるのではなく、心を高く挙げるべきである。はるか彼方の天にありながら我々の間に「その効果において」(efficaciter) 存在している太陽のように、義の太陽であるキリストもまた体においては我々の元にはいないが、主の晩餐において命を与えるという働きを通して我々の間に「霊的に」(spiritualiter) 存在するのである[102]。ブリンガーにとって、晩餐におけるこのキリストの霊的臨在は、彼の神的性質の臨在、または太陽のアナロジーが示唆する彼の体の力に限定されてはいない。むしろ、それによってキリストが御自身の体と血を信仰ある陪餐者にもたらす道具として仕えるのは、聖霊なのである[103]。『第二スイス信仰告白』の別の箇所でブリンガーが述べているように、信仰者はキリストの体と血を「身体的な方法によらず、霊的な方法によって、聖霊を通じて」受けるのである。これらの恩恵は「霊的に、神の御霊によって伝達される」[104]。それゆえ、『ハイデルベルク信仰問答』が、わたしたちは「聖霊のお働きによって、その（キリストの）まことの体と血とにあずかっている」と述べる時、それはキリストの霊においてであって、カルヴァンに固有の仕方においてではない。これは、実際、広義の改革派的強調の一部なのである。

　要約すれば、『ハイデルベルク信仰問答』における礼典へのアプローチを顕著にカルヴァン的またはブリンガー的、あるいはこれら二つのある混合と同一視することは、証拠によって保証されない。この最も論争的な教理における『ハイデルベルク信仰問答』の目標は、プファルツにおけるルター派と改革派との、また改革派側で言えばカルヴァン派とブリンガー派との間の[105]「最大公約数」であったと思われる[106]。共通の場を担保するために、『ハイデルベルク信仰問答』は、メランヒトンの資料から引用し、メランヒトンの枠組み（『アウグスブルク信仰告白』）を尊重し、メランヒトンのアドバイスに従うことによって、メランヒトンに対する明白な肯定をもって始めている。そうして次に、『アウグスブルク信仰告白』には見出されないが直接矛盾するわけでもない改革派伝統からの用語や強調を取り込む。このようにして『ハイデルベルク信仰問答』は、多重の「エキュメニカル戦略」――三つのグループすべてからの資料の使用、共通理解の強調、論争的な主題についての完全またはほとんどの沈黙、そして異説を明白に排除しないままの教理の積極的提示――を用いる。結果は、左のツヴィングリから右の純正ルター派までの見解をカバーする十分広い礼典についての立場である。この立場にもしレッテルを貼らねばならないとすれば、プファルツ宗教改革と同様、それを「メランヒトン的改革派」と呼ぶのが最善であろう。

第七章
契　約（問65—85）

前章で指摘した通り、『ハイデルベルク信仰問答』の礼典論における顕著な改革派的要素の一つは、契約の教理である。しかしながら、不思議なことに、契約という言葉（［独］Bund）は、『信仰問答』全体で三回出てくるに過ぎない。幼児洗礼の解説をする問74で二回、主の食卓への未信者や不敬虔な者の許可についての問82の答で一回である。もし問77と79の聖餐の杯についての「わたしの血による新しい契約（［独］Testament）」というイエスの言及の二回の引用を含めるなら、合計は五回になる。

たった三回か五回しか出てこない言葉が示唆すること以上の、『ハイデルベルク信仰問答』における広い契約概念については、わずかな学者しか論じていない。最初の例は、ハインリヒ・ヘッペ（Heinrich Heppe）である。一五〇年前にヘッペが論じたことは、『ハイデルベルク信仰問答』とウルジヌスの『注解』が一六世紀中葉のドイツにおける新しい形の教義学興隆の一部となったということである。この新しい「ドイツ改革派」教義学の土台には、神と選民との恵みの契約という概念があって、これはキリストとの神秘的結合の教理と結び合わされた。それゆえ、契約という概念は、『ハイデルベルク信仰問答』において信仰者がキリストに属するという中心的モティーフに見出されうるものであり、有名な問1にすでに次のように語られている。「生きるにも死ぬにも、あなたのただ一つの慰めは何ですか。わたしがわたし自身のものではなく……、わたしの真実な救い主イエス・キリストのものであることです」。そして、『信仰問答』の残りの部分は、キリストとの契約または結合における信仰者という視座から提示されているのだ、と。[1]

一九六三年の『ハイデルベルク信仰問答』四〇〇周年以来、少なくとも他の三人の研究者がヘッペの線で論じてきた。『ハイデルベルク信仰問答』における契約と選びについての小論において、ローター・ケーネン(Lothar Coenen)は、『信仰問答』では神が御自身との関係に人間を置くことが中心的に強調されているというヘッペの主張を展開した。契約という言葉は用いられていないが、とりわけ神とその民との関係の回復が述べられる仲保者の教理(問15—18)の中に、その概念は確かにある。事実、まさにこの点についての『注解』において、ウルジヌスは契約についての「補説」または「主題(ロクス)」を挿入していることをケーネンは指摘する。さらに、この契約関係は、「キリストに接ぎ木された」(問20)私たちの存在、「忠実な父」としての神(問26)、「神の子」としての養子(問33)、「御自分のもの」として私たちを解放しまた買い取ってくださったこと(問34)、そしてキリストにあずかる(問32、53、65、79)という用語法の中にも見出されうる、と。[2]

J・F・ゲータース(Goeters)もまた、契約概念は『ハイデルベルク信仰問答』の仲保者の教理に見出されるが、それは契約神学そのものが全体的文脈となっており、その中でキリストの仲保的働きや律法と福音の関係が扱われているからに他ならないと述べる。その証拠に、ゲータースはウルジヌスの『大教理問答』の問30—36を取り上げ、そこでウルジヌスが律法と福音の相違と関係を契約の教理の枠組みの中で明確に論じていることを指摘する。[3]

『ハイデルベルク信仰問答』の契約的構造について論じている最近の研究者は、ダーク・ヴィッサー(Derk Visser)である。彼は、『信仰問答』の構造そのもの——悲惨・救い・感謝という三重の構造——が「神の契約に基づく帰結であると読むことができる。その契約は、人間の意志による堕落以後、神が再構築し、仲保者キリストによって実現されたものである」と主張する。[4] ヘッペやケーネンやゲータースを引用はしていないが、彼もまた『ハイデルベルク信仰問答』問1に恵みの契約の教理の要約を見出し、彼らと同様に『信仰問答』の契約の教理が理解されるべき文脈として、ウルジヌスの『大教理問答』と『ハイデルベルク信仰問答』注解の契約的用語に訴えている[5]。

さて、これら三者の主張は、どれほど正しいのだろうか。私たちは『ハイデルベルク信仰問答』の性格が——用語そのものは一二九の問答において五回しか出てこないにもかかわらず——本当に契約的であると言えるのだろうか。上記の主張の多くは価値あるものであるが、先行研究には二つの点で欠けがある。第一に、『ハイデルベルク信仰問答』における契約概念の有無をはかる評価基準が十分でないということ。そして第二に、『ハイデルベルク信仰問答』は、契約が明確に言及されているウルジヌスの『大教理問答』や『注解』の並行箇所の文脈で読まれなければならないとヘッペ・ケーネン・ゲータース・ヴィッサーすべてが強調しているが、その場合の基準が不明確であるということである。例えば、『ハイデルベルク信仰問答』はウルジヌスによる著作とどれほど正確に関係しているか、そのような比較をなぜその順序でするのか、彼らは明らかにはしていない。実際、後に見るように、過去の研究のほとんどが結論してきたことは、ウルジヌスは『大教理問答』の契約概念を少し後の『小教理問答』や『ハイデルベルク信仰問答』を作成した時にほとんど捨て去ったが、『ハイデルベルク信仰問答』の『注解』では再び契約用語を使用したということである。もし「契約」という用語が初期ウルジヌスによるたった一つの著作において重要な役割を果たしていながら、後の『注解』には限定的な仕方でのみ再登場するとすれば、これらの文書を『ハイデルベルク信仰問答』における契約概念を証拠づけるために用いることは適切なのだろうか。したがって、我々が最初に為すべきことは、ウルジヌスの神学的著作全体における契約の位置を見直すことである。

ウルジヌスの著作における契約の位置

ウルジヌスによるカテキズム的著作についての伝統的理解は、彼が『大教理問答』とその縮小版である『小教理問答』を、一五六〇年代初頭に選帝侯フリードリヒ三世によって命じられた新しいプファルツの『信仰問答』(『ハイデルベルク信仰問答』)のための準備草稿として書いたということである。「契約」の主題は『大教理問答』では支配的であったのに、突然また不思議にも『小教理問答』と『ハイデルベルク信仰問答』では後退し、その後ウルジヌスの『ハイデルベルク信仰問答注解』で契約についての補説や礼典部分に再び現れる。(6)

ウルジヌスの長い『大教理問答』ではあれほど顕著であった契約概念が、なぜその後の短い問答書ではそんなにも速く後退したのかという疑問は、多くの憶測へと導いた。マウリッツ・ホーゼン(Maurits Gooszen)が一世紀ほど前に推測したことによれば、『大教理問答』における契約への多くの言及が『小教理問答』や『ハイデルベルク信仰問答』で省かれたのは、それらがあまりにも礼典主義的(ツヴィングリ的)に聞こえると考えたプファルツのルター派神学者からの圧力によるということである。とりわけ問題と考えられたのは、契約の「しるし」としての礼典への言及である。これは、『アウグスブルク信仰告白』に慣らされたルター派の耳にとって、彼らがツヴィングリ主義的表現と考えた「ありのままのしるし」または「たんなるしるし」の響きがしたのかもしれない。(7) アウグスト・ラング(August Lang)もまたこの急激な変化を『大教理問答』に対するルター派の批判者たちへの譲歩とみなしたが、躓きの石となったのは同書における「自然契約」の概念であって、それによってウルジヌスは続く問答書における「契約」への言及そのものをほとんどすべて消去することにしたのだと、同時に示唆した。(8)

しかし、これら初期の諸説は、十分満足できるものではない。まず、ホーゼンとラングの両者は、『大教理問答』が『小教理問答』の前に作成されウルジヌスが前者に対する批判者たちの圧力のもとに契約概念を後者から外したのだと推測したが、エルトマン・シュトゥルム（Erdmann Sturm）が明らかにしたように、より強力な証拠によれば『小教理問答』が最初に書かれたのである。つまり、ウルジヌスは『大教理問答』において契約への言及を加えたに違いないのであって、外圧の下にそれを『小教理問答』から削除したのではない[9]。さらに、「契約のしるし」という表現のツヴィングリ的響きが『小教理問答』と『ハイデルベルク信仰問答』における契約用語の抑圧へと導いたという議論は説得的でない。非礼典的用語が、礼典的使用の混乱を避けるためという理由だけで犠牲にされる必要があるだろうか。また、「契約のしるし」という表現が依然として問74に現れることや、一五六三年の『プファルツ教会規程』が洗礼や主の晩餐の典礼式文で契約や契約のしるしという用語使用をためらっていない事実を[10]、我々はどのように説明するのだろうか。最後に、もしウルジヌスが自然契約という用語が挑発的であるために『小教理問答』や『ハイデルベルク信仰問答』における実際上すべての「契約」への言及を控えねばならなかったのだとすれば、『ハイデルベルク信仰問答注解』において「契約」の主題を論じる自由を得た際になぜ「自然契約」には何の言及もないのであろうか[11]。

より最近、シュトゥルムとコルネリス・フラーフラント（Cornelis Graafland）双方が示唆したところによれば、ウルジヌスの著作における契約の主題の有無は、彼の著作のジャンル・目的・対象の違いと関係している。『小教理問答』と近い関係にある『ハイデルベルク信仰問答』は、一般の読者向けに書かれた信仰告白であったが、『大教理問答』と『ハイデルベルク信仰問答注解』（講義）はサピエンス大学やハイデルベルク大学での神学教育のために書かれたより専門的な著作であった。「契約」という比較的新しく複雑な主題は、神学の学徒には適切な教材かもしれないが、信徒用の信仰問答には向いていなかった、と[12]。

これはより適切な議論であるが、いくらか修正が必要である。何より認識しなければならないのは、『大教理問答』や『ハイデルベルク信仰問答』の講義は「契約」のような主題に適したジャンルかもしれないが、それらの著作はまたその構造全体の中でどのように契約の教理が機能するのかについてのある限界をも有しているということである。例えば、ウルジヌスの『ハイデルベルク信仰問答注解』は、実際にはロキ・コンムネス（神学総論）、あるいは『ハイデルベルク信仰問答』に現れる主要な神学主題についての順序に即した一連の講義である。「契約」という言葉は『ハイデルベルク信仰問答』の中でほとんど言及されないが、ウルジヌスは依然としてそれについての議論を望んだためにその補説を彼が最も自然であると考えた場所――仲保者（問18）と福音（問19）の主題の間――に挿入しなければならなかったのである。[13] 彼はまた、礼典の解説においても、ところどころで契約概念について言及している。[14]

『ハイデルベルク信仰問答』の講義への契約主題の付加と注意深く選ばれた配置とは、それ自体が一種のロキ・コンムネスである『大教理問答』において「契約」を扱っている方法と、大きく異ならない。シュトゥルムが述べているように、一五六二年の九月にハイデルベルク大学のロキ・コンムネス（教義学）の教授に就任するにあたって、ウルジヌスはその最初の講義で初歩的な信仰問答と伝統的神学総論の詳細な解説の間のどこかに入るような「教理の大要」（summam doctrinae）を提供しようと考えていたと記している。現存する彼の著作の中でこの「教理の大要」に当てはまるものは、彼の神学要綱（Summa Theologiae）である『大教理問答』（*Catechesis maior*）以外にはない。[15]

しかし、ウルジヌスにとっての問題は、伝統的カテキズムの構造（信条、律法、祈禱、礼典）によって支配されているカテキズム的神学総論の何百もの問答のどこに契約の主題を置くべきかということであったように思われる。ラングは、ウルジヌスは契約概念を『大教理問答』のまさに土台に置いて大きな内容的区分のそれぞれに編み込んだのだ、と主張する。[16] フラーフラントによれば、ウルジヌスは「構造的に決定的」な役割を契約の主題に与えたということである。[17] しかし、これらの主張は、本文を精査した上で為されたものではない。『大教理問答』において「契約」という言葉が現れるのは、全三二三問答中たったの四〇、全体の一二％に過ぎない。さらに、同書の構造や主要内容についての導入的問答（LC8―9）において、ウルジヌスは契約について何も述べていない。

問8　キリスト教教理の要約に含まれるものは、いくつの部分に分かれますか。
答　四つです。
問9　それらは何ですか。
答　神的律法の要約または十戒、福音の要約または使徒信条、神への祈りまたは主の祈り、そして教会の働きの制度です。

確かにこれらの各部分の導入的問答において契約に言及しており（律法－問10・148、福音－問30、祈り－問224、教会の働き－問265）、時には本文を長く拡張しているが、その主題についてはそれ以上論じていないのである。例えば、十戒についての詳細な解説において、ウルジヌスはまず「神の契約へとすでに受け入れられたキリスト者にとっても、十戒の教えは必要なのか」（問148）どうかを問うことによって始め、問150では回心者たちを「契約の当事者」と見なしている。ところが、その後、契約という言葉は、祈禱の部分への移行的問答（問223）に至る――七三の問答と十戒の解説の後――まで、二度と出てこない。同じことは、次の祈禱の部分でも言える。ウルジヌスは、導入的問答（問224）の答えの中で四回「契約」について言及しているが、主の祈りを解説する続く三九の問答には出てこない。契約は、『大教理問答』のこれらの部分に全体的また時に表面的な仕方でつながってはいるが、それぞれの主題についてのより詳細な考察に注意深く含み込まれてはいないのである。

『大教理問答』における契約への言及の大部分は、後に『ハイデルベルク信仰問答注解』で現れるのと同じ二つの文脈、すなわち福音／仲保者と礼典の教理である。ウルジヌスが契約という用語を用いる四〇の問答の中で、三三がこれら二つの本文の中に現れる。一七が福音の部分（LC30―147）、そして一六が教会の奉仕についての解説（問264―323）――奉仕、御言葉、礼典全体、洗礼、主の晩餐、教会戒規という小項目からなる――の中においてである。後の『注解』における契約と福音という隣接する論題のように、『大教理問答』におけるこれら二つの文脈の最初では、契約の定義（問31）、testamentという用語との関係（問32）、旧約と新約との相違（問33）、福音の本質としての契約（問34―35）、律法と福音の相違（問36）、そして契約の仲保者キリストの役割（問72―74）が扱われる。しかし、ここでも、この区分（ここでは使徒信条の解説）の核となる内容に契約の主題が直接に関わることは滅多にない。契約は、福音についての小項目に居場所を見出すが、それでも何か不可思議なものがそこにはある。

ここに浮かび上がる契約の教理の姿は、ウルジヌスの初期の思想を支配するが突然背景に隠れて後の成熟した神学においてより限定的な仕方で再び現れる、というものではない。一五六〇年代初頭の三つのカテキズムは、おそらく伝統的に考えられてきたのとは違う順序（LC－SC－HCではなくSC－LC－HC）で作成されただけでなく、異なるジャンルに属しており異なる目的で用いられた。いくつかの点において『大教理問答』は、通常比較される『小教理問答』よりも、後の『ハイデルベルク信仰問答注解』と共通している。『大教理問答』と『注解』は、双方とも上級の神学教育のために企図された一種のカテキズム的教義学または教義学的カテキズムであった。[18]『大教理問答』は初めから終わりまで問答形式を採用しているが、『注解』は『ハイデルベルク信仰問答』の問答の間に主題についての議論を点在させている。双方の文書においてウルジヌスは、契約を個別の神学論題とみなしているが、神学体系全体の基礎的または形成的原理とは見ていないように思われる。さらに、この新しい主題のための神学体系における場の探求は、双方の文書において同じ神学的文脈――仲保者による和解の福音と礼典――へと、彼を導いた。最後に、『注解』には出てこない[19]『大教理問答』における「創造の契約」への三回の言及の例外を除いて、ウルジヌスは双方の文書における契約の主題に同じ内容を記している。『大教理問答』の福音の項目で論じられた同じ内容が、『注解』の契約についての補説ではひとまとめにされている。このことが示唆することは、ひとたびウルジヌスが契約概念を一五六二年の神学講義に導入するや、彼は決してそれを捨てることも、続く何年かの間に根本的に変化させることもなかったということである。契約は、ウルジヌスの神学体系における一つの主題として、限定的とはいえ、恒常的かつ一貫した役割を果たしたのである。(20)

『ハイデルベルク信仰問答』における契約概念は、この背景において考察されなければならない。『信仰問答』(と先行する『小教理問答』)における契約への明確な言及の欠如は、おそらく『ハイデルベルク信仰問答』が公的な信徒のためのカテキズムであり、キリスト教信仰の基礎のみをカバーし、プファルツのプロテスタント諸派が共通して有している理解をできる限り反映しようとしたためであると説明できる。教理の目新しさや依然として公的にはルター派であった領内での違反の可能性のゆえに、ウルジヌスがそれに比較的目立たない位置しか与えないようにしたのか、そのように迫られたのかもしれないと理解し得る。(21)にもかかわらず、『ハイデルベルク信仰問答』草案作成作業をしていた頃のウルジヌスによる『大教理問答』の「契約」用語の使用、また彼の生涯にわたる『ハイデルベルク信仰問答』講義における契約概念の継続的使用が示唆することは、たといもし当時の政治的神学的状況が「契約」用語の使用を控えさせたとしても、『ハイデルベルク信仰問答』における契約的内容を考察することは可能かもしれないということである。

『ハイデルベルク信仰問答』における契約

『ハイデルベルク信仰問答』における契約的内容の指摘を評価する際の重要な指標の一つは、それと並行する他の著作における資料をウルジヌスが契約的に扱っているかということである。(22)この基準で評価する時、過去の研究者たちによる主張の多くは、実際、正しいのである。例えば、ヘッペの、契約概念はすでにキリストのものとしての信仰者という『ハイデルベルク信仰問答』の最初の問答にあるとの主張は、『大教理問答』問1によって支持される。双方のカテキズムは次のような同様の問いで始まっている。すなわち、「生きるにも死ぬにも、あなたのただ一つの慰めは何ですか」（HC問1）と「生と死において、あなたはどのような確かな慰めを持っていますか」（LC問1）である。しかしながら、『ハイデルベルク信仰問答』の「わたしがわたし自身のものではなく……、わたしの真実な救い主イエス・キリストのものであることです」に対する『大教理問答』の並行箇所は、わたしの確かな慰めは「神が……わたしを御自分の恵みの契約の中に受け入れて」くださったことであるという、明らかに契約的言語で構成されている。また、『ハイデルベルク信仰問答』の答えの続きである「（キリストは）御自身の聖霊によりわたしに永遠の命を保証し、今から後この方のために生きることを心から喜びまたそれにふさわしくなるように整えてもくださるのです」もまた、『大教理問答』では「（キリストは）御自分のこの契約をわたしの心の内に、わたしを神の形へと造り変える……御霊によって……封印してくださった」のですという契約的な並行叙述となっている。

同じことは、『ハイデルベルク信仰問答』の仲保者の教理にも言える。先行研究によれば、ウルジヌスはこの教理を『大教理問答』と『ハイデルベルク信仰問答注解』双方で契約的用語によって論じたと言われる。仲保者についての『ハイデルベルク信仰問答』問12―18は一度も契約という言葉に言及していないが、『大教理問答』の以下の三つの問答では、各々にそれが現れる。仲保者の職務とは「神と、神に背いた人との契約を回復することです」（LC72）、「この契約は仲保者なしでは批准され得なかった」（LC73）、「どうしてこの契約の仲保者は真の人でなければならなかったのですか」（LC74。HC16の問い「なぜその方（仲保者）は、まことの、ただしい人間でなければならないのですか」と比較）。さらに、ケーネンが指摘したように、『ハイデルベルク信仰問答注解』は、仲保者の主題のすぐ後に契約についての主題を挿入している。[23] そこでのウルジヌスの論理は、仲保者は対立する二者を和解させるのであり、また聖書においてキリストによる神と人間との和解は契約と呼ばれているのであるから、「神が人間と為された契約の教理は、仲保者の教理と密接に結びついている」ということなのである。[24]

最後に、ゲータースが述べたように、『ハイデルベルク信仰問答』は仲保者についての問答を律法と福音の関係の文脈（問3―19）の中に置いているが、この主題はウルジヌスが『大教理問答』問30―36において契約的に論じていることである。[25]『注解』においては必ずしも明確に契約的に論じられてはいないが、律法との関係を論じる福音についての主題は契約についての主題にすぐ続いている。ウルジヌスの言葉で言えば、福音は「大いなる妥当性をもって、仲保者と契約の教理に続くように為されている……。なぜなら、福音は契約の一部であり、しばしば新しい契約として受け取られているからである」[26]。

したがって、『ハイデルベルク信仰問答』の神学はある意味で契約的であると、ヘッペや他の学者たちが結論したことは正しい。にもかかわらず、『ハイデルベルク信仰問答』の契約論の少なくとも一つの主な次元を、先行研究は見逃している。『ハイデルベルク信仰問答』問74をもう一度見てみよう。『信仰問答』における五回の「契約」への言及のうち二回を含む箇所である。

問74　幼児にも洗礼を授けるべきですか。

答　そうです。なぜなら、彼らも大人と同様に神の契約とその民に属しており、キリストの血による罪の贖いと信仰を生み出される聖霊とが、大人に劣らず彼らにも確約されているからです。それゆえ、彼らもまた、契約のしるしとしての洗礼を通してキリスト教会に接ぎ木され、未不信者の子供たちとは区別されるべきです。そのことは、旧約においては割礼を通してなされましたが、新約では洗礼がそれに代わって制定されているのです。

『ハイデルベルク信仰問答』の他の部分と同様、ここでの用語法のいくつかはその起源をメランヒトンの『牧師候補者の試問』（EO）に持っているかもしれない。幼児洗礼についての問「小さな子どもたちにも洗礼を授けるべきでしょうか」[27]は、ほとんど『ハイデルベルク信仰問答』問74と同じである。メランヒトンの答は、彼らにも洗礼を授けるべきである、なぜなら「恵みの約束、聖霊、救いは、小さな子どもたちにも属しており……、彼らは教会に接ぎ木されているからです」[28]。この答の中で、彼は二度マタイによる福音書一九章一四節（「天の国はこのような者たちのものである」）を引用しているが、それは『ハイデルベルク信仰問答』問74もまた証拠聖句として引用している。そして、末尾で「天の国」を「罪の赦し、義、聖霊、そして永遠の救いの嗣業」と定義している[29]。

ウルジヌスは、メランヒトンによるこの答を取り込み、そこに明確に改革派的契約用語を織り込んだと思われる。かくして『ハイデルベルク信仰問答』問74をレンズにして、それを通して『信仰問答』の他の箇所もまた暗黙の内に契約的に見ることができるのである。例えば、問74の幼児もまた「神の契約とその民（gemein）」に属しているという表現は、『信仰問答』問1で導入されたキリストへの帰属という主題[30]や問54の教会の教理に、契約的な含みを与えている。第五章で見たように、『ハイデルベルク信仰問答』は主として青年の教育のために企図されたのだから、問54は受洗した契約の子どもの唇に上った告白として読むことができる。「わたしがその群れ（gemein）の生きた部分であり、永遠にそうあり続ける、ということです」（問54）[31]。さらに、『信仰問答』問74の割礼に替わる「契約のしるし」としての洗礼への言及は、旧・新約の本質的一致を暗示しており、問19で示された救済史における明らかな契約的一貫性を示している[32]。この視座は、礼典についての『信仰問答』問66と洗礼についての問70が、それぞれ創世記一七章一一節（「これ［割礼］が、わたしとあなたたちとの間の契約のしるしとなる」）とヘブライ人への手紙一二章二四節（「新しい契約の仲介者イエス」）を証拠聖句として引用している事実によって強化される[33]。

しかし、おそらく問74の最も重要な契約的次元は、受洗した子どもたちにも罪の赦しと聖霊とが契約の一員であるがゆえに約束されているということである。ここで指摘された二つの恩恵は、契約の恩恵である。洗礼自体「契約のしるし」と呼ばれるが、それは単に契約的メンバーのしるしだけではなく、この礼典が封印する二重の恩恵の契約のしるしでもある。洗礼において私たちが思い起こし確かにさせられるのは、私たちが罪を赦され聖霊によって新たにされているということであり（問69、70）、それは私たちが義とされ聖とされているということに他ならない。

ウルジヌスの契約の教理に関するこの二重の恩恵の主題の関連と『信仰問答』の残りの部分におけるその重要性に、先行研究は気づかなかった。問74における二重の約束と契約との明確な関連と同様に、『大教理問答』での並行箇所が契約の文脈でそれを論じている二重の恩恵についての言及を示唆する箇所が、『ハイデルベルク信仰問答』にはいくつかある。これをすでに『信仰問答』問1に見ることは全く当然である。そこでは私たちの罪のためのキリストの償い（第一の恩恵）と悪魔の支配からの救い（第二の恩恵）の二重の祝福は、『大教理問答』問1における「義と永遠の命」という契約的恩恵にその並行関係を見出せる。さらに明確なのは『信仰問答』問17である。そこでは仲保者がまことの神でなければならない理由が私たちのために「義と命とを」獲得するためと言われている。『大教理問答』問75の並行的な答も、神的仲保者は私たちを「義と永遠の命」で飾ると主張しているが、この答は三つの先行する問答（問72―74）の文脈に置かれており、すでに見たようにそれらは仲保者と契約との明確な連関を確立している箇所なのである。[34]

契約の二重の恩恵は、『ハイデルベルク信仰問答』の使徒信条の解説においても明らかである。そこではキリストの苦難によって私たちのために「義と永遠の命」が獲得されたと言われている（問37）。並行する『大教理問答』問87（「キリストの苦難と死からどのような益が私たちにもたらされますか」）において「罪の赦し・聖霊の賜物・義・永遠の命」という同じ祝福は「恵みの契約への受容」を意味することだと定義されている。[35]『大教理問答』問286―288も、洗礼において封印されている二重の洗い――罪の赦しと聖霊による再生（HC問69、70）――

が「神と結ばれた契約と、キリストの血と御霊によって生じるこの霊的な洗いとを」明らかにする(LC問288)と言われている。[36] そして、二重の祝福と契約というこの連関の最も明確な例は、おそらく『ハイデルベルク信仰問答』問59の、信条に要約された福音を信じることの益が「神の御前で義とされ、永遠の命の相続人となる」ことだと述べられる箇所に見られる。『大教理問答』問132の並行する答は衝撃的である。「神が御自身の契約で信じる者たちに約束されたすべてのこと……、すなわち、私たちが御前で義とされ、永遠の命の世継であるということ」を獲得するのだ、と。[37]

『ハイデルベルク信仰問答』にはまた、『大教理問答』に契約的並行箇所を持たない、二重の恩恵への言及がたくさんある。しかしながら、『信仰問答』と契約が明言されている『大教理問答』の並行箇所との間にある連関を考えれば、おそらくそれらの言及もまた契約的に考えることができるであろう。以下は、そのような二重の恩恵のリストの一部である。

問21「永遠の義と救い[38]」
問34「わたしたちを罪と悪魔のすべての力から解放し」(問1も見よ)
問40「神の御子の死による以外には、わたしたちの罪を償うことができなかった」(第一の恩恵)
問43「この方(キリスト)の御力によって、わたしたちの古い自分が……十字架につけられ」(第二の恩恵)
問45「義……新しい命」
問49「この方が天において……わたしたちの弁護者となっておられ」(第一の恩恵)
「御自分の霊……の御力によってわたしたちは……天上のことを求めるのです」(第二の恩恵)
問76「罪の赦しと永遠の命」
問80「自分のすべての罪の完全な赦しをいただいているということ」(第一の恩恵)

問81「また、わたしたちが聖霊によってキリストに接ぎ木されている、ということです」（第二の恩恵）
「自分の罪……が赦され……ることをなおも信じ」（第一の恩恵）
「さらにまた、よりいっそう……自分の生活が正されることを切に求める人たち」（第二の恩恵）

問84「そのすべての罪が……神によって真実に赦される」（第一の恩恵）

問85「真実な悔い改めを約束しまたそれを示す時」（第二の恩恵）

問86「キリストは、その血によってわたしたちを贖われた後に」（第一の恩恵）
「その聖霊によってわたしたちを御自身のかたちへと生まれ変わらせてもくださる」（第二の恩恵）
「キリストにある罪の赦しと義とを求めるようになる」（第一の恩恵）

問115「次第次第に、いよいよ神のかたちへと新しくされてゆく」（第二の恩恵）

このリストでさえ、いかに『ハイデルベルク信仰問答』において二重の恩恵の主題が浸透しているかを伝えてはいない。例えば、『信仰問答』における罪の罰（問14）と腐敗（問5、7、8）という二重の性質についても含めていない。それらは、義認と聖化という契約の二重の恩恵による救いを予期させるものである。さらに、二重の恩恵の教理が『信仰問答』第二部全体（問60―129）の構造を決定していると考えられるかもしれない。すでに述べたように、『ハイデルベルク信仰問答』問59は、使徒信条に説明されたすべての約束を信じることの益は「わたしが、キリストにあって神の御前で義とされ、永遠の命の相続人となる」ことだと宣言している。続く問60―63は、すぐにこれらの恩恵の一番目の議論へと移り、「どのようにしてあなたは神の御前で義とされるのですか」と問う。そして、問64は、その問（「この教えは、無分別で放縦な人々を作るのではありませんか」）の中で義認を振り返りつつ、その答（「いいえ。なぜなら、まことの信仰によってキリストに接ぎ木された人々が、感謝の実を結ばないことなど、ありえないからです」）の中で聖化を先取りして第二の恩恵の議論へと移行させる。さらに、礼典についての架橋的部分（問65—85）の後で、問86は問64で導入された移行を繰り返すことによって、信仰問答第三部の口火を切る。すなわち、キリストはその血によって私たちを贖い（義認の土台）、またその霊によって私たちを御自身のかたちへと生まれ変わらせてくださる（聖化の土台）が、それは私たちがその恩恵に対して全生活にわたって神に感謝を表すためである、と。第三部の全体的主題である感謝は、律法に基づく善き業を為すこと（問91—115）、とりわけ最も重要な祈りの業（問116—129）において表される。したがって、『ハイデルベルク信仰問答』の問59から最後までを見る一つの視点は、契約の二つの恩恵の講解として見るという視点である。

結論

一二九の問答のたった二つでのみ契約という言葉を用いている文書である一方、『ハイデルベルク信仰問答』は他方で注目すべき量の契約的素材を含んでいる。確かに、最初に気づくよりもはるかに多い。この言葉が控えられたのは、おそらく『ハイデルベルク信仰問答』の最初の目的また読者、そしてそれが作成された状況によるものであろう。青年や教育を受けていない大人の教育のために企図された公的な教理基準は、比較的新しい改革派的教理、とりわけ依然として『アウグスブルク信仰告白』に規定されていたルター派領において躓きの石となりかねない教理を披歴する場ではなかった。この点において、『ハイデルベルク信仰問答』のルター派的文脈は、ここでも改革派的要素の一つを本文中に形成する助けとなっている。

それにもかかわらず、『ハイデルベルク信仰問答』の主筆であるウルジヌスは、契約について論じることを躊躇しなかった。彼が『ハイデルベルク信仰問答』と並行してあるいはその後に書いた専門的な神学的著作[39]において展開される契約概念の文脈は、たとい用語そのものは用いられていなくとも『信仰問答』における並行箇所を契約的に解釈する基礎を提供している。この分析方法を適用することによって、特に『信仰問答』におけるキリストに帰属する信仰者・キリストの仲保者性・福音の定義・礼典論に、契約の教理を見出した研究者たちは正しかった。しかし、これらの研究者たちは、彼らが認識した以上に正しかったのである。というのも、彼らは次の事実を見逃していたからである。『ハイデルベルク信仰問答』問74において、ウルジヌスは、メランヒトンによる幼児洗礼擁護の教えを契約的言語によって、すなわち罪の赦しと聖霊の賜物とを契約による二重の恩恵と特定することによって、語り直している。そして、この主題の頻出性と、それが『信仰問答』後半において果たす構造的役割こそ、ウルジヌスの契約論が展開されるもう一つの場として『ハイデルベルク信仰問答』が用いられていることの証左である。「契約」という言葉は『ハイデルベルク信仰問答』においてほとんど言及されないが、にもかかわらず『信仰問答』における重要な改革派的強調なのである。

第八章

善い行いと感謝（問86―129）

問86　わたしたちが自分の悲惨さから、自分のいかなる功績にもよらず、恵みによりキリストを通して救われているのならば、なぜわたしたちは善い行いをしなければならないのですか。

答　なぜなら、キリストは、その血によってわたしたちを贖われた後に、その聖霊によってわたしたちを御自身のかたちへと生まれ変わらせてもくださるからです。それは、わたしたちがその恵みに対して全生活にわたって神に感謝を表し、この方がわたしたちによって賛美されるためです。さらに、わたしたちが自分の信仰をその実によって自ら確かめ、わたしたちの敬虔な歩みによってわたしたちの隣人をもキリストに導くためです。

『ハイデルベルク信仰問答』問86は、『信仰問答』における一つの重要な構造的道標である。それは『信仰問答』の初めの二つの部分（「悲惨さから……救われている」）を指し示すと同時に、第三そして最後の感謝についての部分（「その恵みに対して……神に感謝」）を予示するからである。しかし、感謝が第三部の主題となることは、この問答からは明白でない。というのも、問86の中心は、感謝というよりも広範なキリスト者の生活における善い行いの役割についてだからである。この主題は、すでに問62―64において、信仰のみによる義認の教理の文脈で取り上げられた。

問62　しかしなぜ、わたしたちの善い行いは、神の御前で義またはその一部にすらなることができないのですか。

答　なぜなら、神の裁きに耐えうる義とは、あらゆる点で完全であり、神の律法に全く一致するものでなければなりませんが、この世におけるわたしたちの最善の行いですら、ことごとく不完全であり、罪に汚れているからです。

問63　しかし、わたしたちの善い行いは、神がこの世と後の世でそれに報いてくださるというのに、それでも何の値打ちもないのですか。

答　その報酬は、功績によるのではなく、恵みによるのです。

問64　この教えは、無分別で放縦な人々を作るのではありませんか。

答　いいえ。なぜなら、まことの信仰によってキリストに接ぎ木された人々が、感謝の実を結ばないことなど、ありえないからです。

そして、問64が終えたところから、問86は再開する。もし善い行いが私たちの義認や神の御前でのいかなる功績にもならないのであれば、なぜ私たちはさらにそれをしなければならないのか、と。部分的には、問64がすでに示唆したように、それは神の御霊による私たちの内なる回復の業が結ぶ実だからである。しかしまた、問86が続けて言うように、私たちが四つのことをするためである。(1)私たちの善い行いによって(「全生活にわたって」)、神に感謝を表す。(2)私たちの善い行いによって(「わたしたちによって」)、神が賛美される。(3)私たちの善い行いによって(「その実によって」)、自分の信仰を確かめる。(4)私たちの善い行いによって(「わたしたちの敬虔な歩みによって」)、隣人をキリストに導く。感謝は、なぜ私たちがなおも善い行いをしなければならないのかの理由の一つであるが、(1)で語られたこと以外に、続く四三の問答の主題を構成する要素となるものではない。感謝が果たす主題的役割については、問2における『信仰問答』の構造についての説明、問28（「順境においては感謝し」）・問32（「生きた感謝の献げ物」）・問43（「感謝のいけにえ」）・問64（「感謝の実」）における感謝への予示的言及・第三部の見出し・祈りについての部分を導入する問116（「祈りは、神がわたしたちにお求めになる感謝の最も重要な部分」）を見なければならない。驚くべきことに、第三部の見出しと問86と116に「感謝」という言葉が現れる以外、第三部において「感謝」は二度と出てこない。

　感謝と第三部における律法とのつながりも、期待するほど明確ではない。というのも、問86において、感謝はただ善い行いとの関係においてのみ言及されており、「神の律法に従い……為されるもの」という善い行いの定義は問91まで現れないからである。第一部（問3「何によって、あなたは自分の悲惨さに気づきますか。神の律法によってです」）や第二部（問19「あなたはそのこと［自分の救い］を何によって知るのですか。聖なる福音によってです」）に見られるような導入的問答——例えば「何によって、あなたは自分の感謝を表すのですか。神の律法（十戒）によってです」のような——は第三部に見られない。キリスト者の生活における戒めの役割の叙述に最も近づく『信仰問答』問115においてさえ、明確な感謝への言及はない。

　これらの連関のあるものはさほど主張されなくなったが、依然としてしばしば主張されるのは、第三部における感謝の主題と感謝の生活の基準としての律法についての強調は『信仰問答』の最も直接的に改革派的あるいはカルヴァン的な側面でさえある、ということである。[1] 私たちがこれから見るように、このような主張を実証することはできない。事実、第三部の十戒や主の祈りの解説から得られる証拠は、ここでも『信仰問答』が改革派とルター派の諸要素の混合であるか、双方に共通の神学基盤であるかを指し示すであろう。

善い行い・感謝・律法

そのような混合や共通基盤に私たちが出合うのは、すでに第三部冒頭の問86そのものにおいてである。この問答における善い行いと感謝との関係は、『ハイデルベルク信仰問答』に先立つさまざまな改革派文書、例えばレオ・ユートやヨハネス・ア・ラスコやカルヴァンの『綱要』の中に見出すことができる。[2] さらに、ユートの『小教理問答』（一五四一年）は、善い行いの七つの目的の中に『ハイデルベルク信仰問答』問86に述べられる四つの理由――神への賛美、神への感謝、隣人の獲得、私たちの信仰の確信――すべてを含んでいる。[3] 問86に述べられる最後の理由である「わたしたちが自分の信仰をその実によって自ら確かめ」は、特に注目に値する。というのも、それは、改革派の神学と敬虔の顕著な特徴である次のような一六世紀版アリストテレスの実践的三段論法を示唆しているからである。[4]

大前提　すべての善い行いは、まことの信仰から来る。
小前提　わたしは善い行いをしている。
結　論　わたしは、自分にまことの信仰があることを確信できる。

にもかかわらず、別の箇所でも論じたように、感謝と善い行いとの連関は、改革派諸資料同様ルター派においても、宗教改革初期の神学に浸透していた主題なのである。一五四〇―五〇年代の改革派諸文書にそれが現れる以前に、私たちはそれをメランヒトンの『神学総論』（一五二一年）、ルターの『小教理問答』（一五二九年）、『アウグスブルク信仰告白』（一五三〇年）、『アウグスブルク信仰告白の弁証』（一五三一年）、メランヒトンの『スコリア』（一五三四年）、レギウスの『キリスト教教理の手引き』（一五三六年）、そしてレーゲンスブルク・ルター派の『神学大要（スンマ）』（一五四七年）に見出すことができる。[5] 事実、第二章で見たように、『ハイデルベルク信仰問答』問86の用語の多くは、ルター派神学者ヨハネス・ブレンツによる一五三五年の次のカテキズムから取られたように思われる。

問　なぜ私たちは善い行いをすべきなのですか。

答　罪を償ったり私たちの業によって永遠の命を獲得したりするためではなく――キリストのみが罪を償い永遠の命を獲得してくださったのであるから――、むしろ善い行いによって私たちの信仰の証しをし、私たちの主なる神の善き業に対して、この方に感謝すべきだからです。[6]

したがって、感謝の強調が改革派独特と考えてきたことは、実は初期ルター派の多様な諸資料の中にもあり、『ハイデルベルク信仰問答』問86はその用語法を改革派（ユート）とルター派（ブレンツ）双方のカテキズムから取ったと思われるのである。十戒の講解（問92―113）に至る問88―91もまた、改革派とルター派双方の諸文書による影響の混合を示している。これら四つの問答は、悔い改めまたは回心、その二つの部分［古い人の死滅・新しい人の復活］の各々、そして『信仰問答』における律法の解説の土台としての善い行いについて、それぞれ定義している。

問88　人間のまことの悔い改めまたは回心は、いくつのことから成っていますか。
答　二つのことです。すなわち、古い人の死滅と新しい人の復活です。
問89　古い人の死滅とは何ですか。

答　心から罪を嘆き、またそれをますます憎み避けるようになる、ということです。
問90　新しい人の復活とは何ですか。
答　キリストによって心から神を喜び、また神の御旨に従ったあらゆる善い行いに心を打ち込んで生きる、ということです。
問91　しかし、善い行いとはどのようなものですか。
答　ただまことの信仰から、神の律法に従い、この方の栄光のために為されるものだけであって、わたしたちがよいと思うことや人間の定めに基づくものではありません。

これらの問答の最初三つは、部分的に、カルヴァンの『ジュネーヴ教会信仰問答』の次のような悔い改めの定義を反映している[7]。「われわれの肉の勢力を失わせる」（HC88の答、89の問、参照）、「悪に対する嫌悪」（HC89の答、参照）、「善に対する愛」（HC90の答、参照）[8]。問91で善い行いを定義する三つの要素（「まことの信仰から」「神の律法に従い」「この方の栄光のため」）は、ユートの『小教理問答』[9]の同様の基準（「信仰から」「私たちに命じられていることを」「神の栄光のために」[10]）あるいはブリンガーの『家庭読本』[11]（*Hausbuch*）（「信仰によって」「神の言葉にしたがって」「神の栄光のために」[12]）にならったのかもしれない。さらに『ハイデルベルク信仰問答』問88―91は、メランヒトンの『牧師候補者の試問』（一五五二年）の言葉を思い起こさせる。『ハイデルベルク信仰問答』と同様、悔い改め（Buß）や回心（Bekehrung）という用語を同義的に用いており（HC問88参照）、回心を部分に分け（HC88の答、参照）、最初の部分を「罪の悲しみ」（HC89の答、参照）と述べ、第二と第三部を「心からの喜び」と最初の従順と特徴づけている（HC90の答、参照）からである[13]。

『ハイデルベルク信仰問答』が第三部において改革派伝統に負っていることの最も明確な証拠は、十戒の解説の最初にある。すなわち、著者たちが十戒の聖書本文を分ける際に、ルター派の区分と番号付けではなく改革派のそれを採用しているからである（問92）。カトリックとルター派伝統では「あなたには、わたしをおいてほかに神があってはならない」と「あなたはいかなる像も造ってはならない」とを合わせて第一戒としてきたが、『信仰問答』はそれらを二つの戒めとしている。また、カトリックとルター派は「隣人の家を欲してはならない」と「隣人の妻……を一切欲してはならない」とを第九と第十の二つの戒めに分けてきたが、『信仰問答』はそれらを一緒にして第十戒としている。つまり、『ハイデルベルク信仰問答』において律法の第一の板は四つの戒めだけであり、第二の板は六つなのである（問93）。

『ハイデルベルク信仰問答』における個々の戒めの解説では、ラスコの『エムデン（大）教理問答』と、特にカルヴァンの『ジュネーヴ教会信仰問答』の影響を確かに見て取ることができる[14]。例えば、ラウハウスが述べているように、第二戒についてのウルジヌスの『小教理問答』問84にある鍵言葉「私たちの思いではなく、ただ神の言葉の指示によって、霊と真とをもって神を礼拝することを欲すること」は、『ハイデルベルク信仰問答』問96の「御言葉において命じられた以外の仕方で礼拝してはならない」に引き継がれているが、その元は『エムデン（大）教理問答』（「神のみをその御言葉にしたがって霊と真とをもって礼拝する」）にあると思われる[15]。他方、『ハイデルベルク信仰問答』問97の偶像禁止の広範な適用はルター派ではなく当時の改革派の礼拝感覚に典型的なものであるが、カルヴァンの『ジュネーヴ教会信仰問答』の影響がある。

問97　それならば、人はどのようなかたちも造ってはならないのですか。

答　神は決して模造されえないし、またされるべきでもありません。被造物については、それが模造されうるとはいえ、人がそれを崇めたりまたはそれによってこの方を礼拝するために、そのかたちを造ったり所有したりすることを、神は禁じておられるのです。

ＧＣ問148　それゆえ、あらゆる彫刻や絵画が全般的に禁じられていると考えるべきではありません。ただ、どんなものであろうと、目に見えるものにおいて神に仕え神を敬うために造られた像……に限るのです。

答　その通りであります。

『ハイデルベルク信仰問答』による以下の戒めの解説の多くもまた、『ジュネーヴ教会信仰問答』に（時にはウルジヌスの『大教理問答』や『小教理問答』を通してであるが）依存しているように思われる。

第三戒

ＨＣ99　わたしたちが、呪いや偽りの誓いによってのみならず、不必要な誓約によっても、神の御名を冒瀆または乱用することなく……

ＧＣ160　神はわれわれに、単に偽証のときのみでなく、余計なまた意味のない誓いの中で、神のみ名をみだりに用いることを、禁じておられるのであります。

ＨＣ99　わたしたちが畏れと敬虔によらないでは神の聖なる御名を用いない、ということです。それは、この方が……わたしたちのすべての言葉と行いとによって讃えられるためです。

ＧＣ162　神はわれわれに、神のみ名は神を讃美するために畏れと謙遜とをもってする以外は、決して口にすべきではないことを、一般的にお教えになるのであります。

第四戒

HC103 わたしがとりわけ安息の日には神の教会に熱心に集い、神の言葉を学び、聖礼典にあずかり、公に主に呼びかけ、キリスト教的な施しをする、ということ。

GC183 われわれが、主のみ言葉を聴き、公同の祈りと聖礼典とにあずかるために、教会にたてられている秩序を守ることであります。

HC103 生涯のすべての日において、わたしが自分の邪悪な行いを休み、わたしの内で御霊を通して主に働いていただき……(16)

GC173 神が聖霊をもってわれわれを支配してくださるよう、われわれの本性を棄てることによってであります。

第五戒

HC104 わたしの父や母、またすべてわたしの上に立てられた人々に……

GC194 父母についてしか語られておりませんが……、すべて上の人には聴き従わなければなりません。

第六戒

HC106 神が、殺人の禁止を通して、わたしたちに教えようとしておられるのは、御自身が、ねたみ、憎しみ、怒り、復讐心のような殺人の根を憎んでおられること。また、すべてそのようなことは、この方の前では一種の隠れた殺人である、ということです(17)。

GC198 あなたは、神がここに禁じておられる、一種の内的殺人というものがあると理解するのですね。その通りであります。それは憎しみや恨みであり、隣人に悪事を働く貪欲であります。

第七戒

HC109 わたしたちの体と魂とは共に聖霊の宮です。ですから、この方はわたしたちがそれら二つを、清く聖なるものとして保つことを望んでおられます。それゆえ、あらゆるみだらな行い、態度、言葉、思い、欲望、またおよそ人をそれらに誘うおそれのある事柄を禁じておられるのです。

GC203 われわれの体も魂も聖霊の宮でありますから、われわれはこれを全く操正しく保つべきこと。そしてわれわれは、行為についてばかりでなく、願いも言葉もふるまいについても、純潔である……ことが求められております[18]。

第八戒

HC110 神は……暴力によって、または……合法的な見せかけによって、あるいは神に禁じられている何らかの手段によって、わたしたちが自分の隣人の財産を自らのものにしようとするあらゆる邪悪な行為また企てをも、盗みと呼ばれるのです。

GC205 それはあらゆる不正な取引や、隣人の財物を暴力、ごまかしその他神の認めぬようなことで、わがものにするような、非道理な方法をすべて含んでおります。

このような類似性にもかかわらず、『ハイデルベルク信仰問答』による十戒解説とルターの『小教理問答』との間にもまた、本文上の並行関係がある。[19]「真心からこの方を愛し（lieben）、畏れ（förchten）敬う」（ＨＣ問94—第一戒）は『小教理問答』の「どんなものよりも、神さまを畏れ（fürchten）、愛し（lieben）、信頼する」を反映している。[20]「この方が……呼びかけられ（angeruffen）……讃えられる」（ＨＣ99－第三戒）は、『小教理問答』の「神さまを呼び求め（anrufen）、祈り、たたえ、感謝する」と並行的である。[21]問104の「わたしの父や母、またすべてわたしの上に立てられた人々に、あらゆる敬意（ehre）と愛（liebe）と誠実とを示し」（第五戒）は、『小教理問答』の「両親や主人を……尊敬し（in Ehre halten）……、愛し（lieb . . . haben）、敬う」に対応する。[22]第六戒では「その人［隣人］への危害（schaden）をできうる限り防ぎ」（ＨＣ107）また「私たちの隣人……にも、そのからだに害を加えたり（Schaden . . . thun）……しない」（『小教理問答』）[23]ように呼びかけている。『信仰問答』問108の「純潔で慎み深く生きる」（第七戒）とルターの「きよく正しく生き」は、元のドイツ語本文が全く同じである（keusch und züchtig leben）。[24]さらに、第八・第九戒の解釈の概要も、実に似ているのである。[25]

これらの言語的並行のいくつかは『ハイデルベルク信仰問答』とカルヴァンの『ジュネーヴ教会信仰問答』との間にすでに見られたものと重複しているが、それは各々の文書へのルターの『小教理問答』の影響と考えることができる。個別にか『ジュネーヴ教会信仰問答』を通してかはともかく、これらの並行関係は十戒全体に対する三つのカテキズムによる共通した解釈的アプローチを示している。ルターの『小教理問答』・『ジュネーヴ教会信仰問答』・『ハイデルベルク信仰問答』はすべて、十戒の八つの否定的戒め（ルター派では第一・第二・第五—第十、改革派では第一—第三・第六—第十）の禁止事項を、何らかの仕方で肯定的な戒めまたは指針としている。例えば、第一戒の目的は、たんに神の前に他の神々を持つべきではないというだけでなく、「どんなものよりも、神さまを畏れ、愛し、信頼する」（『小教理問答』）[26]、「神のみをあがめ、神に祈り、神を信頼すること」（ＧＣ141）[27]、「真心からこの方を愛し、畏れ敬うこと」（ＨＣ94）である。これは、三つのカテキズムの間の言語的類似性のみならず、文字通りの意味を超えた共通の十戒解釈法を示してもいると言えよう。[28]

最後に、十戒の解説から祈禱の部分へと移る二つの移行的問答もまた、ルター派と改革派の伝統――より正確にはメランヒトンとカルヴァン――双方の言語的・主題的諸要素を統合している。『ハイデルベルク信仰問答』問114における回心した人々の生活の「この服従をわずかばかり始めたにすぎません」(nur einen geringen anfang dieses gehorsams) という表現は、メランヒトンの『牧師候補者の試問』(一五五二年) における再生後の行いがただ「始まったばかりの服従」を表しているに過ぎないという主張に非常によく似ている。[29] メランヒトンと同様、『ハイデルベルク信仰問答』問115は、なぜ戒めがそれほどまで「厳しく」(メランヒトンでは「熱心に」[30]) 説教されねばならないのかという疑問を挙げ、双方ともいわゆる「律法の第三用法」と呼ばれることによって答えている。メランヒトンの二重の答「それによって人は……罪が何であるか、また……神に喜ばれる業が何であるかを知るためである」[31] は、彼がすでに一五四三年版『神学総論』で導入した律法の第三用法の二つの側面、すなわち、信仰生活において罪が継続的に明らかにされるという教育的次元と、信仰者が従順の業において教えられるという教訓的次元である。[32] これらの最初の次元は、後にカルヴァンの律法の第三用法から見られなくなるが、『ハイデルベルク信仰問答』問115の最初の理由「わたしたちが、全生涯にわたって、わたしたちの罪深い性質を次第次第により深く知り、それだけより熱心に、キリスト……を求めるようになるため」に反映されている。他方、問115の第二の理由「わたしたちが絶えず励み……、次第次第に、いよいよ神のかたちへと新しくされてゆくため」は特にカルヴァンの第三用法の見解を反映しており、メランヒトンのそれではない。[33] それゆえ、『ハイデルベルク信仰問答』問115はもう一つの統合であり、「信者の生活における罪の残滓の暴露というルター的強調と、善き業への勧めというカルヴァン的強調[34]」という注目すべき組み合わせなのである。

善い行い・感謝・祈禱

一見すると、『ハイデルベルク信仰問答』の祈禱の部分の冒頭の問「なぜキリスト者には祈りが必要なのですか。なぜなら、祈りは、神がわたしたちにお求めになる感謝の最も重要な部分だからです」(問116)は、律法の部分の冒頭の問「なぜわたしたちは善い行いをしなければならないのですか。……それは、わたしたちがその恵みに対して……神に感謝を表す……ためです」(問86)と並行に見えるかもしれない。別に言えば、神に対する私たちの感謝を示す二つの基本的な方法――善い行い(すなわち、律法を守ること)と祈禱――があるということである。

しかし、律法と祈禱の部分についての別の解釈は、問86を単に十戒の解説だけでなく、主の祈りの解説を含む第三部全体の導入的問いと理解することである。この場合、祈禱は、律法に基づく善い行いと並行する第二の感謝を表す方法なのではなく、それ自身が律法の実行の一部として感謝をもって行う善い行いだということになる。『ハイデルベルク信仰問答』問86は善い行いをする理由として「わたしたちが……全生活にわたって神に感謝を表す」ことを挙げているが、善い行いとは「神の律法に従う」ものだから(問91)、全生活は十戒の指針に沿って形作られるべきものなのである。その場合の生活とは、第一戒によれば「諸聖人や他の被造物への呼びかけを避けて逃れるべき」(問94)であり、第三戒によれば「わたしたちが畏れと敬虔によらないでは神の聖なる御名を用いない、ということです。それは、この方がわたしたちによって正しく……呼びかけられ……るため」(問99)であり、第四戒によれば「神の教会に熱心に集い……公に主に呼びかけ」(問103)ることを含んでいる。さらに、神が十戒を厳しく説教させようとなさるのは「わたしたちが絶えず……神に聖霊の恵みを請うように」なるためである(問115)。それによってキリストは私たちを御自身のかたちへと生まれ変わらせてくださり、それらの戒めを守ることができるようにしてくださるのである（問86）。したがって、祈禱が「神がわたしたちにお求めになる感謝の最も重要な部分」（問116）であるという主張は、祈禱が、神が私たちに期待する感謝としての善い行いの中で最大のものだということなのである。善い行いを通しての感謝は、その最高の表現を祈禱に見い出す。なぜなら、『ハイデルベルク信仰問答』によれば、祈禱における願いは聖霊に収斂すべきものであるが（問115、116）、私たちの内なる聖霊の働きは、いかなる感謝の行いの実行にとっても根本的なことだからである。

第三部におけるこの律法と祈禱の密接な関係は、『ハイデルベルク信仰問答』が十戒と主の祈りの解説において用いている用語の注目すべき重複によって、さらに裏付けられる[35]。例えば、第一戒は「唯一のまことの神を正しく知る［recht erkennen］」（問94）ことへと促すが、第一の願いが神に願うのは「わたしたちが、あなたを正しく知る［recht erkennen］」（問122）ことである。また、第一戒で求められていることは「この方にのみ信頼」すること（問94）であるが、それは第四の願いで「自分の信頼をあらゆる被造物から取り去り、ただあなたの上にのみ置くようにさせてください」（問125）と祈ることに他ならない。第一の願いの別の意味は「わたしたちが自分の生活のすべて、すなわち、その思いと言葉と行いを正して、あなたの御名が……あがめられ讃美されるようにしてください、ということ」（問122）であるが、これは第三戒の「神の聖なる御名……がわたしたちによって正しく告白され……わたしたちのすべての言葉と行いとによって讃えられる」（問99）ことを補強するものである。また、第六の願いの「どうかあなたの聖霊の力によって、わたしたちを保ち、強めてくださり……、この霊の戦いに敗れること」のないように（問127）は、第四戒の「生涯のすべての日において、わたしが自分の邪悪な行いを休み、わたしの内で御霊を通して主に働いていただく」（問103）ことを支持する。この種の例をさらに引用することもできるが[36]、そのパターンは明白である。つまり、律法を守るための恵みを求める聖霊への祈禱は、たんなる一般的な願いではなく、各戒めに固有のものだということである。十戒は私たちがいかに生きるべきかを教え、主の祈りはそのように生きるための助けを神に求めることを教える。神の御心を行うことと、御心を行うために恵みを祈り求めることは、二つとも感謝の行いなのである。後者が「神がわたしたちにお求めになる感謝の最も重要な部分」であるのは、それが他のすべての土台となるからである。

『ハイデルベルク信仰問答』の「感謝」の部分についてのこの第二の解釈は、『信仰問答』の下敷きになっている改革派・ルター派双方の資料に支持を見出す。例えば、ベザは、彼の長い『信仰告白』における善い行いの叙述において、キリスト者の中で信仰が結ぶ実の中でも祈禱は――それが神への願いであろうと賛美であろうと恩恵への感謝であろうと――「第一の」または「主要な」(principatum) ものだと述べている[37]。これは、私たちが善い行いにおいて表す感謝の「最も重要な部分」としての祈禱というウルジヌスの理解に大きな影響を与えたかもしれない[38]。ルターもまた、祈禱を律法の善い行いと結びつける[39]。ルターは『大教理問答』の主の祈りの導入において、祈禱が十戒の遵守にとって本質的なものであると述べている（「私たちが絶えず、しつこいまでに神のお耳に訴え、神が私たちに信仰と、十戒を成就する力とを賜わり、これを保ち、増し加え[40]」）。さらに、祈ることは私たちの義務であるが、それは御名を空しく用いないようにと第二戒（改革派では第三戒）で神が求めていることでもある[41]。この連関は、第二戒（第三戒）の解説においても「悩みにあっては御名を呼び求め……。すべてかようにすることが、御名を真理のために口にし、祝福のために用いることなのであり、またこうしてこそ、主の祈りにおける祈りのように、神の御名があがめられるしだいである」と言われている[42]。逆に、ルターは、主の祈りの第一の願いの解説で「私たちがこの第一の祈願で請い求めることは、ちょうど第二戒で神が要求していたもうこと……に一致することがわかるであろう」と述べている[43]。

先行するルター派・改革派のカテキズムの影響もまた、『ハイデルベルク信仰問答』の祈禱部分の用語と内容の一部に見受けられる。例えば、『ハイデルベルク信仰問答』問116で、神が私たちから感謝を「求める」(erfordert) という表現は、少々読者を戸惑わせるかもしれない[44]。これは問94の「第一戒で、主は何を求めて [erfordert] おられますか」という表現を思い出させる。しかし、感謝と義務についての同様の関連付けは、メランヒトンの『牧師候補者の試問』（一五五二年）に見られるものである。神が私たちから感謝を「求めて」（fordert）おられるのは、「感謝が真理と正義という二つの大いなる徳からなっており、真理は恩恵がどこから来るのかを告白し、正義はあなたを恩恵者に仕えるよう義務付けるからである」[45]。『ハイデルベルク信仰問答』問117は続けて、神に喜ばれる祈りを「心から」（von hertzen）「御自身を御言葉においてわたしたちに啓示された唯一まことの神に対してのみ」ささげられ、「ただ主キリストのゆえに、この方がわたしたちの祈りを確かに聞き入れてくださる」（er unser Gebet . . . umb des HERRN Christi willen gewiszlich wölle erhören）という確信に基づいたものであると述べている。これもまたすべてメランヒトンの『試問』（一五五二年）における真の祈りの特徴の反映かもしれない。すなわち、それは「心から」（hertzlich）「御自身を啓示された」「神のみ」に「ただ主キリストのゆえに……それを確かに聞き入れてくださる」（wil sie gewislich erhören . . . umb des Herrn Christi willen）という確信をもってなされるものである[46]。『ハイデルベルク信仰問答』問118によれば私たちは「霊的また肉体的に必要なすべてのこと」（Alle geistliche und leibliche notturfft）を祈るべきであるが、この表現もまたメランヒトン自身の祈りの定義（geistlicher und lieblicher notdurfft）に文字通り見られる[47]。最後に、『ハイデルベルク信仰問答』問122の、神の御業から輝き出て私たちの賛美が導き出される属性のリストは、『試問』（一五五二年）においてメランヒトンが祈りを捧げる神の性質を考えるようにと呼びかける際のリストに非常によく似ている。

HC122　あなたの全能［allmechtigkeyt］、知恵［weiszheyt］、善［güte］、正義［gerechtigkeyt］、慈愛［barmhertzigkeyt］、真理［warheyt］

EO（一五五二年）　全能［allmechtig］……満ち満ちた知恵［weisheit］、善［gütikeit］、正義［gerechtikeit］、慈愛［barmherzikeit］、真実な清さ［wahrafft rein］[48]

さらに、主の祈りの個々の願いについて、ルターの『小教理問答』と『ハイデルベルク信仰問答』の解説の本文との間には、多くの並行がある。

『小教理問答』

「我らの父よ」

「私たちは安心して、確信をもって神さまにお祈りしていいのさ。おまえたち子どもたちがこのお父さんになにかしてほしいときと同じなのだよ」。

第一の願い

「私たちも……これ「神の言葉」に従って聖く生活……できるよう私たちを助けてください」。

第二の願い

「天のお父さまである神さまが私たちに聖霊を与えて、私たちが神さまの恵みによって、きよいみことばを信じ……、信仰による生き方をするとき……」。

第四の願い

『ハイデルベルク信仰問答』

「わたしたちの父親たちがわたしたちに地上のものを拒まないように、まして神は、わたしたちが信仰によってこの方に求めるものを拒もうとなさらない、ということです」（問120）。

「わたしたちが自分の生活のすべて……を正して、あなたの御名が……あがめられ讃美されるようにしてください、ということです」（問122）。

「わたしたちがいよいよあなたにお従いできますよう、あなたの御言葉と御霊とによってわたしたちを治めてください」（問123）。

「からだの栄養や必要のためになるすべてのものだ……」。

第六の願い
「神さまが私たちを守り、保って、悪魔もこの世も私たちの肉も私たちをあざむいたり……しないようにしてくださるように、また、たとえ私たちが試みにあっても、最後にはこれに勝ち、勝利を得るようにしてくださるように……」。

「アーメン」
「こういう祈りは天のお父さまに……きき入れられるということを……確信しているのだ。なぜなら、神さまご自身が……私たちの祈りを聞き入れると約束してくださったからだ」。

「わたしたちに肉体的に必要なすべてのものを備えてください」（問125）。

「わたしたちの恐ろしい敵である悪魔やこの世、また自分自身の肉が、絶え間なく攻撃をしかけてまいります。ですから……わたしたちを保ち、強めてくださり、わたしたちがそれらに激しく抵抗し、……敗れることなく、ついには完全な勝利を収められるようにしてください、ということです」（問127）。

「はるかに確実に、わたしの祈りはこの方に聞かれている」（問129）。

しかし、主の祈りについての『ハイデルベルク信仰問答』の解説と初期の改革派カテキズム伝統との間には、さらに強い対応関係がある。一つは、ルターの『小教理問答』が祈りを七つの願いに分けているのに対し、『ハイデルベルク信仰問答』は『ジュネーヴ教会信仰問答』にならって六つに分けている点である。もっとも、『ジュネーヴ教会信仰問答』のように、さらに三つずつ大きく二つに分けることはしていないが[49]。さらに、『ハイデルベルク信仰問答』問122—128の答えを短い祈りそのものにしていることには、北ドイツのラスコのカテキズムに先例がある。[50] しかし、最も衝撃的なのは、主の祈りの解説の多くにおける『ジュネーヴ教会信仰問答』と『ハイデルベルク信仰問答』との間にある内容と時には用語の類似性である。

『ジュネーヴ信仰問答』

「我らの父よ」

「われわれ悪しきものでさえ、われわれの子らが求めるとき……拒むことができないとするならば、まして天にいます……われわれの父は、なおさらでありります」（問261）。

「天にいます」

「われわれが神について、肉的なまた地に属するどんなことも想像せず……、神の輝く尊厳を拝するために……」（問265）。

第一の願い

「神が何事をなさっても、すべてそのみ業があるがままに輝かしくあらわれ、かくしてあらゆる仕方において、神があがめられるようにということであ

『ハイデルベルク信仰問答』

「わたしたちの父親たちがわたしたちに地上のものを拒まないように、ましてや神は、わたしたちが信仰によってこの方に求めるものを拒もうとなさらない、ということです」（問120）。

「わたしたちが、神の天上の威厳については何か地上のことを思うことなく……」（問121）。

「そのすべての御業において、あなたを聖なるお方とし、あがめ、讃美できるようにさせてください、ということ」（問122）。

ります」（問267）。

第二の願い

「神に属する者を導き聖霊をもって支配すること」（問268）。

「神の支配に服することを好まない悪人たちを、深き淵に落し困惑させることであります」（問268）。

「主が一日一日と信徒の数を増し加えてくださるように」（問269）。

「それ［御国］が……ついにはまったきに至るまで……。その日には……、神がすべてのことにおいてすべてとなられるでありましょう」（問270）。

第三の願い

「すべての反逆が打ち倒され、あらゆる意志を神が、みこころにのみしたがわせられるように願うのであります」（問272）。

「神のみ使いたち……同様なことが……すべての人々が喜んで服従するようになることを願うのであ

「あなたの御言葉と御霊とによってわたしたちを治めてください」（問123）。

「あなたに逆らい立つ……あらゆる力……を滅ぼしてください、ということです」（問123）。

「あなたの教会を保ち進展させてください」（問123）。

「あなたがすべてのすべてとなられる御国の完成に至るまで」（問123）。

「わたしたちやすべての人々が、自分自身の思いを捨て去り、唯一正しいあなたの御心に、何一つ言い逆らうことなく聞き従えるようにしてください」（問124）。

「自分の務めと召命とを、天の御使いのように喜んで忠実に果たせるようにしてください、というこ

ります」（問274）。

第四の願い

「われわれの体の欠乏にたいして必要なすべてのもの」（問275）。

「われわれの労働ややりくりや勤勉がわれわれを養うのではなく、ただ……神の祝福のみによるのであります。……われわれを養うのは……主のみ力のみであることを理解しなければなりません」（問276）。

第六の願い

「われわれが悪魔やわれわれと戦う肉にある悪しき貪りの情に、打ち負かされるのをお許しにはならない……。神がそのみ霊によってわれわれを支配し……。聖霊の力によって、わわわれは悪魔や罪や肉に打ち勝つからであります」（問289―290）。

「われわれは……、たちまち負けてしまうほど、ひどく弱くもろいからであります」（問291）。

とです」（問124）。

「わたしたちに肉体的に必要なすべてのものを備えてください」（問125）。

「それによって、わたしたちが、あなたこそ良きものすべての唯一の源であられること、また、あなたの祝福なしには、わたしたちの心配りや労働、あなたの賜物でさえもわたしたちの益にならないことを知り……」（問125）。

「その上わたしたちの恐ろしい敵である悪魔やこの世、また自分自身の肉が、絶え間なく攻撃をしかけてまいります。ですから、どうかあなたの聖霊の力によって、わたしたちを保ち、強めてくださり、わたしたちがそれらに激しく抵抗し……」（問127）。

「わたしたちは自分自身あまりに弱く、ほんの一時立っていることさえできません」（問127）。

十戒の解説の場合と同様、ここでのルターの『小教理問答』・『ジュネーヴ教会信仰問答』・『ハイデルベルク信仰問答』との共通性は、個別にか『ジュネーヴ教会信仰問答』を通してかはわからないが、ルターの『小教理問答』による他の二つの文書への影響と説明できるかもしれない。あるいは、主の祈りについての『ハイデルベルク信仰問答』の解説は、この時代にプロテスタント諸教会で発展したより広い解釈のパターンを反映しているのかもしれない。しかし、『信仰問答』には、それがほとんど確実に用いたと考えられるメランヒトンの『牧師候補者の試問』・ルターの『小教理問答』・カルヴァンの『ジュネーヴ教会信仰問答』からの特徴ある諸要素がある。感謝と律法についての前章のように、これらの諸要素は祈禱についての部分に、ルター派・改革派双方のカテキズム伝統がどちらかに偏ることなく反映されるように織りなされている。したがって、これら最後の一四の問答において『信仰問答』は、ちょうど問1で始められたのと同じような仕方で、すなわち、プファルツのあらゆる神学的グループが安心して立ちうる教理的共通基盤を創出するのに役立つ主題と本文資料を統合させるという仕方で、終わるのである。

第九章
『ハイデルベルク信仰問答』のエキュメニズムについての考察

これまで私たちは、『ハイデルベルク信仰問答』の本文を通して、ルター派と改革派の諸資料と主題の総合を見出してきた。それは、プファルツ宗教改革全体のパターンと、その最も重要な指導者たちの二人であるフリードリヒ三世とツァハリアス・ウルジヌス自身の信仰・神学遍歴にならうものであった。『ハイデルベルク信仰問答』の解釈を締め括るにあたり、私たちはその神学的総合がどれほどエキュメニカルであったのか、また今日エキュメニカルな労苦に携わっているキリスト教会と諸個人にとって、果たしてそれが何がしかの意味を持っているのかどうかを考察したい。したがって、この最後の章で私たちは、まず『ハイデルベルク信仰問答』のエキュメニズムの限界について短く、次にその限界にもかかわらず示された『信仰問答』のエキュメニカルな精神について、そして最後に私たち自身の時代におけるエキュメニズムの可能性について、考察したい。

『ハイデルベルク信仰問答』のエキュメニズムの限界

『ハイデルベルク信仰問答』がいかに平和的であり、魅力的であり、一致の精神に満ちていたとしても、そこには限界があることを認識しなければならない。それは、第一に、本文にあるさまざまな論争的叙述によってもたらされる。(1) これらの論争の最も頻繁な相手はローマ・カトリック教会であり、問80では、はっきりと名指されている。

問80　主の晩餐と教皇のミサとの違いは何ですか。

答　主の晩餐がわたしたちに証しすることは、イエス・キリスト御自身がただ一度十字架上で成就してくださったその唯一の犠牲によって、わたしたちが自分のすべての罪の完全な赦しをいただいているということ。また、わたしたちが聖霊によってキリストに接ぎ木されている、ということです。この方は、今そのまことの体と共に天の御父の右におられ、そこで礼拝されることを望んでおられます。しかし、ミサが教えることは、今も日ごとに司祭たちによってキリストが彼らのために献げられなければ、生きている者も死んだ者もキリストの苦難による罪の赦しをいただいていない、ということ。また、キリストはパンとブドウ酒の形のもとに肉体的に臨在されるので、そこにおいて礼拝されなければならない、ということです。このようにミサは、根本的には、イエス・キリストの唯一の犠牲と苦難を否定しており、呪われるべき偶像礼拝にほかなりません。

また、『ハイデルベルク信仰問答』が以下の事柄を拒否する時、ローマ・カトリックのことが念頭にあることは間違いない。すなわち、自分自身や聖人たちへの信頼（問29—30、94、102）、義認に対する善い行いの貢献（問62—64）、洗礼による再生（問72）、聖変化（問78）、人間の定めに基づく善い行い（問91）、偶像崇拝（問97—98）。さらに、『信仰問答』におけるプロテスタント教理の積極的叙述の多くもまた、暗黙のうちにカトリック批判として機能している。すなわち、キリストは御自分の血をもって罪を完全に償った（問1）。私たちはいかなる善に対しても聖霊による再生の業なしでは全く無能である（問8）。私たちは自分自身でも何か他の被造物でも罪に対する償いは為しえない（問13―14）。イエス・キリストは完全に私たちを贖い義としてくださった（問18）。キリストは御自分の体による唯一の犠牲によって私たちを贖われた（問31）[2]。金や銀ではなくキリストの血によって私たちは買い取られた（問34）。キリストの死のみが罪を償いえた（問40）。死の時に私たちの魂は直ちにキリストの元へ行く（問57）。私たちが義とされるのは信仰によってのみ（問60―61）。キリストは二つの礼典のみを制定された（問68）。天国の鍵は説教と教会戒規である（問83―85）、等。

以上に加えて、すでに見てきたように、『信仰問答』のキリスト昇天の教理（問46―49）や、おそらく仲保者キリストの二性の扱いも、一部の純正ルター派の人々によって信じられ一五五九年の『シュトゥットガルト信仰告白』に成文化されたキリストの人性遍在説に向けられている。このルター派遍在説が、カトリックと同様、問78と80における主の食卓でのキリストの肉体的臨在に対する批判の対象であったかもしれない[3]。最後に、『信仰問答』は、洗礼（問74）、誓い（問101）、政府（問101、104、105）、そしておそらく当時の反三位一体説（問24―25）等で――何の名前も言及されないし、論争的な調子もここではカトリックに対するほど激しくはないが――再洗礼派の教えを拒否している[4]。

私たちが『ハイデルベルク信仰問答』を言葉の現代的な意味における《エキュメニカル》と考えるべきでない二つ目の理由は、そのエキュメニズムの背後にある動機と関係する。『信仰問答』がプファルツにおけるプロテスタント諸党派における教理的な橋を架けることにおいて最もエキュメニカルである場合でも、そのような橋の構築の動機は宗教的のみならず多分に政治的であったかもしれないのである。『信仰問答』が作られたのは、ヨーロッパ近代初期の歴史家が今や「宗派化」（confessionalization）と呼ぶ時代であった。すなわち、それによってプロテスタントとカトリックの支配者たちが、国家教会と自らの領地における宗教的信条を社会的政治的統制のために用いることによって彼らの権威を固めた時代なのである[5]。このような文脈においては、教理的一致のための宗教的動機と政治的動機とを区別することは、たとえフリードリヒ三世のように敬虔な人にとっても困難である。なぜなら、宗教と政治は、あまりに密接に織り合わさっており、宗教的一致は通常政治的結果を伴っていたからである。それゆえ、『ハイデルベルク信仰問答』の作成は、プファルツにおける宗派化の一つの重要な側面と解することができる。すなわち、領内の神学的分裂を克服することによって政治力を高めるためのフリードリヒ三世による戦略の一局面なのである。(6)

『ハイデルベルク信仰問答』がこのような政治的役割を果たすことを意図していたことは、「父と母を敬え」との戒めの解説そのものに示唆されているかもしれない。

問104　第五戒で、神は何を望んでおられますか。

答　わたしがわたしの父や母、またすべてわたしの上に立てられた人々に、あらゆる敬意と愛と誠実とを示し、すべてのよい教えや懲らしめにはふさわしい従順をもって服従し、彼らの欠けをさえ忍耐すべきである、ということです。なぜなら、神は彼らの手を通して、わたしたちを治めようとなさるからです。

この答によれば、敬意と愛と誠実は、子どもたちから親に対してのみ示されるものではなく、民から為政者に対しても示されるものである。彼らは、その民を治めるために神が選ばれた主な権威者の一つだからである（ローマ一三1は、問104の証拠聖句の一つとして引用されている）。私たちの上に立てられた権威者たちすべてに対してと同様、為政者に対する私たちの在り方は服従と従順のそれであり、その民に提供される教えや道徳的矯正に対する服従と従順を含むものである。『信仰問答』は答の中で一般的に語ってはいるが、その背後にはプファルツ領民に対する神の御心がフリードリヒ三世に対する忠心とその教理的・道徳的基準――とりわけ『ハイデルベルク信仰問答』――への従順な服従ということが暗示されている。

このような服従の土台と目標は、フリードリヒ自身による『ハイデルベルク信仰問答』序文に明らかにされている。そこで彼が記している統治者の義務は、国民の「静かで平和な……生活のためのみならず、何にもまして全能者への正しい知識と畏れ、またあらゆる徳と服従の唯一の土台である神の救いの言葉へと彼らを絶えず諭し導く」ことである。彼の先達たちは「神の栄光の促進と国民の規律と秩序の維持のため」に諸々の手立てを講じたが、うまくは行かなかった。かくして「秩序や敬愛またすべて他の美徳が向上し促進させられるはずの、キリスト教と世俗双方の職務また国政や家政が維持されない」以上、青年たちや大人の信徒たちが真の神知識すなわち「聖なる福音の純粋で一貫した教え」によって教育されることが必要不可欠である。このことは、教えの「確固たる型と基準」として準備されたカテキズムを必要とする。それによって「全能者もまたわれらの生活の改善を押し進め、この世とかの世にわたる繁栄を授けて下さるであろう」と。[7] つまり、フリードリヒにとって、社会的政治的秩序の平静は、主として聖書の共通理解という宗教的土台に依存していたのである。

私たちが『ハイデルベルク信仰問答』に《エキュメニカル》というレッテルをあまりに性急に貼るべきではない最後の理由は、共通理解を作ろうとした「『ハイデルベルク信仰問答』の意図と効果との間にある逆説的関係」と呼ばれる事柄による。[8]『信仰問答』が改革派とルター派伝統の間にあるギャップに橋を架けようといかに意図されたにせよ、少なくともプファルツの外では、全く逆の効果をもたらしたという事実は残る。すでに見たように、『信仰問答』の多くの要素――その主題と構造、第一部と第二部における律法と福音の結合、第二部の三位的区分における副主題、信仰・摂理・礼典などの主要テーマの定義など――は、ルター派の資料に基礎づけられている。さらに、『ハイデルベルク信仰問答』とメランヒトンの『アウグスブルク信仰告白』には、罪・和解・義認・説教・御言葉と御霊との関係・主の晩餐についての全部でなくとも大部分の諸教理において実質的な一致があるにもかかわらず、[9] 一五六三年一月の『信仰問答』出版から四か月以内に、近隣の三人の純正ルター派諸侯は同書、とりわけその主の晩餐の教理を、次のような激しい言葉で非難した。

> 我々が神の恵みによって知っていることは、主の晩餐の箇条におけるツヴィングリ主義とカルヴァン主義が幻惑的かつ忌まわしい誤りであり、聖なる神の書と、真の使徒的教会と、『アウグスブルク信仰告白』のキリスト教的意味と、広く受け入れられ擁護されているアウグスブルク宗教和議に、真っ向から矛盾しているということである[10]。

なぜ『信仰問答』の意図と反応の間に、このような食い違いが生じたのだろうか。結局、『ハイデルベルク信仰問答』は、『四都市信仰告白』(一五三〇年)や『ヴィッテンベルク一致信条』(一五三六年)に遡る南ドイツの信条路線に立っていたのである。『信仰問答』は、ブツァーと南ドイツのツヴィングリの弟子たちがかつて懸命に追い求めたことの成就とさえみなされ得た[11]。一五六〇年代に『信仰問答』が生み出された時には、ルターもメランヒトンも舞台から消え、彼らの弟子たちがルターの真の遺産の正統な後継者と認められるために激しい争いを展開していた。法的には『アウグスブルク信仰告白』に依然として拘束されていた領地のカテキズムとして、とりわけ主の晩餐の教理における『信仰問答』がルター派内論争の十字砲火を浴びることは不可避であった。聖餐についての教えを作文するにあたって『信仰問答』の作者たちは、『アウグスブルク信仰告白』と反することを意図せず、むしろそれをその一五三〇年の無修正版の原文にさえ矛盾しないような仕方で書き表そうとしたのである[12]。にもかかわらず、その聖餐用語において十分に純正ルター派とは聞こえないという理由で、厳格ルター派からは『信仰問答』がメランヒトン派・ツヴィングリ派・カルヴァン派たちと同類とみなされ、それに対する論難が始まるのに時間を要さなかった。最終的に『和協信条』(一五七七年)において純正ルター派がメランヒトン派に勝利すると、『信仰問答』がルター派へのエキュメニカルな橋渡しをするためのあらゆるチャンスは失われ、続く何世紀にもわたって、『信仰問答』はほとんど排他的に改革派信仰と同一視されるようになったのである。いかにそれがルター派と改革派の神学的総合を表し、その総合を基礎に共通理解を築こうと意図されていようと、ドイツ帝国のルター派領のいくつかにおけるインパクトは決してエキュメニカルではなかった。

『ハイデルベルク信仰問答』のエキュメニズムの精神

エキュメニカルな性格についてのこれらの限界——時に論争的な調子、部分的には政治的に動機づけられた共通理解、短期間における一致の創出と結果的に生み出された多くの分裂——にもかかわらず、そこには依然として『ハイデルベルク信仰問答』がエキュメニカルな精神を形作っている多くの在り方がある。第一に、これまで見てきたように、『信仰問答』のエキュメニカルな精神は、ルター派と改革派の伝統との間に教理的総合を打ち建てようと試みていることに表されている。第二章では、『信仰問答』の主題と構造におけるルター派、とりわけメランヒトン・ルター派的傾向を指摘したが、その中心的な第1問にはルター派・改革派双方の資料の諸要素が織り込まれていることを指摘した。第三章では、律法と福音とのルター派的対比——これは『ハイデルベルク信仰問答』の最初の二区分に結びついている——が、いかに改革派の資料や主題によって豊かにされ、結果的にその区別が緩和され折衷が生み出されているかを示した。第四章において見た問26—28の摂理論もまた、「父なる神と私たちの創造」というルター的表題の下に多くの改革派資料や用語が用いられる一方、ルターの『小教理問答』の影響を反映する救済論的傾向を伴っていた。さらに、問26—28の問答における予定の教理の沈黙は、『アウグスブルク信仰告白』に正確に従っている。いずれの文書も一つとして「選び」に割かれている問はないからである。しかし、神の御心にかなう人々に働く聖霊の働きによる信仰という『アウグスブルク信仰告白』の叙述は、『ハイデルベルク信仰問答』における選びと堅忍の教理に暗黙の場所を備えている。

第五章で私たちが確認したのは、御子についての信仰箇条の説明（問29—52）がルター派的構造を持ちながら改革派伝統からの資料によって肉付けられており、聖霊論（問53―58）もまた実際に双方の伝統からの用語のブレンドによって、それぞれ一つの共通基盤を表す定義となっているということであった。第六章の礼典の教理（問65―85）については、『信仰問答』がメランヒトンの資料を用いつつ彼のアドバイスに従って述べていながら、他方でメランヒトンの『アウグスブルク信仰告白』には無くまたそれと矛盾することもない、改革派伝統からの用語や強調を取り入れているということ。さらに、『信仰問答』は、契約の教理を抑制して沈黙させること（第七章）によって、ルター派伝統一般と『アウグスブルク信仰告白』の境界線に敬意を払っていること。最後に、第八章が示したことは、十戒と主の祈りに関する『信仰問答』の感謝の扱い（問86―129）が、ルター派と改革派双方のカテキズム伝統からのさまざまな文章をどちらかに偏ることなく繋ぎ合わせているということであった。

このように浮かび上がる教理的総合の流れを通して、『ハイデルベルク信仰問答』は、いくつものエキュメニカルな手法を用いている。議論を巡るあらゆる立場の資料本文の使用、キリスト教信仰の根本的教理への集中、[13]共通理解の強調、折衷的立場の創出、異なる立場を明確に拒否することなく教理を積極的に述べること、論争となる主題を避けるか簡単に触れる程度にすること、そして、時には単純に双方の伝統の諸要素を混合して一つの定義を作ること。これらの諸点において、『ハイデルベルク信仰問答』は――少なくともメランヒトン・改革派的総合の限界内においてではあるが――エキュメニカルな信仰告白のモデルと見なし得るのである。それは、例えば『チューリヒ一致信条』（一五四九年）のような正式な意味での合意文書ではなかったかもしれないが、その調子や方法において、『ハイデルベルク信仰問答』は確かに合意文書としての特徴を帯びている。

『ハイデルベルク信仰問答』のエキュメニカルな精神は、他の側面においても明らかである。『信仰問答』は、橋を架けるためにさまざまな手法を用いているのみならず、自らが教理の党派的叙述以上のものであることを意図的に示している。このことは、すでに書物の表題に示唆されている。この文書の正式名称は、『ハイデルベルク信仰問答』ではなく、「プファルツ選帝侯国の教会と学校で使用されるカテキズムまたはキリスト教の教え」

である。[14] 序文においても、フリードリヒ三世は、ルターやメランヒトンやカルヴァンやベザやブリンガー、また彼らの神学的諸伝統へのあらゆる言及を避けている。彼はプファルツにおける青年たちの「キリスト教教理」の欠如を嘆き、「聖なる福音の純粋で一貫した教え」で育てることの必要を強調する。それゆえ、『ハイデルベルク信仰問答』は、神の言葉による「われらのキリスト教教理の要約またはカテキズム」なのであり、「教会や学校にいる青年たちが、キリスト教教理によって敬虔に教化され」るためのものである。[15]

この序文におけるキリスト教と教会についての広い見方は、『信仰問答』本文においても強調されている。[16] 使徒信条解説への導入において、問22は、次のように述べている。

問 それでは、キリスト者が信じるべきこととは何ですか。

答 福音においてわたしたちに約束されていることすべてです。わたしたちの公同の疑いなきキリスト教信仰の箇条が、それを要約して教えています。

ここで注意すべきは、その問において視野に置かれているのは、キリスト教の信者とその信仰だということである。それゆえ、答は、公同のキリスト教信仰の箇条に要約されている福音の約束をキリスト教信仰の核としているのである。このことは、問54における世界大の教会のより詳細な叙述を予期させる。

問 「聖なる公同の教会」について、あなたは何を信じていますか。

答 神の御子が、全人類の中から、御自身のために永遠の命へと選ばれた一つの群れを、御自分の御霊と御言葉とにより、まことの信仰の一致において、世の初めから終わりまで集め、守り、保たれる、ということ。そしてまた、わたしがその群れの生きた部分であり、永遠にそうあり続ける、ということです。

神の御子があらゆる時代と場所で一つの群れ、すなわち「まことの信仰の一致」における群れを集められたのは、全人類の中からなのである。この信徒たちの一致の根底にあるのは、「信徒は誰であれ、群れの一部として、主キリストとこの方のあらゆる富と賜物にあずかっている」ということである（問55）。このようなキリストと真の信仰にある一致が具体的な表現を取るのは、「各自が自分の賜物を、他の部分の益と救いとのために、自発的に喜んで用いる」時である（問55）。教会の一致に関するこの広い見解は、使徒信条における二つの主題――聖なる公同の教会と聖徒の交わり――の解説に叙述されているが、この二つとも問22がすでに言及した「福音」の中心にあるということを覚えるべきである。『ハイデルベルク信仰問答』にとって、教会の一致は、霊的にも可見的にも福音の真理を脅かすものではなく、その真理の一部なのである。

最後に、『ハイデルベルク信仰問答』のエキュメニカルな精神は、その教理的な教えをキリスト者に共通の信仰経験に関連付けるという仕方において表される。数百年間にわたるあらゆるカテキズム同様、『ハイデルベルク信仰問答』は、本質的に使徒信条・十戒・主の祈り・礼典というキリスト教信仰の基本的諸要素の解説である。しかし（ウルジヌスの『小教理問答』を除く）他のカテキズムとは異なり、『ハイデルベルク信仰問答』は、これら諸要素の説明を（第二章・第三章で詳しく論じた）人間の悲惨（問3―11）・人間の救い（問12―85）・感謝（問86―129）という三重構造の中に織り込んでいる。これら三つの主題は、問1に導入されている『信仰問答』の中心的主題である《信仰者の慰め》を詳しく述べるものである。この主題と三重構造がユニークなのは、何よりも『信仰問答』に神学的というより牧会的・敬虔的な調子を与えていることである。最初の問として「生きるにも死ぬにも、あなたのただ一つの慰めは何ですか」という言葉を選ぶことによって、『信仰問答』の著者たちは読者たちの信仰生活や経験にある深い「不安」を感じ取り、続くすべての教理内容をその霊的不安を解消するために意図しているように思われるのである。したがって、『ハイデルベルク信仰問答』は、教理の単なる意味のみならず私たちにとっての意味、すなわち信仰者の生活と経験との関係を説明している。それはどのように私たちに役立つのか（問28）、どのような益を私たちに与えるのか（問36、43、45、49、51）、どのように私たちを慰めるのか（問52、57、58）、どのような助けを与えるのか（問59）、どのように私たちに思い起こさせ確信させるのか（問69、75）。カルヴァンの『キリスト教綱要』初版（一五三六年）のように、『ハイデルベルク信仰問答』は教理の概要というより《敬虔のための手引き》なのである。

　慰めの使信としての福音へのこの牧会的アプローチにおいて、『ハイデルベルク信仰問答』は、教理の細かな諸点についての相違を超えるキリスト者の経験の場において機能する。『信仰問答』のストーリーの本質的筋道は、私たちが神から離れ疎外されている悲惨にいること、そのような疎外から救い出し神との交わりの中に回復してくださるキリストに私たちが信仰によって属していること、そして、和解の業に対する神への感謝を私たちの善い行いにおいて表すようになること、である。これは、キリスト者の生活についての狭く神学的に偏向した記述ではなく、聖書そのものの中心にあり、神学的違いを超えてキリスト者たちが一致できる《喪失》と《発見》の大きな物語なのである。教理をこのようにキリスト者の生活の共通経験に結びつけることは、『ハイデルベルク信仰問答』に広いエキュメニカルな視座――本文の多くを形成するルター派と改革派の統合よりもはるかに広い視座――を提供するものである。

『ハイデルベルク信仰問答』のエキュメニズムの可能性

　しかし、この四五〇年前の信仰告白文書による歴史的文脈にある程度限定されたエキュメニカルな精神は、今日のエキュメニカル運動においてどのような役割を果たすことができるのかという問いが残っている。そして、このことが可能であることを、『ハイデルベルク信仰問答』に関わる近年の北米におけるエキュメニズムの例をいくつか用いつつ、四つの方法において示唆したい。第一に、『ハイデルベルク信仰問答』における最も激しい論争的な言葉でさえ、実りある宗派間対話に導きうるということである。一九九八年に北米キリスト改革派教会（CRC）大会は、CRC会員が誓約する三つの宗教改革時代の信仰告白の一つである『ハイデルベルク信仰問答』から問80を削除すべしとの提案（行動のための正式な要求）を受けた。『ハイデルベルク信仰問答』問80とは、本章の初めの方に全文を引用したとおり、ローマ・カトリック教会のミサを「根本的には、イエス・キリストの唯一の犠牲と苦難を否定しており、［呪われるべき］偶像礼拝にほかなりません」と攻撃している問答である。その提案のいくつかの理由の一つは「キリスト者の間における愛と一致と相互理解」はCRCの信条からこのような激しい表現を削除することを求めるということであった[17]。

この提案に対し、大会は、CRCの宗派・宗教間関係委員会（Ecumenical and Interfaith Relations Committee/EIRC）に命じて、ローマ・カトリック教会が同教会のミサについての公的教理を明確化するための対話に携わってもらうように要請した。これに基づき、CRCと（CRCが北米教会であることから）合衆国／カナダ・カトリック司教協議会（Conference of Catholic Bishops）との二回にわたる直接会合が行われた。これらの討論が明らかにしたのは、ローマ・カトリック教会の公的教えに照らした時、『ハイデルベルク信仰問答』問80のミサ教理の叙述表現と評価の多くは不正確ということであった。EIRCはその結果を二〇〇二年大会に報告したが、それは後に合衆国／カナダ・司教協議会と、ヴァチカンのキリスト教一致推進評議会（Pontifical Council for Promoting Christian Unity）によっても検証された。これら三つのカトリックの機関はCRCの要約がローマ・カトリックのミサの教理を明確かつ正確に表しており、評議会はこのプロセス全体を「分裂したキリスト者間の記憶を癒す努力への歓迎すべき出来事」として称賛したと結論した。

『ハイデルベルク信仰問答』問80の正確さについての対話によって提起された問題は、二〇〇四年のCRC大会を「問80は、その現在の形においては我々の信仰告白の一部としてはもはや支持できない」という宣言へと導いた。そして、二〇〇六年大会は、『ハイデルベルク信仰問答』問80を本文に残すもののミサについての記述箇所には括弧を付し、これらはローマ・カトリック教会の公的教えと実践を正確に反映しておらず、CRCの会員をもはや信仰告白的に拘束するものではないと指示することで最終的に問題を決着させた。

このように『ハイデルベルク信仰問答』問80は、いくつかのエキュメニカルな進展を生み出すプロセスで中心的役割を果たした。それはこの『信仰問答』を誓約している改革派と四世紀半前に問80が攻撃したキリスト教の立場との対話へと導いたからである。より重要なことは、エキュメニカル運動に比較的最近加わったCRCという教会を、その信仰告白へのコミットメントとエキュメニカルなコミットメント双方を真剣に考える教派であることの葛藤へと導いたことである。別に言えば、自らの信仰告白文書に他者に対する間違った証言が含まれていた場合、教会はその信仰告白的アイデンティティをどのような包括性をもって維持できるのだろうかという問題である。その問題を解決しうる唯一の道は、自己の信仰告白的証言そのものをエキュメニカルな視座の中に置くことであった。こうして、『ハイデルベルク信仰問答』問80についての作業の結果、CRCは合衆国におけるカトリックと改革派教会の対話に参加するよう招かれ、それを通してローマ・カトリック教会と四つの改革派諸教会の代表者たちは七年(二〇〇三―二〇一〇年)の歳月を費やして洗礼と主の晩餐/ユーカリストの礼典についての研究をしたのである。以上のように、『ハイデルベルク信仰問答』全体の中でも最も先鋭的な叙述が、宗教改革の分裂における両サイドの教会を(少なくともこの一つのケースにおいて)大いなる一致の道へと導いたことは決して小さな皮肉なのではないのである(18)。

第二に、『ハイデルベルク信仰問答』は、社会的・経済的諸問題に関する今日のエキュメニカルな議論に資料を提供しうる。例えば、二〇〇四年にガーナのアクラで行われた世界改革派教会連盟(World Alliance［現在はCommunion］of Reformed Churches/WARC〕総会の主題は、ヨハネによる福音書一〇章一〇節のイエスの言葉に基づく「すべての人が命を豊かに受けるために」であった。アクラ会議準備のためにカリブ・北米地区会議の神学委員会に提出した研究論文[19]において私が述べたことは、ヨハネによる福音書一〇章でイエスが語っている命の概念は霊的または永遠の命のことであり、ヨハネ文書や新約聖書の残りの部分全体において肉体的な生命と（全く切り離されるものではないが）区別される単なる永遠的存在以上の何か、存在の新しい質または状態であって、聖霊の超自然的働きによる神と共なる聖性また神との交わりにおける再生だということであった。しかしながら、総会での中心的資料は、ヨハネによる福音書一〇章のイエスの言葉を、多様性や包括性、性差別や平和のような「命の問題」、環境破壊、エイズ、流行病、世界大の経済的不公正のような生命に対する今日的脅威や挑戦という文脈においてのみ理解されていた。

私が示唆したことは、聖霊によって私たちに与えられる永遠の命を個人的・共同的な神への感謝の応答として隣人の生に結びつける『ハイデルベルク信仰問答』が、この聖書の主題の解釈における命についての二つの見解の溝を乗り越える助けとなるかもしれない、ということである。感謝についての有名な結論部で『信仰問答』は、聖霊が私たちを神の形（問86）、また「古い人の死滅と新しい人の復活」（問88）という一生涯にわたる回心または悔い改めへと回復させることを述べている。この新しい自己の復活は「キリストによって心から神を喜ぶ」（問90）ことであり、『信仰問答』はそれを「永遠の命」（問58）または神の律法に表された神の意志に従って「生きる」ことの喜び（問90、91）と定義した。私たちは、神が私たちのためにしてくださったことすべてに対する感謝を示し、神を賛美し、私たちの隣人をキリストへと獲得することさえするのである（問86）。こうして、永遠の命の経験は、すでにこの世界において私たち自身がいかに生きるべきかについての示唆を与えているのである。

そのような行いには、社会的な道徳性全体、私たちのあらゆる隣人の生の質に対する関心を含んでいる。例えば、第三戒の解説において、『信仰問答』は、神の御名が言葉においてのみならず行いにおいても崇められるために用いられるようにと促している（問99）。そこには、神の栄光と隣人の益のため、また誠実と真実の促進のために政府がそれを求める場合に、神の御名において誓約することも含んでいる（問101）。もちろん、この場合、政府の諸機関が誠実と真実と隣人の益の基いとなることを前提としており、もし彼らがその期待を裏切るならば神の御名の冒瀆となることを意味する。市民は、政府から誠実さと正義とを期待する権利と、これらの目標に向かって労する責任がある。神の御名についてのまさに栄誉と賛美とが問題なのである（問122）。

第四戒もまた、『信仰問答』によれば、社会的な意味合いを持っている。安息日を守ること、定期的にキリスト者共同体として集うこと、「キリスト教的な施しをする」ことへの言及（問103）は、安息日・安息年・ヨベルの年などの措置が過酷な労働に従事しながら薄給であった人々の休息と福祉のために作られた旧約聖書の社会的律法であったことを反映している。

同様に、『信仰問答』にとって第六戒は、単に殺人の禁止以上のものである。それは、広範囲にわたる人間関係に関わることであり、隣人を殺すべきでないことのみならず、そしったり、憎んだり、侮辱したりしないこと、またそのようなことに手を貸さないこと、自分自身を傷つけたり、自ら危険を冒さないことでもある（問105）。むしろ、あらゆる復讐心を捨て去り（問105）、「隣人を自分自身のように愛し、忍耐、平和、寛容、慈愛、親切を示し、その人への危害をできうる限り防ぎ、わたしたちの敵に対してさえ善を行う、ということ」なのである（問107）。この隣人への関心と人間の命への畏敬は、今日、戦争・死刑・中絶・安楽死のみならず、性差別・同性愛・エイズ・環境問題・経済的不公正など、命に関わる多くの社会的問題と関係がある。そして、議論のあるこれら諸問題についての立場如何にかかわらず、「『信仰問答』を告白する教会は、道徳的な言葉と識別力を持つ共同体として、自らのやり方に基づいて社会的諸問題とその政治的責任についての意味を有することができるし、そうしなければならない」のである[20]。

最後に、『信仰問答』は、第八戒を単に「盗みや略奪」の禁止としてのみならず「暴力によって、または不正な重り、物差し、升、商品、貨幣、利息のような合法的な見せかけによって、あるいは神に禁じられている何らかの手段によって、わたしたちが自分の隣人の財産を自らのものにしようとするあらゆる邪悪な行為また企て」の禁止としても解釈している。それはまた「あらゆる貪欲や神の賜物の不必要な浪費」も禁止している（問110）。代わりに神が求めておられることは、「わたしが、自分になしうる限り、わたしの隣人の利益を促進し、わたしが人にしてもらいたいと思うことをその人に対しても行い、わたしが誠実に働いて、困窮の中にいる貧しい人々を助けること」なのである（問111）。

これらは、『ハイデルベルク信仰問答』が教理から実践へ、すなわち永遠の命の教理から御霊によって生まれた者たちの実際的行動へと促されるいくつかの例にすぎない。これが、イエスがヨハネによる福音書一〇章で語った「命」と、WARCの二〇〇四年の議題における「生命倫理的問題」との関係なのである。暴力・汚染・病の根絶や大きな経済的・人種的・性的正義の経験自体は、イエスが意味した新しい命そのものではないが、この新しい霊的命を受けたことを告白する者たちの共同体では主要な関心事なのである。この点において、『ハイデルベルク信仰問答』は、一六世紀における社会的文脈に対してそうであったように、今日の社会問題を巡るエキュメニカルな議論に対しても雄弁に語ることができるのである。

今日、『ハイデルベルク信仰問答』がエキュメニカルに機能する第三の方法は、いくつかの改革派教会がエキュメニカルなテーブルに着く時に、それが改革派伝統の共通の声となるということである。近年行われた礼典についての合衆国カトリック・改革派間対話（U.S. Catholic–Reformed dialogue）において、改革派側を代表する四つの教派があった。アメリカ合衆国長老教会（Presbyterian Church [U.S.A.]）、アメリカ改革派教会（Reformed Church in America）、米国キリスト合同教会（United Church of Christ）、そして北米キリスト改革派教会（Christian Reformed Church in North America）である。カトリックとの討論において、それぞれの教会が告白する権威ある資料を特定する際に、四つの改革派の代表者たちは少々困惑した。なぜなら、改革派・長老派伝統全体において、すべての教派が誓約している信仰告白または信仰告白集は一つもないからである。実際、そのような信仰告白文書の不完全なコレクションであるE・F・K・ミュラー（Müller）の『改革派教会信仰告白集』（*Die Bekenntnisschriften der reformierten Kirche*）は、九七六頁を下らない。テーブルに着いている四つの改革派教会の少なくとも一つが認めている信仰告白だけにそのリストを限定しても、その数は依然として一〇もあり、その一〇の内八つはただ一つの教派だけが用いているものなのである。そして、四つの改革派諸教会すべてが共通して保持している唯一の信仰告白文が『ハイデルベルク信仰問答』だったのである。そのようにして『ハイデルベルク信仰問答』は、このローマ・カトリックとの対話において、改革派諸教会を一つにして代弁するのに役立つテキストとして、対話におけるかなり重要な役割を果たした。

以上、これまで言及してきたすべての例が、エキュメニカル運動に携わる改革派諸教会にとっての『ハイデルベルク信仰問答』が持つエキュメニズムの可能性である。しかし、この学びを通して私たちが見てきたように、『ハイデルベルク信仰問答』は、改革派・ルター派双方の資料から神学的表現や主題の統合を創出した文書である。それはただ、『信仰問答』がすぐに改革派伝統と同一視されてしまうような一六世紀の歴史的文脈に固有な諸々の事情に対する措置なのであった。実際、一九世紀初頭のドイツにおけるルター派・改革派双方による合同領邦教会を組織しようとする企てにおいてさえ、『ハイデルベルク信仰問答』は、ルター派伝統の主要信仰告白と並置または合体させる改革派の代表的カテキズムとみなされていたのである。[21] このような中で、『ハイデルベルク信仰問答』が、今日再び、それら二つの伝統の懸け橋となる可能性はあるのだろうか。

確かに、歴史的慣性を乗り越えることは難しい。しかし、『ハイデルベルク信仰問答』がこの役割を果たしうることを示す、少なくとも一つのエキュメニカルな展開が最近の北米に見られる。一九九七年に、四つの宗教改革的諸教派、すなわち一つのルター派と三つの改革派教会が、相互陪餐（full communion）関係に入るために『同意規定』（A Formula of Agreement）を採択した。四つの教派とは、アメリカ福音ルーテル教会（Evangelical

Lutheran Church in America）・アメリカ合衆国長老教会（Presbyterian Church［U.S.A.］）・アメリカ改革派教会（Reformed Church in America）・米国キリスト合同教会（United Church of Christ）である。「相互陪餐」関係とは、とりわけ次のことを意味していた。

- 互いの教会において、福音が正しく説教され、礼典が神の言葉に従って正しく執行されていることを認めること。
- 互いによるいかなる歴史的断罪も、今日の我々の教会の生活と信仰にとって不適切として控えること。
- 互いの洗礼を認め、所属会員の主の晩餐への参与を正当なものとみなし励まし続けること。
- 互いの多様な働きを認め、御言葉と礼典のために任職された教師の秩序ある交換のための備えをすること。(22)

『同意規定』の中の「根本的教理的合意事項」（A Fundamental Doctrinal Consensus）と題されたセクションで、『規定』は、相互陪餐の本質的条件として『アウグスブルク信仰告白』第七条に基礎を置いている。「教会の真の一致のためには、福音の教理と聖礼典の執行に関する一致があれば足りる［satis est consentire］」。驚くべきは、これが全文書中、唯一の宗教改革時代の信仰告白への言及だということである。この企てがルター派と改革派諸教会間の合意であり、『ハイデルベルク信仰問答』がこれら二つの伝統の共通の土台を四五〇年前に見出そうとした真摯な企てであったことを考えるならば、この現代における合意事項に『ハイデルベルク信仰問答』への何らかの言及が――ルター派・改革派の分裂に橋を架ける現代的努力がいかに深い歴史的ルーツを持っているかを示すという目的のために――為されることがふさわしかったのではなかろうか。

　このことは、この『規定』において論じられているいくつかの教理的問題に特にあてはまる。例えば、福音の全体を罪の赦しと再生とする『規定』の理解は、『ハイデルベルク信仰問答』に流れる基調音の一つに完全に共鳴する（第七章を見よ）。キリストとの交わりへの洗礼や、日々の悔い改めへの招きについての『規定』の叙述は、それぞれ『信仰問答』問70―74や問88―90に関係している。主の晩餐においてキリストがいかに臨在しいかに受け入れられるのかを『規定』が正確に説明していないことは、私たちが第六章で『ハイデルベルク信仰問答』の主要な沈黙の一つとして取り上げた主の晩餐のしるしと意味についての正確な関係を反映している。『規定』は「律法と福音の関係……キリスト者の生活における神の律法の役割……についてのカルヴァンとルターの異なる《強調》」を巡って解決を模索しているが、『ハイデルベルク信仰問答』はすでに何世紀も前に律法の解説（第八章を見よ）や律法と福音の関係（第三章を見よ）において、これらの強調のバランスを取る道を示していた。最後に、『規定』は「予定の教理が二つの伝統を分けてきた問題の一つであった」という事実を指摘するが、私たちはすでに『ハイデルベルク信仰問答』の中に、当該問題を述べることへの躊躇のみならず、それを示唆しつつも『アウグスブルク信仰告白』の線に注意深く従うという定式を見出したのである。

これらすべての例において、『規定』は、ドイツ・プファルツにおけるその有名な先行事例と顕著に類似した神学的かつエキュメニカルな動機を表している。『規定』は、一九七三年のヨーロッパにおける『ロイエンベルク一致協約』（Leuenberg Agreement）のように、ルター派と改革派との間の懸け橋のために重要な渡し板をさらに加えたのだが、『ハイデルベルク信仰問答』は四〇〇年以上も昔にすでにその基礎を据えていたのであった。一九六〇年に、ユージン・カーソン・ブレイク（Eugene Carson Blake）が提案したように、「『ハイデルベルク信仰問答』のような宗教改革の信条文書が、ルター派的要素も含み持つがゆえに、全教会的信仰告白に適切な場を持つものとして受容しうる定式とされること」は期待しすぎかもしれない[23]。が、『ハイデルベルク信仰問答』は、今日もなお、キリスト教会の少なくとも二つの主要な枝であるルター派と改革派とを結びつけるための諸々の努力に対して、『信仰問答』における神学的総合に示されたインスピレーションと土台とを与えるものとして用いることができるのである。

注

第1章

(1) "More Than a Memorial," *The Christian Century* 80, no. 7 (February 13, 1963): 198.

(2) James I. McCord, "The Heidelberg Catechism: An Ecumenical Confession," *The Princeton Seminary Bulletin* 56, no. 2 (February 1963): 13–14.

(3) Shirley C. Guthrie Jr., translator's preface to *Learning Jesus Christ through the Heidelberg Catechism*, by Karl Barth (Grand Rapids: Wm. B. Eerdmans, 1964), 12.

(4) Arie F. N. Lekkerkerker, *Gespreken over de Heidelberger* (Wageningen: Zomer & Keunings, 1964), 26.

(5) Howard Hageman, "The Lasting Significance of Ursinus," in *Controversy and Conciliation: The Reformation and the Palatinate 1559–1583*, ed. Derk Visser (Allison Park, PA: Pickwick, 1986), 228–30.

(6) Barth, *Learning Jesus Christ*, 24–25.

(7) Karin Y. Maag, "Early Editions and Translations of the Heidelberg Catechism," in *An Introduction to the Heidelberg Catechism: Sources, History, and Theology*, by Lyle D. Bierma et al., Texts and Studies in Reformation and Post-Reformation Thought, ed. Richard A. Muller (Grand Rapids: Baker Academic, 2005), 103–17, 特に107〔邦訳『『ハイデルベルク信仰問答』入門――資料・歴史・神学』（吉田隆訳、教文館、二〇一三年）、一六四頁〕「信仰問答が翻訳された言語の範囲、翻訳作業の速さ、再刷数の多さ。これらすべてが、改革派信仰の創造と保持において鍵となる『ハイデルベルク信仰問答』の人気ぶりを示している」。

(8) Nicolaas H. Gootjes, *The Belgic Confession: Its History and Sources*, Texts and Studies in Reformation and Post-Reformation Thought, ed. Richard A. Muller (Grand Rapids: Baker Academic, 2007), 148.

(9) John W. Nevin, *History and Genius of the Heidelberg Catechism* (Chambersburg, PA.: Publication Office of the German Reformed Church, 1847), 126. Friedrich Winter, *Confessio Augustana und Heidelberger Katechismus in vergleichender Betrachtung* (Berlin: Evangelische Verlagsanstalt, 1954), 69; August Lang, *Der Heidelberger Katechismus: Zum 350 jährigen Gedächtnis seiner Entstehung*, Schriften des Vereins für Reformationsgeschichte, no. 113 (Leipzig: Verein für Reformationsgeschichte, 1913), 47:「『ハイデルベルク信仰問答』によって、改革派プロテスタント全体は、一つのエキュメニカルな信条の形を持っている」も参照。

(10)『ハイデルベルク信仰問答』の神学に貼られたレッテルについての最近の分類の試みは、Thorsten Latzel, *Theologische Grundzüge des Heidelberger Katechismus: Eine fundamentaltheologische Untersuchung seines Ansatzes zur Glaubenskommunikation*, vol. 83, Marburger Theologische Studien, ed. Wilfried Härle and Dieter Lührmann (Marburg: Elwert, 2004), 7n 40; and Lyle D. Bierma, "The Sources and Theological Orientation of the Heidelberg Catechism," in Bierma et al., *Introduction to the Heidelberg Catechism*, 76–77。〔邦訳『『ハイデルベルク信仰問答』入門』一一一―一一二頁。〕

(11)「礼典論におけると同様、残りのすべてにおいても、『信仰問答』は諸外国の改革派教会の一般的教えと一致しており、それらの信仰告白と完全に調和している」。Karl Sudhoff, *C. Olevianus und Z. Ursinus: Leben und ausgewählte Schriften*, Leben und ausgewählte Schriften der Väter und Begründer der reformierten Kirche, vol. 8 (Elberfeld: Friderichs, 1857), 118. 堅忍と予定の教理については、一一九―一二四頁。

(12) A. E. Dahlmann, "The Theology of the Heidelberg Catechism," *The Reformed Church Review*, 4th ser., 17 (April 1913): 176.

(13) August Lang, "The Religious and Theological Character of the Heidelberg Catechism," *The Reformed Church Review*, 4th ser., 18 (October 1914): 462.

(14) Winter, *Confessio Augustana*, 81.

(15) Gustav A. Benrath, "Die Eigenart der pfälzeischen Reformation und die Vorgeschichte des Heidelberger Katechismus," *Heidelberger Jahrbuch* 7 (1963): 25.

(16) Fred H. Klooster, "The Heidelberg Catechism — An Ecumenical Creed?" *Bulletin of the Evangelical Theological Society* 8, no. 1 (Winter 1965): 30.

(17) Fred H. Klooster, *Our Only Comfort: A Comprehensive Commentary of the Heidelberg Catechism*, 2 vols. (Grand Rapids: Faith Alive, 2001), 1:46. Idem., *A Mighty Comfort: The Christian Faith according to the Heidelberg Catechism* (Grand Rapids: CRC Publications, 1990), 35–37〔邦訳は『力強い慰め――ハイデルベルク信仰問答講解』(小峯明訳、新教出版社、一九九〇年)〕も参照。

(18) Maurits Gooszen, *De Heidelbergsche Catechismus: textus receptus met toelichtenden teksten* ("Inleiding") (Leiden: Brill, 1890), x, 149–50, 155–56; idem, *De Heidelbergsche Catechismus en het boekje van de breking des broods, in het jaar 1563-1564 bestreden en verdedigd* (Leiden: Brill, 1892), 276, 331–32, 401, 406, 408–9, 411.

(19) G. P. Hartvelt, *Alles in Hem*, vol. 1 of *Nieuwe Commentaar Heidelbergse Catechismus* (Aalten: Graafschap, 1966), 17–18.

(20) Joachim Staedtke, "Entstehung und Bedeutung des Heidelberger Katechismus," in *Warum Wirst Du Ein Christ Genannt?*, ed. Walter Herrenbrück and Udo Smidt (Neukirchen Vluyn: Neukirchener Verlag des Erziehungsvereins, 1965), 15–18; Walter Hollweg, *Heinrich Bullingers Hausbuch: Eine Untersuchung über die Anfänge der reformierten Predigtliteratur*, Beiträge zur Geschichte und Lehre der Reformierten Kirche, vol. 8 (Neukirchen: Verlag der Buchhandlung des Erziehungsvereins, 1956), 238–41.

(21) Johannes H. A. Ebrard, *Das Dogma vom heiligen Abendmahl und seine Geschichte*, 2 vols. (Frankfurt: Zimmer, 1846), 2:596–606.

(22) Nevin, *History and Genius*, 143.

(23) John W. Nevin, introduction to *The Commentary of Dr. Zacharias Ursinus on the Heidelberg Catechism*, trans. G. W. Willard (Grand Rapids: Wm. B. Eerdmans, 1954), xvi.

(24) Philip Schaff, "Geschichte, Geist und Bedeutung des Heidelberger Katechismus: Ein Beitrag zur dreihundertjärigen Jubilfeier," *Zeitschrift für die historische Theologie* 3 (1864): 328, quoted in Bard Thompson et al., *Essays*

on the Heidelberg Catechism (Philadelphia: United Church Press, 1963), 91-92.

(25) Bard Thompson, "Reformed Liturgies: An Historical and Doctrinal Interpretation of the Palatinate Liturgy of 1563, Mercersburg Provisional Liturgy of 1858, Evangelical and Reformed Order of 1944, and Their Sources" (B.D. thesis, Union Theological Seminary [New York], 1949), 7-8, p.1n2も参照。

(26) J. F. Gerhard Goeters, "Christologie und Rechtfertigung nach dem Heidelberger Katechismus," in *Das Kreuz Jesu Christi als Grund des Heils*, ed. Ernst Bizer (Gütersloh: Mohn, 1967), 34. Benno Gassmann, *Ecclesia Reformata: Die Kirche in den reformierten Bekenntnisschriften* (Freiburg: Herder, 1968), 239:「信仰問答の作成におけるメランヒトンの直接的・資料的・実証的影響が最小であったにせよ、その神学は彼からの、まさにドイツ・ルター派的な一般的雰囲気をまとっている。それゆえ、それはカルヴァン主義と同一ではない」も見よ。

(27) Eberhard Busch, *Drawn to Freedom: Christian Faith Today in Conversation with the Heidelberg Catechism*, trans. William H. Rader (Grand Rapids: Wm. B. Eerdmans, 2010), 14.

(28) "[The HC] hat lutherische Innigkeit, melanchthonische Klarheit, zwinglische Einfachheit, und calvinisches Feuer in Eins verschmolzen." *Realencyckopädie für protestantische Theologie und Kirche*, 2nd ed., s.v. "Katechismus, Heidelberger oder Pfälzer," quoted in Wilhelm Neuser, "Die Väter des Heidelberger Katechismus," *Theologische Zeitschrift* 35 (1979): 180.

(29) Staedtke, "Entstehung und Bedeutung," 15.

(30) Neuser, "Väter des Heidelberger Katechismus," 181-87.

(31) Jan Rohls, *Reformed Confessions: Theology from Zurich to Barmen*, trans. John Hoffmeyer, Columbia Series in Reformed Theology (Louisville, KY: Westminster John Knox Press, 1997), 20.

(32) Ulrich Hutter, "Zacharias Ursinus und der Heidelberger Katechismus," in *Martin Luther und die Reformation in Ostdeutschland und Sudosteuropa: Wirkungen und Wechselwirkungen*, ed. Ulrich Hutter and Hans-Günther Parplies, Beihefte zum Jahrbuch für Schlesische Kirchengeschichte 8 (Sigmaringen: Jan Thorbecke, 1991), 96-98. Hutterは、例えば、「『ハイデルベルク信仰問答』は、メランヒトン的教理形式 (Lehrformeln) とカルヴァン的教

育方法（Lehrweise）の化合物である」とも主張する（九七頁）。

（33）Willem Verboom, *De Theologie van de Heidelbergse Catechismus*（Zoetermeer: Boekencentrum, 1996）, 24–25.

（34）August Lang, ed., *Der Heidelberger Katechismus und vier verwandte Katechismen*（Leipzig: Deichert, 1907）, CIII. Idem., *Heidelberger Katechismus: Zum 350 jährigen Gedächtnis*, 46–47 も見よ。

（35）Winter, *Confessio Augustana*, 70, 81.

（36）Benrath, "Eigenart der pfälzischen Reformation," 25.

（37）宗教改革期のプファルツについての簡潔な歴史概観は、Charles D. Gunnoe Jr., "The Reformation of the Palatinate and the Origins of the Heidelberg Catechism, 1500–1562," in Bierma et al., *Introduction to the Heidelberg Catechism*, 15–47。〔邦訳『『ハイデルベルク信仰問答』入門』一三一六五頁。〕

（38）Ibid., 20.〔邦訳『『ハイデルベルク信仰問答』入門』一八頁。〕

（39）メランヒトンの生涯の詳細については、Clyde L. Manschreck, *Melanchthon: The Quiet Reformer*（New York: Abingdon Press, 1958）, and Robert Stupperich, *Melanchthon*, trans. Robert H. Fischer（London: Lutterworth, 1965）。

（40）Gunnoe, "Reformation of the Palatinate," 34–35.〔邦訳『『ハイデルベルク信仰問答』入門』三五頁。〕

（41）Fred H. Klooster, "The Heidelberg Catechism: Origin and History"（photocopied manuscript, Calvin Theological Seminary, 1982）, 60–61.

（42）Benrath, "Eigenart der pfälzischen Reformation," 16. Gunnoe, "Reformation of the Palatinate," 36–37〔邦訳『『ハイデルベルク信仰問答』入門』三六一三七頁〕, and Christa Boerke, "The People behind the Heidelberg Catechism," in *The Church's Book of Comfort*, ed. Willem van't Spijker, trans. Gerrit Bilkes（Grand Rapids: Reformation Heritage Books, 2009）, 74–88 も参照。

（43）最初の仮説に対しては、Ruth Wesel-Roth, *Thomas Erastus*（Lahr: Schauenberg, 1954）, 17。後者については、Derk Visser, *Zacharias Ursinus, the Reluctant Reformer: His Life and Times*（New York: United Church Press, 1983）, 103–104。

（44）Gunnoe, "Reformation of the Palatinate," 36.〔邦訳『『ハイデルベルク信仰問答』入門』三七頁。〕

（45）カルヴァン派としてのボクィヌスについては、Boerke, "People behind the Heidelberg Catechism," 74、ブリンガー派としてのボクィヌスについては、Hartvelt, *Alles in Hem*, 17-18を見よ。

（46）Gunnoe, "Reformation of the Palatinate," 37.〔邦訳『『ハイデルベルク信仰問答』入門』三八頁。〕James I. Good, *The Origin of the Reformed Church in Germany* (Reading, PA: Daniel Miller, 1887), 128, 134; idem, *The Heidelberg Catechism in Its Newest Light* (Philadelphia: Publication and Sunday School Board of the Reformed Church in the United States, 1914), 133; Klooster, "Heidelberg Catechism: Origin and History," 83, 104; Walter Henss, *Der Heidelberger Katechismus im konfessionspolitischen Kräftespiel seiner Frühzeit* (Zurich: Theologischer Verlag, 1983), 8-11; Visser, *Zacharias Ursinus,* 1; and Christopher J. Burchill, "On the Consolation of a Christian Scholar: Zacharias Ursinus (1534-83) and the Reformation in Heidelberg," *Journal of Ecclesiastical History* 37, no. 4 (1986): 569.

（47）ヘシュシウス・クレビッツ論争の概観については、Klooster, "Heiderberg Catechism: Origin and History," 84-92, and Gunnoe, "Reformation of the Palatinate," 37-40。〔邦訳『『ハイデルベルク信仰問答』入門』三八―四一頁。〕

（48）Bard Thompson, "Historical Background of the Catechism," in *Essays on the Heidelberg Catechism,* by Bard Thompson et al. (Philadelphia: United Church Press, 1963), 29-30.

（49）Gunnoe, "Reformation of the Palatinate," 47.〔邦訳『『ハイデルベルク信仰問答』入門』四九頁。〕

（50）Ibid., 40-44.〔邦訳『『ハイデルベルク信仰問答』入門』四四―四六頁。〕

（51）Ibid., 44-46.〔邦訳『『ハイデルベルク信仰問答』入門』四六―四八頁。〕Boerke, "People behind the Heidelberg Catechism," 67-74, 76-78, 85-86.

（52）George W. Richards, *The Heidelberg Catechism: Historical and Doctrinal Studies* (Philadelphia: Publication and Sunday School Board of the Reformed Church in the United States, 1913), 193, 195に引用。Richardsは、序文のドイツ語本文のファクシミリと英訳を初めの部分に掲載している。ドイツ語本文は、Lang, *Heidelberger Katechismus und vier verwandte Katechismen,* 2-4でも見られる。〔序文の邦訳は、本書の付録を参照。〕

(53) Gerrit den Hartogh, *Voorzienigheid in donker licht: Herkomst en gebruik van het begrip 'Providentia Dei' in de reformatorische theologie, in het bijzonder bij Zacharias Ursinus* (Heerenveen: Groen, 1999), 31; Boerke, "People behind the Heidelberg Catechism," 78-83.

(54) J. F. Gerhard Goeters, "Caspar Olevianus als Theologe," *Monatshefte für Evangelische Kirchengeschichte des Rheinlandes* 37-38 (1988-89): 303; Boerke, "People behind the Heidelberg Catechism," 83-88.

(55) Lyle D. Bierma, "The Purpose and Authorship of the Heidelberg Catechism," in Bierma et al., *Introduction to the Heidelberg Catechism*, 71-74.〔邦訳『『ハイデルベルク信仰問答』入門』六六—一〇九頁。〕

(56) ウルジヌスについての詳細な伝記的情報は、以下を参照。Sudhoff, *C. Olevianus und Z. Ursinus*; Good, *Heidelberg Catechism*; G. Bouwmeester, *Zacharias Ursinus en de Heidelbergse Catechismus* (The Hague: Willem de Zwijgerstichting, 1954); Erdmann Sturm, *Der junge Zacharias Ursinus: Sein Weg vom Philippismus zum Calvinismus* (Neukirchen-Vluyn: Neukirchener Verlag, 1972); and Visser, *Reluctant Reformer*.

(57) クラトー(Crato)への手紙(一五五七年一月一〇日付)は、Good, *Heidelberg Catechism*, 246の翻訳による。手紙全体の原文は、Wilhelm Becker, "Zacharias Ursins Briefe an Crato von Crafftheim," *Theologische Arbeiten aus dem rheinischen wissenschaftlichen Prediger-Verein* 12 (1892): 46-50。一か月後に、ウルジヌスは「フィリップが話すと、違うことを考えることもできないし、考えようとも思わなくなる」と書いている。Becker, "Ursins Briefe," 58の、クラトーへの手紙(一五五七年二月二七日付)。

(58) Zacharias Ursinus, "Theses complectentes breviter et perspicue summam verae Doctrinae de Sacramentis," in *Zachariae Ursini . . . volumen tractationum theologicarum*, 2 vols. (Neustadt: Harnisch, 1584), 1:339-82.

(59) ズトホフ(*C. Olevianus und Z. Ursinus*, 5)によれば、メランヒトンの反応は、ウルジヌスが友人のフェリナリウス(Ferinarius)から受け取った手紙に記されているとのことである。

(60) Richards, *Heidelberg Catechism*, 28, 133; Good, *Heidelberg Catechism*, 45; Sturm, *Zacharias Ursinus*, 1-3; Richard A. Muller, *Christ and the Decree: Christology and Predestination in Reformed Theology from Calvin to Perkins* (Durham, NC: Labyrinth, 1986), 124. バーチル(Burchill)は、メランヒトンは「(ウルジヌスの)生涯を通して、

支配的な影響力を持っていた」とさえ言っている（“Consolation of a Christian Scholar,” 580）。

（61）Heinrich Alting, *Historia ecclesiae Palatinae*（1644）, in *Monumenta pietatis & literaria virorum in republica & literaria illustrium, selecta*, ed. Ludwig Christian Mieg and Daniel Nebel（Frankfurt: Maximillian, 1701）, 130. Benrath, “Eigenart der pfälzischen Reformation,” 14に引用。

第二章

（1）〔本訳書における『ハイデルベルク信仰問答』からの引用は、著者の引用意図を損なわない限り、新教出版社版（拙訳）を用いることとする。ただし、同書におけるレイアウトは採用せず、本文のみを引用する。〕

（2）ここで、私は“What Hath Wittenberg to Do with Heidelberg? Philip Melanchthon and the Heidelberg Catechism,” in *Melanchthon in Europe: His Work and Influence beyond Wittenberg*, ed. Karin Maag, Studies and Texts in Reformation and Post-Reformation Thought, ed. Richard A. Muller（Grand Rapids: Baker, 1999）, 103–21で取ったアプローチとは少しく異なるアプローチをしている。そこでは、『ハイデルベルク信仰問答』の著者たちが信仰問答の主題と構造のために採用した資料は必ずしもメランヒトン的でないと論じたが、ここでは主題と三重構造はその最も初期かつ広義の表現をルター派伝統に持っているとしている。

（3）〔原著の引用文における（著者による）イタリックは、本訳書において傍点で表すこととする。〕

（4）Klooster, *Our Only Comfort*, 1:34.『ハイデルベルク信仰問答』における「慰め」という用語の意味については、Latzel, *Theologische Grundzüge*, 44–49も見よ。

（5）例えば、Gooszen, *Heidelbergsche Catechismus*（“Catechismus”）, 1–241; Lang, *Heidelberger Katechismus und vier verwandte Katechismen*, I–CIV; Bard Thompson, “The Palatinate Church Order of 1563,” *Church History* 23, no. 4（1954）: 347。

（6）『ハイデルベルク信仰問答』とウルジヌスの『小教理』『大教理』との詳細な本文の比較については、Lang, *Heidelberger Katechismus und vier verwandte Katechismen*, LXXXVII–XCVI。

（7）Zacharias Ursinus, “The Shorter Catechism,” trans. Lyle D. Bierma, in Bierma et al., *Introduction to the*

Heidelberg Catechism, 141.〔邦訳『『ハイデルベルク信仰問答』入門』二一六頁。ウルジヌス『小教理問答』の訳文は、同書所収の拙訳による。〕ラテン語原文は“Catechesis minor, perspicua brevitate christianam fidem complectens,” in Lang, *Heidelberger Katechismus und vier verwandte Katechismen*, 200–218。

(8) Zacharias Ursinus, “The Larger Catechism,” trans. Lyle D. Bierma, in Bierma et al., *Introduction to the Heidelberg Catechism*, 163.〔邦訳『『ハイデルベルク信仰問答』入門』二四四頁。ウルジヌス『大教理問答』の訳文は、同書所収の拙訳による。〕ラテン語原文は、Lang, *Heidelberger Katechismus und vier verwandte Katechismen*, 152–199。

(9) これらの並行箇所は、SC38、39、43、44である。

(10) 例えば、Goeters, “Christologie und Rechtfertigung,” 34; Neuser, “Väter des Heidelberger Katechismus,” 181–182。

(11) Martin Luther, “The Small Catechism,” in *The Book of Concord: The Confessions of the Evangelical Lutheran Church*, ed. Robert Kolb and Timothy J. Wengert, trans. Charles Arand et al. (Minneapolis: Fortress Press, 2000), 355. ドイツ語テキストは、*Die Bekenntnisschriften der evangelisch-lutherischen Kirche*, 4th ed. (Göttingen: Vandenhoeck & Ruprecht, 1959), 511。〔邦訳文は、『宗教改革著作集14』(教文館、一九九四年)所収の徳善義和訳による。〕

(12) “Was ist dein Trost für [vor] aller Welt auff Erden?” Joachim Mörlin, “Der Katechismus des Joachim W[M]örlin von 1547 resp. 1566,” in *Quellen zur Geschichte des kirchlichen Unterrichts in der evangelischen Kirche Deutschlands zwischen 1530 und 1600*, ed. Johann M. Reu, pt. 1, *Quellen zur Geschite des Katechismusunterrichts*, vol. 3, *Ost-, Nord-, und Westdeutsche Katechismen*, sec. 2, bk. 2, Texte (1920; reprint, Hildescheim: Olms, 1976), 860. この問いとHC1との並行関係については、Strum, *Zacharias Ursinus*, 249, and Latzel, *Theologische Grundzüge*, 44n8。

(13) 一五四七年版の実際の問1は、Mörlin, “Katechismus,” 860n2。

(14) Strum, *Zacharias Ursinus*, 249; Latzel, *Theologische Grundzüge*, 24.

(15) ＡＣのラテン語本文は、名詞の consolatio と動詞の consolare を用いている。二〇〇〇年版の英訳ではそれぞれ “consolation” また “console” と訳されている。ＡＣのドイツ語本文では、名詞の Trost と動詞の trösten が用いられており、二〇〇〇年版英訳では “comfort”、また形容詞の “tröstlich” は “comforting” と訳されている。本書ではドイツ語版を用いる。なお、ＨＣがそのドイツ語版・ラテン語版で、「慰め」に対して上記の単語をそれぞれ用いていることは注目に値する。〔邦訳文は、『宗教改革著作集14』所収の徳善義和訳による。〕

(16) Philip Melanchthon, “The Augsburg Confession [German text],” in *The Book of Concord: The Confessions of the Evangelical Lutheran Church*, ed. Robert Kolb and Timothy J. Wengert (Minneapolis: Fortress Press, 2000), 38（傍点付加）.

(17) Ibid., 44（傍点付加）.

(18) Ibid., 54（傍点付加）.

(19) Ibid., 68（傍点付加）.

(20) Ibid., 72（傍点付加）.

(21) Ibid., 76（傍点付加）.

(22) Arie de Reuver, “De Augsburgse Confessie en de Heidelbergse Catechismus — een kritische vergelijking,” *Theologia Reformata* 49, no. 4 (2006): 349. Ibid., 361.「第一主日の卓越した冒頭には、『ハイデルベルク信仰問答』の霊性のみならず『アウグスブルク信仰告白』のそれも表現されている」参照。

(23) Walter Hollweg, “Zur Quellenfrage des Heidelberger Katechismus,” in *Neue Untersuchungen zur Geschichte und Lehre des Heidelberger Katechismus: Zweite Foge*, Beiträge zur Geschichte und Lehre der Reformierten Kirche, ed. Hannelore Erhart et al., vol. 28 (Neukirchen-Vluyn: Neukirchener Verlag, 1968), 43-47.

(24) Strum, *Zacharias Ursinus*, 249. n16 で、Strum は「慰め」は「四〇箇所以上」とだけ述べているが、私は少なくとも五一箇所を見つけた。

(25) Philip Melanchthon, “Examen ordinandorum 1552,” in *Melanchthons Werke in Auswahl*, ed. Robert Stupperich, vol. 6, *Bekenntnisse und kleine Lehrschriften*, ed. Robert Stupperich (Gütersloh: Bertesmann, 1955), 185（傍点付

加）.

（26）Ibid., 192, 198, 217, 179（傍点付加）.

（27）Ibid., 187（傍点付加）.

（28）Ibid., 189（傍点付加）.

（29）Ibid., 213（傍点付加）.

（30）Ibid., 193（傍点付加）.

（31）「『ただ一つの慰め』という救済論的な問いへの集中的な配列において、［『ハイデルベルク信仰問答』は］実際には、チューリヒやジュネーヴの神学者よりもメランヒトンに近く立っている」。Busch, *Drawn to Freedom*, 14. また Goeters, “Christologie und Rechtfertigung,” 34 も参照。

（32）例えば、Good, *Heidelberg Catechism*, 63-64 を見よ。

（33）Johannes à Lasco, *De catechismus, oft kinder leere, diemen te Londen, in de Duytsche ghemeynte, is ghebruyckende*, trans. [into Dutch] Jan Utenhove（London: Steven Myerdman, 1551）, 45r-46v, http://eebo.chadwyck.com（傍点付加）.

（34）Marten Micronius, “Een corte undersouckinghe des gheloofs（1553）in der Fassung von 1555,” ed. J. Marius J. Lange van Ravenswaay, in *Reformierte Bekenntnisschriften*, ed. Heiner Faulenbach, vol. 1/3, *1550-1558*, ed. Judith Becker et al.（Neukirchen-Vluyn: Neukirchener Verlag, 2007）, 281.

（35）Micronius, “Corte undersouckinghe,” 288, 291.

（36）Johannes à Lasco, “Der Kleine Emder Katechismus（1554）in der Fassung von 1579,” ed. Alfred Rauhaus, in *Reformierte Bekenntnisschriften*, ed. Heiner Faulenbach, vol. 1/3, *1550-1558*, ed. Judith Becker et al.（Neukirchen-Vluyn: Neukirchener Verlag, 2007）, 305. この答がＨＣ１の資料であるとの示唆については、Sudhoff, *C. Olevianus und Z. Ursinus*, 89-90。

（37）Lasco, “Kleine Emder Katechismus,” 310.

（38）Latzel, *Theologische Grundzüge*, 44n8.

(39) Lang, *Heidelberger Katechismus und vier verwandte Katechisme,* LXXX.

(40) Martin Luther, "Eine kurze Form der zehn Gebote, eine kurze Form des Glaubens, eine kurze Form des Vaterunsers. 1520," in *D. Martin Luthers Werke: Kritische Gesammtausgabe*, vol. 7 (1897; reprint, Graz: Akademische Druck- und Verlagsanstalt, 1966), 204-5. また、同じものは、"Betbüchlein. 1522," in *D. Martin Luthers Werke: Kritische Gesammtausgabe*, vol. 10, bk. 2 (1907; reprint, Graz: Akademische Druck- und Verlagsanstalt, 1966), 376-77 にもある。英訳は"Personal Prayer Book, 1522," trans. Martin H. Bertram, in *Luther's Works*, ed. Helmut T. Lehmann, vol. 43, *Devotional Writings II*, ed. Gustav K. Wiencke (Philadelphia: Fortress Press, 1968), 15-16。

(41) Lang, *Heidelberger Katechismus und vier verwandte Katechisme,* LXXX, CI.

(42) Gooszen, *Heidelbergsche Catechismus* (Inleiding), 75.

(43) Philip Melanchthon, " Loci Communes Theologici [1521]," trans. Lowell J. Satre, in *Melanchthon and Bucer*, ed. Wilhelm Pauck, Library of Christian Classics, vol. 19 (Philadelphia: Westminster, 1969), 18-152. 原文は"Loci theologici [1521]," in CR, vols. 1-28, *Philippi Melanthonis opera quae supersunt omnia*, vol. 21, ed. C. G. Bretschneider and H. E. Bindseil (1854; reprint, New York: Johnson Reprint Corporation, 1963)。

(44) Timothy J. Wengert, "Philip Melanchthon's 1522 Annotations on Romans and the Lutheran Origins of Rhetorical Criticism," in *Biblical Interpretation in the Era of the Reformation: Essays Presented to David C. Steinmetz in Honor of His Sixtieth Birthday,* ed. Richard A. Muller and John L. Thompson (Grand Rapids: Wm. B. Eerdmans, 1996), 131.

(45) "Ein Kurtze Ordenliche summa der rechten Waren Lehre unsers heyligen Christlichen Glaubens [1554 ed.]," in *Quellen zur Geschichte des kirchlichen Unterrichts in der evangelischen Kirche Deutschlands zwischen 1530 und 1600*, ed. Johann M. Reu, pt. 1, *Quellen zur Geschichte des Katechismus-Unterrichts,* vol. 1, *Süddeutsche Katechismen* (1904; reprint, Hildesheim: Olms, 1976), 720-34.

(46) Johann M. Reu, ed., *Quellen zur Geschichte des kirchlichen Unterrichts in der evangelischen Kirche*

Deutschlands zwischen 1530 und 1600, pt. 1, *Quellen zur Geschichte des Katechismus-Unterrichts,* vol. 1, *Süddeutsche Katechismen* (1904; reprint, Hildesheim: Olms, 1976), 198–99.

(47) "Kurtze Ordenliche summa," 721, 724, 731.

(48) Ibid., 724, 731.

(49) Ibid., 734.

(50) Reu, *Quellen*, 1/1:202–3.

(51) Walter Hollweg, "Die Beiden Konfessionen Theodor von Bezas: Zwei bisher unbeachtete Quellen zum Heidelberger Katechismus," in *Neue Untersuchungen zur Geschichte und Lehre des Heidelberger Katechismus,* Beiträge zur Geschichte und Lehre der Reformierten Kirche, ed. Paul Jacobs et al., vol. 13 (Neukirchen-Vluyn: Neukirchener Verlag, 1961), 86–123; idem, "Quellenfrage," 38–47.

(52) Hollweg, "Beiden Konfessionen," 87–88.

(53) Ibid., 88–94; Hollweg, "Quellenfrage," 39–41.

(54) Hollweg, "Beiden Konfessionen," 96–98. ベザの "Second Brief Confession" の一五六二年版ドイツ語訳が Hollweg の論文に付いている（111–23′ arts.17–21, pp.116–18）。

(55) Hollweg, "Beiden Konfessionen," 98–105.

(56) Mörlin, "Katechismus" 861–62.

(57) 同じことが（罪と律法から、福音と信仰、そして服従する生活と祈禱へと動く）カルヴァンの最初のカテキズム（フランス語一五三七年、ラテン語一五三八年）にも言えるかもしれない（I. John Hesselink, *Calvin's First Catechism: A Commentary*, Columbia Series in Reformed Theology [Louisville, KY: Westminster John Knox Press, 1997], 8–33 を見よ）。しかし、カルヴァンもそのような構造を明らかにしてはいないし、それを感謝に結びつけてもいない。

(58) Latzel, *Theologische Grundzüge*, 97.

(59) "Kirchenordnung . . . [vom 15. November 1563]," in Emil Sehling, ed., *Die evangelischen Kirchenordnungen des*

XVI. Jahrhunderts, vol. 14, *Kurpfalz* (Tübingen: Mohr, 1957), 337.

(60) Ursinus, *The Commentary of Dr. Zacharias Ursinus on the Heidelberg Catechism*, trans. G. W. Williard (Grand Rapids: 1954), 21.

(61) Christoph Weismann, *Eine Kleine Biblia: Die Katechismen von Luther und Brenz* (Stuttgart: Calwer, 1985), 114.

(62) Timothy J. Wengert, *Law and Gospel: Philip Melanchthon's Debate with John Agricola of Eisleben over Poenitentia*, Texts and Studies in Reformation and Post-Reformation Thought, ed. Richard A. Muller (Grand Rapids: Baker, 1997), 144–45.

(63) Melanchthon, "Augsburg Confession [German text]," 44.

(64) Melanchthon, "Die Augsburgische Konfession [German text]," in *BSLK*, 83.

(65) Melanchthon, "Apology of the Augsburg Confession" in *The Book of Concord: The Confessions of the Evangelical Lutheran Church*, ed. Robert Kolb and Timothy J. Wengert, trans. Charles Arand et al. (Minneapolis: Fortress Press, 2000), 191–92. See also p. 194.

(66) Christoph Weismann, *Die Katechismen des Johannes Brenz*, vol. 1, *Die Entstehungs-, Text-, und Wirkungsgeschichte*, Spätmittelalter und Reformation Texte und Untersuchungen, ed. Heiko A. Oberman, vol. 21 (Berlin: Walter de Gruyter, 1990), 596n98.

(67) "Die Brandenburg-Nürnbergische Kirchenordnung (1533)" ed. Jürgen Lorz and Gottfried Seebass, in *Andreas Osiander d. Ä. Gesamtausgabe*, ed. Gerhard Müller, vol. 5, *Schriften und Briefe 1533 bis 1534*, ed. Gerhard Müller and Gottfried Seebass (Gütersloh: Mohn, 1983), 125.

(68) Ibid., 127.

第三章

(1) Verboom, *Theologie van de Heidelbergse Catechismus*, 251.

（2）律法と福音についてのルターの見解の要約については、Philip S. Watson, *Let God be God ! An Interpretation of the Theology of Martin Luther* (Philadelphia: Muhlenberg, 1950), 152–60とPaul Althaus, *The Theology of Martin Luther*, trans. Robert C. Schulz (Philadelphia: Fortress Press, 1966), 251–73を見よ。

（3）律法と福音についてのカルヴァンの見解の要約については、Andrew J. Bandstra, "Law and Gospel in Calvin and Paul," in *Exploring the Heritage of John Calvin*, ed. David E. Holwerda (Grand Rapids: Baker, 1976), 11–39。

（4）次のHutterのコメントに注意。「律法と福音についてのメランヒトン的順序に、カルヴァン的内容が詰め込まれている」("Ursinus und der Heidelberger Katechismus," 96)。

（5）Hollweg, "Beiden Konfessionen," 100–101.

（6）訳文は一六世紀のドイツ語訳、Theodore Beza, "Kurtze Bekanntnuss des Christlichen glaubens" (Heidelberg: Ludwig Lück, 1562) in Hollweg, "Beiden Konfessionen," 111に基づいている。

（7）Ibid., 112.

（8）Ibid., 111–112.

（9）Ibid., 112.

（10）Ibid.

（11）Ibid.

（12）Ibid., 112–113.

（13）Cornelis Graafland, *Van Calvijn tot Comrie: Oorsprong en ontwikkeling van de leer van het verbond in het Gereformeerd Protestantisme* (Zoetermeer: Boekcentrum, 1994), 2:19.

（14）Ibid., 2:20.

（15）「カルヴァン的律法理解のしるしは、律法と福音が――福音は律法よりもより明確にではあるが――神の恵み深い義を証するということである。罪認識は、福音によっても生じるのである」。Neuser, "Väter des Heidelberger Katechismus," 189.

（16）Kloosterのコメント「問12―14は『悲惨について』のカテキズムの議論と密接に結びついているので、『救いについて』の議論が始まったということがすぐに明確にはならない」を参照。Klooster, *Our Only Comfort*, 1:143.

(17) Goeters, "Christologie und Rechtfertigung," 38. ウルジヌス自身、同様の用語をＨＣの講義で用いた。*Commentary of Dr. Zacharias Ursinus*, 77.

(18) Goeters, "Christologie und Rechtfertigung," 38.

(19)「注目すべきことは、特にルター派神学における律法と福音について通俗的に言われる旧新約の乖離とは全く対照的に、ここ［問19］では福音すなわち神の良き知らせがすでに旧約聖書の中心的内容として楽園物語から語られている、ということである」。Lothar Coenen, "Wort Gottes und Heiliger Geist," in *Handbuch Zum Heidelberger Katechismus*, ed. Lothar Coenen (Neukirchen-Vluyn: Neukirchener Verlag, 1963), 86.

(20) メランヒトンの『試問』にもＨＣ19と非常によく似た言説があるが、メランヒトンは旧約におけるキリストの宣教を「福音」と同一視しないし、「律法」を福音の予表とも言っていない。「神の御子自身がなさった楽園での最初の説教は、まずアダムとエバの罪をひどく罰するものだった。その後、彼らに慰めを与え、ヘビの頭を砕く未来の子孫による人間の救いと罪の赦しについての驚くべき奥義を啓示した……。この説教は預言者たちにおいて繰り返し語られた。そして、神の御子自身が楽園で、またその後預言者たちにおいて語られたように、この方はついに目に見える形でその職務を果たすべく［公生涯において］語られたのである」。"Examen ordinandorum 1552," 206–7.

(21) Neuser, "Die Väter des Heidelberger Katechismus," 189–90. ＨＣ４が律法と福音へのカルヴァン的アプローチを示唆しているとの Neuser の主張は、すでに Heinrich Graffmann, *Unterricht im Heidelberger Katechismus* (Neukirchen: Buchhandlung des Erziehungsvereins, 1951), 3:657 においても指摘されている。また、Neuser は、ＳＣをウルジヌス個人の作品ではなく委員会の作とみなしていることにも注意（"Die Erwählungslehre im Heidelberger Katechismus," *Zeitschrift für Kirchengeschichte* 75 [1964]: 311）。

(22) Neuser, "Die Väter des Heidelberger Katechismus," 189.

(23) ウルジヌスは、このことをＨＣについての講義の中でも確証している。「十戒は、私たちが自分自身を見て、そうして私たちの罪と悲惨の認識に導かれるための鏡であるということで第一部に属し、それが真の感謝とキリスト者の生の基準であるということで第三部にも属する」。*Commentary of Dr. Zacharias Ursinus*, 14.

（24）Neuser, "Väter des Heidelberger Katechismus," 189.

（25）Ludwig Couard, *Der Heidelberger Katechismus und sein Verhältnis zum kleinen lutherischen* (Gütersloh: Bertelsmann, 1904), 44. Goetersも、仲保者キリストによる和解というＨＣの教理（ＨＣ12―18）において「以前メランヒトンの弟子であったウルシヌスは、明らかに、後期メランヒトン的協働説から逃れようとした」と論じている。"Christologie und Rechtfertigung," 47.

（26）ルター派の協働説論争についての短い要約は、*Evangelical Dictionary of Theology*, 2nd. ed., s.v. "Synergism," by C. G. Fry (Grand Rapids: Baker, 1984) を見よ。

（27）". . . bestimmten, aber doch schonenden und unanstösslichen Weise," Courard, *Heidelberger Katechismus*, 44.

（28）De Reuver（"Augsburgse Confessie," 349-50）は、ＨＣ５―８が教理的に原罪についてのＡＣ第二条と、後者の洗礼への言及を除いて、全く一致することを指摘している。ＡＣ第二条の一部を引用すれば以下のとおりである。「[堕落した人類は] みな、母の胎を出てより、悪い欲と傾向に満ち、生まれながらにして、神に対する真の畏れも真の信仰ももたない。しかもこの生まれながらの疾病、原罪は真に罪であって、洗礼と聖霊とによって再び新しく生まれることのないすべての人を神の永遠の怒りのもとへと定めるのである」。Melanchthon, "The Augsburg Confession [German text]," 38.

（29）Goeters, "Christologie und Rechtfertigung," 40-42. 遍在主義に対するメランヒトンの拒絶については、第五章一〇七―一〇八頁を参照。

（30）Goetersは、ＨＣ15―16におけるキリストの無罪性への言及の中に、ウルシヌスが一年前に博士号のために論証した論題に基礎を持つ『キリストの積極的服従』という伝統的改革派教理を見出すと主張する。Goetersの頭の中にあるのは、特にウルシヌスの次の第一論題である。「人が罪によって神から引き離されて後、最も高く最も完全な神の義は、人が神と和解させられることを許さなかった。罪を犯した事実のゆえに真の人間であり、しかしあらゆる罪の汚れから免れて生まれ、罪の負債を支払うに十分な方が、神の律法への完全な服従を果たさない限り」。D. Ursinus, "Theses de persona et officio unici mediatoris inter Deum et homines, domini nostri Iesu Christi," in *D. Zachariae Ursini . . . opera theologica*, ed. Quirinus Reuter (Heidelberg: Lancellot, 1612), 1:744. しかし、この論題の最後の部分は「罪の負債を十分支払うことによって、彼［キリスト］は神の律法への完全な服従を果たした」と訳すことができる。つまり、キリストは罪の罰を支払い（消極的服従）、さらに完全に律法に従った（積極的服従）のではなく、彼はその支払いを通して律法に従ったということである。ウルジヌスとHCにおけるキリストの積極的服従の教理を巡る諸問題については、Heber Carlos de Campos Júnior, "Johannes Piscator (1546-1625) and the Consequent Development of the Doctrine of the Imputation of Christ's Active Obedience" (Ph.D. diss., Calvin Theological Seminary, 2009), chap.3を見よ。

（31）Robert H. Culpepper, *Interpreting the Atonement* (Grand Rapids: Wm. B. Eerdmans, 1966), 93-95; Timothy George, "The Atonement in Luther's Theology," in *The Glory of the Atonement — Biblical, Historical & Practical Perspectives: Essays in Honor of Roger Nicole*, ed. Charles E. Hill and Frank A. James III (Downers Grove, IL: InterVarsity Press, 2004), 275.

（32）Culpepper, *Interpreting the Atonement,* 102; Timothy George, *Theology of the Reformers* (Nashville: Broadman, 1988), 222; Henri Blocher, "The Atonement in John Calvin's Theology," in *The Glory of the Atonement*, ed. Charles E. Hill and Frank A. James III, 283-92.

（33）「罪や死や悪魔の邪悪な諸力に……ルターは律法と神の怒りさえも加える。これら人格化された悪のすべてに、キリストは決定的な勝利を獲られた……。真に本性的に神であられた唯一の方を除いて、いかなる被造物も罪や死や呪いに打ち勝つことはできない。それゆえ、これら強力な諸力に対して、神がより強い力を、すなわち御自身を対置する必要があったのである」。Culpepper, *Interpreting the Atonement,* 93. Watson, *Let God be God !*, 116-17も見よ。

（34）Ursinus, *Commentary of Dr. Zacharias Ursinus*, 78.

（35）Ibid.,（傍点付加）.

第四章

（1）Melanchthon, "Examen Ordinandorum 1552," 190.

(2) Melanchthon, "Examen Ordinandorum [1554]," in *CR*, vol. 23, *Philippii Melanthonis opera quae supersunt omnia*, ed. C. G. Bretschneider and H. E. Bindseil, (1855; reprint, New York: Johnson Reprint Corporation, 1963), 19. この定義の初行とＬＣ38のそれとの類似性は、とりわけ目を見張る。最終行との並行箇所は、Melanchthon, "Examen Ordinadorum 1552," 203, 208を見よ。

(3)「他方、神が信じられるとは、神について語られたことが真実であるとわたしが信じるのみならず、わたしの信頼をこの方に置くことなのである……」。Luther, "Eine kurze Form," *WA* 7:215; *LW* 43:24.

(4) ＨＣ21のラテン語訳は、「知識」(notitia) と「信頼」(fiducia) に対して、ＡＣのラテン語本文が第二〇項の信仰についてで用いているのと同じ用語を用いている。*Catechesis Religionis Christianae, quae traditur in ecclesiis et scholis Palatinatus* (Heidelberg: Schirat et Mayer, 1563), 8; Melanchthon, "Augsburgische Konfession [Latin text]," in *BSLK*, 79–80.

(5) 初期のルター派・改革派神学文献における信仰の定義の概観については、Verboom, *Theologie van de Heidelbergse Catechismus*, 60–65。

(6) Leo Jud, "Catechismus. Christliche klare und einfalte ynleitung in den Willenn unnd in die Gnad Gottes" (1534), in Gooszen, *Heidelbergsche Catechismus* ("Catechismus"), 33–34 (Q/A 21); John Calvin, *Institutes of the Christian Religion*: 1536 edition, trans. Ford Lewis Battles (Grand Rapids: Wm. B. Eerdmans, 1975), 42–43.

(7) Marten Micronius, *Den kleynen cathechismus, oft kinder leere der Duytscher Ghemeynte van Londen* (1552) (London: Duvves 1566), 11v, http://eebo.chadwyck.com/; Lasco, "Kleine Emder Katechismus," 311 (Q/A 27).

(8) Neuser, "Väter des Heidelberger Katechismus," 182. 他方、カルヴァンのＧＣ ("The Catechism of the Church of Geneva" [1545], in *Calvin: Theological Treatises*, trans. And ed. J. K. S. Reid, The Library of Christian Classics, vol. 22 [Philadelphia: Westminster, 1960], 93 [Q/A 17–18]) は、使徒信条を四つの部分 (父・子・聖霊・教会) に分ける。

(9) Luther, "Eine kurze Form," *WA* 7:214; *LW* 43:24.

(10) 例えば、Micronius, *Kleynen cathechismus*, 12r–v。「問　この信条はどのように分けられますか。答　三つの部分にです。第一は父なる神、第二は御子、第三は聖霊についてです」。

(11) ブリンガーの一五五九年のカテキズムもこれらの働きを三位一体の位格に結びつけているが、GCと同様、一二項が四つの部分に分けられており、第四部（教会）が第三部で言及された聖霊の聖化の業を例証するという形においてである。

(12) Luther, "Small Catechism," 354, 355 (German text: *BSLK*, 510-511).

(13) Ibid.,（傍点付加）.

(14) Neuser, "Die Väter des Heidelberger Katechismus," 182.

(15) カルヴァンのGC（一五四五年）問19との類似に注意。「唯一の神しかおられないのに、何ゆえ父、み子、み霊の三者について暗誦するのですか」("The Catechism of the Church of Geneva," 93)。〔邦訳文は、『ジュネーヴ教会信仰問答』（新教出版社、一九六三年）の外山八郎訳による。〕HCの答えは、レオ・ユートの一五三四年『(大) 教理問答』「神は御自身について私たちに聖書において三様に、すなわち、これら三つの名によって、提示しておられる」("Catechismus," 40, Q/A 25) やメランヒトンの一五五二年版EO「なぜ三つの神的位格を知らねばならないのですか……。なぜなら、神の本質と意志を、御自身を啓示されたとおりに、知らねばならないからです。そして、このような啓示が聖書にはしばしば記されているのです」(178) を反映している。

(16) Sudhoff, *C. Olevianus und Z. Ursinus*, 93.

(17) Paul Jacobs, *Theologie reformierter Bekenntnisschriften in Grundzügen* (Neukirchen Kreis Moers: Neukirchener Verlag, 1959), 26. Jacobsは「しばしば『ジュネーヴ教会信仰問答』は、直接的な、時にはほとんど引用しているかのような影響を『ハイデルベルク信仰問答』に与えている」と主張する (ibid.)。

(18) Lang, *Der Heidelberger Katechismus und vier verwandte Katechismen*, XC.

(19) Calvin, GC, 93.

(20) Ibid.

(21) Ibid., 94.

(22) Calvin, GC, 93, 94. *Institutes* (1536), 49や*Calvin: Institutes of the Christian Religion* (1559), edited by John T.

McNeill, translated by Ford Lewis Battles, Library of Christian Classics, vols. 20–21 (Philadelphia: Westminster, 1960), 1.17.6を見よ。マルティン・ブツァーは、このイメージをさらに早く一五三四年のカテキズムにおける摂理の論述の中で用いている。"Kurtze schrifftliche erklärung für die Kinder vnd angohnden," in *Quellen zur Geschichte*, ed. Johann M. Reu, pt.1, 27, 28.

(23) Calvin, *Institutes* (1536), 49; GC, 94 (Q/A 28, 29). また、*Institutes* (1559), 1.17.6も見よ。

(24) Calvin, GC, 94. Den Hartoghが述べているように、カルヴァンはその答えをより神義論的に、ウルジヌスはより摂理の全体性に向けて書いている（*Voorzienigheid in donker licht*, 60–61）。

(25) Calvin, *Institutes* (1559) 1.17.7.

(26) Bucer, "Kurtze schrifftliche erklärung," 27.

(27) Bullinger, "Catechesis," 46, 47 (Q/A 117–19).

(28) Micronius, *Kleynen cathechismus*, 12v.

(29) Micronius, "Corte undersouckinghe," 285.

(30) Lasco, "Kleine Emder Katechismus," 312.

(31) Luther, "Small Catechism," 354 (German text: *BSLK*, 510). この点についての議論は、den Hartogh, *Voorzienigheid*, 59を見よ。

(32) Luther, "Small Catechism," 354 (German text: *BSLK*, 510).

(33) Melanchthon, "Examen Ordinandorum 1552," 181.

(34) Emerich Gyenge, "Der Glaube, seine Gewissheit und Bewahrung," in *Handbuch Zum Heidelberger Katechismus*, ed. Lothar Coenen (Neukirchen-Vluyn: Neukirchener Verlag, 1963), 120–21.

(35) Latzel, *Theologische Grundzüge*, 74n225.

(36) Verboom, *Theologie van de Heidelbergse Catechismus*, 85, 88.

(37) Lasco, "Kleine Emder Katechismus," 312 (Q/A 30); Bullinger, "Catechesis," 46 (Q/A 118).

(38) Luther, "Small Catechism," 354 (German text: *BSLK*, 510; 傍点付加).

(39) Bucer, "Kurtze schrifftliche erklärung," 27–28; Calvin, *Institutes* (1536), 49; Jud, "Catechismus," 45 (Q/A 24, 26); Bullinger, "Catechesis," 46–47 (Q/A 118–19); Micronius, *Kleynen cathechismus*, 12v (Q/A 48); idem., "Corte undersouckinghe," 285 (Q/A 12); Lasco, "Kleine Emder Katechismus," 312 (Q/A 30).

(40) 「問1の答におけるキリスト論的枠組みの中心的メッセージは……、問26の答の中核的記述にその創造神学的対応を見出す」。Latzel, *Theologische Grundzüge*, 74. L. L. J. Visser, "Die Lehre von Gottes Vorsehung und Weltregiment." In *Handbuch zum Heidelberger Katechismus*, ed. Lothar Coenen, 107も見よ。

(41) HC50(「なぜ『神の右に座したまえり』と付け加えるのですか」)も、昇天されたキリストを教会の頭としてのみならず、「この方によって御父は万物を統治なさる」方として述べている。Visser, "Gottes Vorsehung," 106–8を見よ。

(42) Schaff, "Geschichte, Geist und Bedeutung," 126ff., cited in Couard, *Heidelberger Katechismus*, 46–47; Lang, *350 jährigen Gedächtnis*, 45–46.

(43) Lothar Coenen, "Gottes Bund und Erwählung," in *Handbuch Zum Heidelberger Katechismus*, ed. Lothar Coenen, 132–33; Klooster, *A Mighty Comfort*, 36.

(44) Dahlmann, "Heidelberg Catechism," 176–77.

(45) Neuser, "Erwählungslehre," 316.

(46) 「異なる信仰告白の流れがデリケートな仕方で選帝侯フリードリヒ三世が定めた道筋に沿って流れて行かねばならないプファルツのような地域において重要なことは、予定の教理が不必要な軋轢を生み出さないことであった」。Verboom, *Theologie van de Heidelbergse Catechismus*, 167. Ibid., 142とNeuser, "Väter des Heidelberger Katechismus," 191も見よ。

(47) Timothy Wengert, "'We Will Feast Together in Heaven Forever': The Epistolary Friendship of John Calvin and Philip Melanchthon," in *Melanchthon in Europe: His Work and Influence beyond Wittenberg*, ed. Karin Maag, Texts & Studies in Reformation and Post-Reformation Thought, ed. Richard A. Muller (Grand Rapids: Baker, 1999), 27.

(48) Calvin, *CO* 11:381, cited in Wengert, "Epistolary Friendship," 31.

(49) Cornelis P. Venema, *Heinrich Bullinger and the Doctrine of Predestination: Author of 'the Other Reformed Tradition'?*, Texts & Studies in Reformation and Post-Reformation Thought, ed. Richard A. Muller (Grand Rapids: Baker, 1999), 119. See also pp. 105-7.

(50) Winterがその理由について示唆しているのは、一五三〇年には予定論が未だプロテスタントの教理論争の重要な部分ではなかったためということである。*Confessio Augustana*, 81.

(51) Melanchthon, "The Augsburg Confession [German text]," 40 (art.5); "The Augsburg Confession [Latin text]," 41 (art.5).

(52) De Reuver, "Augsburgse Confessie," 352. Couardは、HC54の選民としての教会への言及は、御言葉が説教され礼典が執行される信仰者の体としての教会というACの叙述（第七条）に対置されていると論じる時に、この点を考慮に入れることを忘れている。*Heidelberger Katechismus*, 43-44.

(53) Goeters, "Christologie und Rechtfertigung," 46-47.

(54) Sudhoff, *C. Olevianus und Z. Ursinus*, 119-20; Neuser, "Erwählungslehre," 315.

(55) Visser, "Gottes Vorsehung," 106; den Hartogh, *Voorzienigheid*, 60.

(56) Neuser, "Erwählungslehre," 315.

第五章

(1) William E. Korn, "Die Lehre von Christi Person und Werk," in *Handbuch zum Heidelberger Katechismus*, ed. Lothar Coenen, 92.

(2) Lang, *Heidelberger Katechismus und vier verwandte Katechismen*, CIII.

(3) Luther, "Small Catechism," 355; *BSLK*, 511.

(4) De Reuver（"Augsburgse Confessie," 350）は、HC1とAC第三項には並行関係があると主張するが、聖霊によりキリストが信仰者に与える慰めについてのACによる言及を除けば、さほど類似点があるとは思えない。

(5) 上記三二一―三三三頁を見よ。
(6) Luther, "Small Catechism," 355.
(7) Neuser, "Väter des Heidelberger Katechismus," 181.
(8) Luther, "Small Catechism," 355.
(9) Latzel, *Theologische Grundzüge*, 31.
(10) 例えば、Jacobs, *Theologie reformierter Bekenntnisschriften*, 26–27; Neuser, "Väter des Heidelberger Katechismus," 184。
(11) Lang, *Heidelberger Katechismus und vier verwandte Katechismen*, XC–XCI を見よ。
(12) Calvin, GC, 95.
(13) Ibid.
(14) Ibid., 96.
(15) Ibid.
(16) Ibid., 98.
(17) Ibid.
(18) Ibid., 99.
(19) Ibid., 100.
(20) Ibid., 99.
(21) Ibid., 100.
(22) Ibid.
(23) Ibid., 100–101.
(24) 他にもＨＣ31とＧＣ37―39、ＨＣ47とＧＣ78―79、ＨＣ50とＧＣ80、82、ＨＣ52とＧＣ86―87に見られる。
(25) Neuser, "Väter des Heidelberger Katechismus," 184.
(26) Lyle D. Bierma, "How Should Heidelberg Catechism Q/A 60 Be Tranlated?" *Calvin Theological Journal* 26

(April 1991): 129-32. 三重の救済策がいかに他の二つの三重のセットと関係しているかについての指摘は、Heber Carlos de Campos Júnior に負っている。“Johannes Piscator,” 89n108.

(27) Theodore Beza, *Confessio christianae fidei, et eiusdem collation cum papisticis haeresibus* (London: Thomas Vautrollerius, 1575), 27-36, http://eebo.chadwyck.com. このことは、さらに、この信仰告白がＨＣの資料の一つであるとの Hollweg 説を確証するものである。Hollweg, “Beiden Konfessionen,” 86-110.

(28) Verboom, *Theologie van De Heidelbergse Catechismus*, 112-14.

(29) 上記六八―六九頁を見よ。

(30) 先に指摘したように、ＨＣ34におけるキリストによる悪の力からの救いという言葉は、ほとんどそのままルターの『小教理問答』(“Small Catechism,” 355) に見られる。

(31) メランヒトンは、ＨＣ31と51が悪魔とその手下からの神の守りについて語る際と同様の動詞の組み合わせを以下のように用いている。「[神は] 御自分のイエス・キリストを通して、すべての悪魔から [教会を] 保ち守ってくださる」(erhalte und schütze)。“Examen ordinandorum 1552,” 224.「主キリストは御自身私たちを地獄から引き出し、私たちの内に慰めと命を満たし、私たちに御自分の聖霊を与え、私たちを悪魔から守り (schützt)、私たちを不思議にも保ってくださる (erhelt)」。Ibid., 231.

(32) この語彙の集中を、使徒信条講解の最後の義認の教理 (ＨＣ60―62) と第二部の最後の礼典の扱い (ＨＣ66、67、75、79、80) の中に見出しても驚くべきではない。

(33) Klooster, *Our Only Comfort*, 1:525.

(34) Couard, *Heidelberger Katechismus*, 34-35.

(35) Winter, *Confessio Augustana*, 81.

(36) “Formula of Concord [The Solid Declaration],” in *The Book of Concord: The Confessions of the Evangelical Lutheran Church*, ed. Robert Kolb and Timothy J. Wengert, trans. Charles Arand et al. (Minneapolis: Fortress Press, 2000), 634-35n305.

(37) Althaus, *Theology of Martin Luther*, 207.

(38) "Formula of Concord [The Solid Declaration]," 635.〔訳文は、信条集専門委員会訳『一致信条書』(聖文舎、一九八二年)による。〕

(39) Ibid., 634. "Formula of Concord [The Epitome]," 514.

(40) HC31のキリストの三重の職務と同様、HC44のキリストの陰府降りが、救いについてのルター派的主題全体と結びついていること(「わたしの主キリストは……地獄のような不安と痛みからわたしを解放してくださった」)は、特記すべきことである。

(41) Couard, *Heidelberger Katechismus*, 35–36.

(42) この教理の背景とHCにおけるその扱いについての包括的研究については、Klooster, *Our Only Comfort*, 1:592–623を見よ。

(43) この点におけるカルヴァンとメランヒトンとの類似性については、Richard A. Muller, "Calvin on Sacramental Presence, in the Shadow of Marburg and Zurich," *Lutheran Quarterly* 23 (2009): 152と、そこで引用されている一次資料を見よ。メランヒトンの反対の見解については、Good (*Heidelberg Catechism*, 173–83) を見よ。彼は、メランヒトンが遍在の教理に頼ることなく主の晩餐におけるキリストの体の場所的臨在を固守していたと論じている。

(44) Winter, *Confessio Augustana*, 70–71. AC第三項の本文は、Melanchthon, "Augsburg Confession [German text]," 38。

(45) Klooster, "Heidelberg Catechism: Origin and History," 97.

(46) "Der Dritte Artikel. Von der Heiligung." Luther, "Dr. Martin Luther's Enchiridion: Der Kleine Katechismus," in Philip Schaff, ed., *The Creeds of Christendom: With a History and Critical Notes*, 6th ed., vol. 3, *The Evangelical Protestant Creeds with Translations* (1931; repr., Grand Rapids: Baker, 1990), 79.

(47) Luther, "Small Catechism," 355–56 (傍点付加)。HC54(「わたしがその群れの生きた部分であり、永遠にそうあり続ける」)とルターの大教理問答「私もまたこの会衆の一員であり」との言葉の類似性も参照。Luther, "The Large Catechism," in *The Book of Concord: The Confessions of the Evangelical Lutheran Church*, ed. Robert Kolb and Timothy J. Wengert, trans. Charles Arand et al. (Minneapolis: Fortress Press, 2000), 438.〔邦訳文は、『大教

理問答』（聖文舎、一九五七年）の福山四郎訳による。〕
（48）Melanchthon, “Augsburg Confession [German text],” 38.
（49）メランヒトンは、“Examen ordinandorum 1552,” 178 において、聖霊の慰めの働きについても語っている。そのことは、以下の改革派のカテキズムの中にも見出すことができる。Jud, “Der kürtzer Catechismus [1541],” in Lang, *Heidelberger Katechismus und vier verwandte Katechismen*, 90（Q/A 141）; Lasco, *Catechismus, oft kinder leere*, 62r; idem, “Kleine Emder Katechismus,” 315（Q/A 43）; and Micronius, *Kleynen cathechismus*, 16r.
（50）キリストによる私たちへの聖霊の付与もまた、メランヒトンの“Examen ordinandorum 1552”では、かなり一般的な表現である（pp.193, 198, 208, 236）。
（51）Daniel R. Hyde, “The Holy Spirit in the Heidelberg Catechism,” *Mid-America Journal of Theology* 17（2006）: 215–19.
（52）Luther, “Small Catechism,” 355.
（53）Calvin, GC, 102.
（54）Ibid. また GC, 103（Q/A 100）:「神が救いに選ばれた人々の群れ」を見よ。
（55）Ibid., 103.
（56）Ibid.
（57）Alfred Rauhaus, “Untersuchungen zu Entstehung, Gestaltung und Lehre des Kleinen Emder Katechismus von 1554”（Th.D. diss., University of Göttingen, 1977）, 221–22, 224.
（58）Lasco, “Kleine Emder Katechismus,” 315.〔訳文は、『改革派教会信仰告白集Ⅱ』（一麦出版社、二〇一一年）所収「エムデン教理問答」菊地信光訳による。〕
（59）Ibid.
（60）『小教理問答』の二〇〇〇年英訳版は、後者の訳語を好んでいる。それは「英語の聖化（sanctification）は、聖［heilig］霊と聖霊の働き［Heiligung］との言語的連関を保持していないからである」。“Small Catechism,” 355n56.
（61）Luther, “Small Catechism,” 355–56.

(62) GC, 102ff.（Q/A 92ff.）を見よ。ＨＣの他の二つの資料である、ミクロニウスの“Corte undersouckinghe”（pp.287–89）も、ラスコの“Kleine Emder Katechismus”（pp.315–16）もまた、［聖霊と教会を］統合していない。

(63) GC, 102–3 (Q/A 95).

(64) Verboom, *Theologie van De Heidelbergse Catechismus*, 141.

(65) さらに、メランヒトンも教会についての記述で「選び」という言葉を用いているが、それ以上詳細には述べていない。“Examen Ordinandorum 1552,” 187, 212を見よ。

(66) Latzel, *Theologische Grundzüge*, 145n30; Benrath, “Eigenart der pfälzischen Reformation,” 26も見よ。

(67) Verboom, *Theologie van De Heidelbergse Catechismus*, 138–39. Verboomは「ルター派伝統で、聖霊論が御言葉を離れて論じられることはない。ちょうど改革派の文書で御言葉なしで聖霊論が語られないように」と結論づけている。

(68) Latzel, *Theologische Grundzüge*, 52. ＨＣにおいてキリストとの結合について示唆する他の箇所は、ＨＣ１、20、64、65、80など。

(69) Neuser, “Väter des Heidelberger Katechismus,” 183; Latzel, *Theologische Grundzüge*, 53–54; Muller, “Calvin on Sacramental Presence,” 153. 例えば、メランヒトンの“Loci Communes Theologici,” in *LCC* 19:21や“Examen Ordinandorum 1552,” 170を見よ。

(70) Neuser（“Väter des Heidelberger Katechismus,” 183）が、メランヒトンは「信仰におけるキリストとの交わりを知らない」と主張するのは、おそらくあまりに強すぎる。例えば、“Examen Ordinandorum 1552”における主の晩餐についてのメランヒトンの記述「キリストがこの食べ物を用いられたのは、この方が真実かつ本質的に私たちと共にまた私たちの内におられ、回心者の内に住まわれることを証しするためであった」（二〇二頁）を参照。

(71) Marcus Johnson, “Luther and Calvin on Union with Christ,” *Fides et Historia* 39, no.2 (2007): 59–77.

(72)「仲保者は、自らの和解の業のために神性の力（potentia divinitatis）を必要とした。それは『わたしたちのために義と命とを獲得し、それらを再びわたしたちに与えてくださるため』（問17）であった。そのようにして、この方はその業を私たちに成し遂げてくださるのであるが、それは天に挙げられた頭として、御自身の部分である私たちのうちに御自分の聖霊を通して天の諸々の賜物を注ぎ込んでくださることによってである（問51）……。『信仰問答』はここで、すでに第1問で指摘し、和解の教理に基づいて救いの教理全体の中で繰り返し強調していることを、当然の帰結として述べる――それは意味のないことではなく、かえって改革派信仰のきわめて特徴的かつ徹底的な事柄である――すなわち、人間として和解の業を成し遂げられたキリストが、天に挙げられた方としてそれを私たちに御自身の聖霊によってあてはめてくださるということである」。Goeters, "Christologie und Rechtfertigung," 41-42.

第六章

（1）最初の四つの見解の資料は、第一章におけるＨＣの全体的な神学的傾向についての議論に見られる（一一―一五頁）。五番目の見解については、Charles Hodge, *The Biblical Repertory and Princeton Review* 20 (1848): 241を見よ。

（2）Neuserは、"Erwählungslehre," 311と"Väter des Heidelberger Katechismus," 182で、それぞれ"neuzwinglianisch"と"spätzwinglianisch"という用語を使っている。加えて、Rohlsは、ブリンガーの見解を「修正ツヴィングリ主義」と述べている。*Reformed Confessions*, 16.

（3）Langは、ＨＣの先行文献の一つであるウルジヌスのＬＣ（一五六二年）におけるメランヒトンの顕著な影響を認めるが、ＨＣそのものにはその影響の痕跡を見出すにすぎず、礼典の教理については全くそれを認めていない。*Heidelberger Katechismus und vier verwandte Katechismen*, CI. Neuserは、メランヒトンをＨＣの四人の「父」の一人とするが、Lang同様、この関係を礼典の教理にまであてはめていない。"Väter des Heidelberger Katechismus," 181ff. Visserは「『ハイデルベルク信仰問答』の多くはメランヒトンの著作に見られる」と主張するが、それ以上詳細には述べない。*Reluctant Reformer*, 142. Strumは、ウルジヌスの礼典の教理には、決してツヴィングリやカルヴァンの影響によって完全に覆われることのないメランヒトンのしるしがあると論じたが、それはＨＣに至るまでのウルジヌスの思想的発展を辿るもので、ＨＣそのものについてではない。*Zacharias Ursinus*, 1.

（4）E. F. Karl Müller, *Die Bekenntnisschriften der reformierten Kirche* (Leipzig: Deichert, 1903), LII; Jan Bavinck,

De Heidelbergsche Catechismus, 2nd ed. (Kampen: Kok, 1913–14), 2:523–24; Hermann Hesse, "Zur Sakramentslehre des Heidelberger Katechismus nach den Fragen 65–68," in *Theologische Aufsätze: Karl Barth zum 50. Geburtstag*, ed. E. Wolf (Munich: Kaiser, 1936), 474ff.; Hendrikus Berkhof, "The Catechism in Historical Context," in Bard Thompson et al., *Essays on the Heidelberg Catechism* (Philadelphia: United Church Press, 1963), 88–89; idem, "The Catechism as an Expression of Our Faith," in Bard Thompson et al., *Essays*, 113; Klooster, *Mighty Comfort*, 37–38, 119.

(5) Rohls, *Reformed Confessions*, 20, 210–11, 226–27.〔同書の邦訳は、ヤン・ロールス『改革教会信仰告白の神学――その教義学的特質』芳賀力訳、一麦出版社、二〇〇〇年。〕

(6) Richards, *Heidelberg Catechism*, 90, 100. Couard, *Heidelberger Katechismus*, 42–43.「『ハイデルベルク信仰問答』の聖餐論は、ツヴィングリとカルヴァンの見解の賢明な融合である」も見よ。

(7) Good, *Heidelberg Catechism*, 54.

(8) G. P. Hartvelt, *Verum Corpus: Een Studie over een Centraal Hoofdstuk uit de Avondmaalsleer van Calvijn* (Delft: Meinema, 1960), 200, 241; idem, "Petrus Boquinus." *Gereformeerd Theologisch Tijdschrift* 62 (1962): 51, 76–77; idem, "De Avondmaalsleer van de Heidelbergse Catechismus en Haar Toepassing in de Prediking," *Homiletica en Biblica* 23 (1964): 127–37; idem, *Tastbaar Evangelie*, vol. 3 of *Nieuwe Commentaar Heidelbergse Catechismus* (Aalten: Graafschap, 1966), 6.

(9) Brian A. Gerrish, "Sign and Reality: The Lord's Supper in the Reformed Confessions," in *The Old Protestantism and the New: Essays on the Reformation Heritage* (Chicago: University of Chicago Press, 1982), 126.

(10) Neuser, "Väter des Heidelberger Katechismus," 185–86; idem, "Erwählungslehre," 311.

(11) Sudhoff, *C. Olevianus und Z. Ursinus*, 116; Gooszen, *Heidelbergsche Catechismus* ("Inleiding"), 153.

(12) Gerrish, "Sign and Reality," 124, 126; Paul Rorem, "The *Consensus Tigurinus* (1549): Did Calvin Compromise?" in *Calvinus Sacrae Scripturae Professor: Calvin as Confessor of Holy Scripture*, ed. Wilhelm H. Neuser (Grand Rapids: Wm. B. Eerdmans, 1994), 90; Berkhof, "Catechism as an Expression of Our Faith," 113.

(13) Gooszen, *Heidelbergsche Catechismus* (“Inleiding”), 153; Good, *Heidelberg Catechism*, 76. Neuser は、HCにおける主の晩餐でのキリストの現臨への言及の「欠如」を、後期ツヴィングリ主義（ブリンガー主義）とみなしている！ “Väter des Heidelberger Katechismus,” 185.

(14) Sudhoff, *C. Olevianus und Z. Ursinus*, 116; Rohls, *Reformed Confessions*, 210–11.

(15) Verboom, *Theologie van de Heidelbergse Catechismus*, 215.

(16) Gooszen, *Heidelbergsche Catechismus* (“Inleiding”), 65–66; Neuser, “Erwählungslehre,” 311.

(17) “Sacramentum . . . ist ritus divinitus institutus, additus promissioni in Evangelio traditae, ut sit testimonium et pignus exhibitae et applicatae promissionis Gratiae.” Melanchthon, “Examen Ordinandorum [1554],” *CR* 23:39.

(18) Ursinus, “Theses complectentes,” 344.

(19) 「神の約束のしるしを思い起こさせる［admonent］だけでは十分でない。大いなることは、神の御意志の確かな証しがあなたのためであること……。それによって、あなたの良心に確証が与えられる［certa reddatur］ことである」。Melanchthon, “Loci theologici [1521],” CR 21:209.

(20) Melanchthon, “Loci theologici [1521],” CR 21:208–10; Ursinus, “Catechesis minor,” 208, 209, 210; *Catechesis Religionis Christianae*, 26, 29.

(21) Latzel, *Theologische Grundzüge*, 55.

(22) Luther, “Small Catechism,” 359, 362. しかし、メランヒトンも、この二重の祝福を含む洗いとしての洗礼について語っていることを心に留めるべきである。「(神は) この洗礼によってあなたを洗われるが、それは、あなたの罪が主の血によって洗い落とされること、また、この方が聖霊をもってあなたを新しく永遠の義と祝福に向けて清めてくださるということを意味している」。“Examen ordinandorum 1552,” 201.

(23) 「最後に、礼典は多くの義務（officiis）について思い起こさせる。第一に、神に感謝を捧げるべきこと。第二に、教会員の互いへの配慮である」。Melanchthon, “Loci Theologici [1543],” CR 21, 848.「第一に、我々は礼典が何であるかを考えねばならない。私にとって簡潔かつ適切な定義は、主が私たちに対する良き御心の約束を私たちの良心に印章する外的なしるし、ということである……。そして、今度は私たちが、主に対する私たちの敬虔を証しするのである」。Calvin, *Institutes* (1559), 4.14.1.「最後に、礼典が制定されたのは、私たちが自らの義務（officii）を思い起こすためである。それは、すなわち、キリストの体の一致と、真の敬虔と兄弟愛に、私たちが生きることである」。Heinrich Bullinger, *Compendium Christianae Religionis* (Zurich: Froschauer, 1569), 112v.

(24) Gooszen, *Heidelbergsche Catechismus* ("Inleiding"), 105–7; Lang, *Heidelberger Katechismus und vier verwandte Katechismen*, XCIII; idem, *350 jährigen Gedächtnis,* 44; Hesse, "Sakramentslehre des Heidelberger Katechismus," 475–76; Walter Kreck, "Die Abendmahlslehre in den reformierten Bekenntnisschriften," in *Die Abendmahlslehre in den reformatorischen Bekenntnisschriften* (Munich: Kaiser, 1955), 43.

(25) "Expone mihi quid intelliges per Sacramentum? . . . Sacramentum est symbolum sacrum vel ritus sanctus, aut actio sacra, a Deo . . . instituta, . . . quibus item obsignat et repraesentat quid nobis praestat . . ." Bullinger, "Catechesis," 131 (Q/A 246–47).

(26) "figurat . . . ad obsignandas." Calvin, GC, 131 (Q/A 310; OS 2:130).

(27) Bullinger, "Catechesis," 131 (Q/A 246–47).

(28) Heinrich Bullinger, "Confessio Helvetica Posterior [The Second Helvetic Confession]" (1566), CC, 290 (20.3 [洗礼は一つ]).「神は、値なしに、御子の血によってわれわれを罪から潔め……。すなわち、われわれは内的には聖霊によって再生させられ、潔められ、更新され……」。〔邦訳文は、『宗教改革著作集14』（教文館）所収の「第二スイス信仰告白」（渡辺信夫訳）による。〕Calvin, GC, 133 (Q/A 324; OS 2:133). また、Strum, *Zacharias Ursinus*, 150も見よ。

(29) "sichtbare bildner." Jud, "Kürtzer Catechismus [1541]," 106 (Q/A 198).

(30) "visibili signo." Calvin, GC, 131 (Q/A 311; OS 2:130).

(31) ユートの『大教理』は"heiligen . . . Zeichen"また"heiligen Pflichtzeichen"に言及している。"Catechismus," in Gooszen, *Heidelbergsche Catechismus*, 129 (Q/A 93). 彼の『小教理』は"heilig Euangelium"に言及している。"Kürtzer Catechismus [1541]," 92 (Q/A 152).

(32) Bullinger, "Catechesis," 131 (Q/A 246–47).

(33) ミクロニウス(*Kleynen cathechismus*, 18r; "Corte undersouckinghe," 290)は、礼典を"heylige oeffeninge"と述べる。ラスコの『エムデン小教理問答』では、「聖なる」という形容詞が御言葉と礼典に関わる一連の名詞を修飾している。"hilligent Godlicken Wordes"(二回)、"hilligen Sacramenten"、"hilligen Euangelii"(三回)、"hillige handelinge"(Q/A 51-54)。"Kleine Emder Katechismus," 316-17 (Q/A 51-54).

(34) Gerrish, "Sign and Reality," 128.「しるし」と「しるされたもの」との関係についてのカルヴァンの見解の要約は、Ronald S. Wallace, *Calvin's Doctrine of the Word and Sacraments* (Edinburgh: Oliver and Boyd, 1953; Tyler, TX: Geneva Divinity School Press, 1982), 159ff.; Rohls, *Reformed Confessions*, 183-84; and Rorem, "Consensus Tigurinus," 73-75を見よ。

(35) 例えば、GC, 133 (Q/A 328; OS 2:134)における洗礼についてのカルヴァンの論述「それは事実がともに結びついているような象徴であります。なぜならば、神がわれわれに与えられる約束が無駄になることは一つもないからであります。したがって、洗礼において罪の赦しと新生とがわれわれに提供され、われわれはこれを受けることが確実であります」を見よ。〔邦訳文を一部修正。〕

(36) Gerrish, "Sign and Reality," 128; Rohls, *Reformed Confessions*, 182-83; Rorem, "Consensus Tigurinus," 75-78.

(37) Rorem, "Consensus Tigurinus," 90.

(38)「礼典は救いの手段である。『確かにする』とは信仰者がすでに持っていることに信仰が与えられるだけだという反論に対して、問66が教えるのは、礼典が制定されたのは、神が『その執行を通して、福音の約束をよりよくわたしたちに理解させ、封印なさる』ためだということである」。Neuser, "Väter des Heidelberger Katechismus," 185-86. このことは、Neuserの初期の論文"Erwählungslehre," 311で、HC66を"neuzwinglianisch"と性格付けした彼の立場の変化を表している。

(39) Gerrish, "Sign and Reality," 126.

(40) Rohls, *Reformed Confessions*, 211.

(41) Ibid., 226-27.

(42) Calvin, GC, 132-33 (Q/A 319, 320); *Institutes* (1559), 14.4.1.

（43）Bullinger, “Confessio Helvetica Posterior,” 285（19.1).「聖礼典は……これによって……われわれの心のうちに働く神の御霊によってわれわれの信仰を強くし、成長させたもうのである」。

（44）注35を見よ。

（45）John Calvin, “Short Treatise on the Lord’s Supper”（1541), in *Calvin: Theological Treatises*, trans. and ed. J. K. S. Reid, The Library of Christian Classics, vol. 22（Philadelphia: Westminster, 1954), 147（*OS* 1:508).

（46）Rohls, *Reformed Confessions*, 227-28.

（47）“Quemadmodum enim . . . aqua hominum corpora mundantur: ita similia in animis nostris Deus sanguine Christi per spiritum suum operatur.” Bullinger, *Compendium*, 119r. また idem, *The Decades of Henry Bullinger*, ed. Thomas Harding（1849–52; reprint, New York: Johnson Reprint, 1968), 4:328–29（5.7), 364（5.8)。

（48）Bullinger, *Decades*, 4:329（5.7).

（49）Calvin, GC, 133.

（50）Calvin, GC, 135–36.

（51）Gerrish, “Sign and Reality,” 128.

（52）Rohls, *Reformed Confessions*, 211.

（53）例えば、Ulrich Zwingli, “Fidei Ratio”（1530), in Müller, *Die Bekenntnisschriften der reformierten Kirche*, 86.「ここから結論できるのは……、礼典は、個々人に先に（prius）与えられている、この方の恵みの公的証しとして与えられているものである」。

（54）Ernst Koch によれば、「洗礼は、契約の内に神の子らの家族と嗣業を始めさせまた受け入れ、受洗者に神の子の名を与え、罪の汚れから清め、新しい命への神の恵みを与えるのであるが、［第二スイス信条第二〇には］これらすべての事柄がすでに起こったこととして記されている」。*Die Theologie der Confessio Helvetica Posterior*, Beiträge zur Geschichte und Lehre der Reformierten Kirche, edited by H. Erhart et al., vol. 27（Neukirchen-Vluyn: Neukirchener Verlag, 1968), 286. See also p. 288.

（55）「礼典とは、それゆえ、それ自身、恩恵とその賜物を授けること（conferre）ではなく、私たちに与えられているもの（collata）を封印することである。すなわち、信仰によって［礼典の］事柄（res）が受け止められた、または受け止められる後に、礼典における明らかな証しが為されるのである」。Ursinus, "Theses complectentes," 350.

(56)「すべての正しい洗礼の執行において、すなわち、回心者が正しく制定された儀式によって洗礼を受ける際に、本質的なことは、恩恵と恩恵の賜物が、すでに与えられているか、確かに同時に与えられるかである。我々は洗礼を受けるから神の子になるわけではない。神の子らであるから、また私たちが確かに子らであることを確かめるために、洗礼を受けるのである」。Ibid., 357.

(57) Melanchthon, "Loci theologici [1521]," *CR* 21:213, 214, 215.

(58) ローマ数字は段落番号である。*Consensus Tigurinus* のラテン語本文は、*Calvini Opera* 7:733–48 にある。Ian Bunting による英訳は、*Journal of Presbyterian History* 44 (1966): 45–61 にある。

(59) Wallace, *Calvin's Doctrine*, 186 も見よ。

(60)「洗礼は、信仰を強め増し加える助けである。それに、あたかも劣った手段のように、信仰の結果としての罪の赦しが伴う（annectitur）のである」。Calvin, *Calvini Opera* 48:53.

(61)「すでに神に受け入れられ再生させられた人々がそれにもかかわらず洗礼を受けることは、神の命令と、洗礼が私たちの受けた良き物について確証するがゆえに、必要である。それは、他のものたちの中で、この方に受容されていることとの証しである。そうして、それ自体を通して、私たちに賜物が増し加えられるのである……。あらゆる正当な洗礼の使用に対して、しるされたものの現れは一致するが、水と血またはキリストの霊の何かが物理的に形を変えて変化または結合するのではない」。Ursinus, "Theses complectentes," 357.

(62)「礼典を通して事柄が付与されると言われる場合、それが同時に、あるいはより豊かにもたらされるという意味である」。Ibid., 350.

(63) Melanchthon, "Iudicium de Zwinglii doctrina" (1530), in *CR* 2:223.「我々が教えているのは、キリストの体が真にまた現実にパンと共に、またはパンの中に存するということである」。Ralph W. Quere によれば、メランヒトンは、一五三〇年八月のブツァーとの交渉に至るまで、「共に」や「の中に」という前置詞を用いていたが、「パンの中に」（in pane）という表現に対する改革派の根強い反対から、その後の著作では「パンと共に」（cum pane）しか用いなくなったとのことである。“Christ's Efficacious Presence in the Lord's Supper: Directions in the Development of Melanchthon's Theology after Augsburg,” *The Lutheran Quarterly* 29 (1977): 33–34.

(64)「時折、礼典を『通して』神から約束された良き物を受けると言われる。礼典にいかなる力によっても神性が帰されることのないように、時間的に信仰者は同時に［礼典の品と恩恵の］両者を受けるからである。しかし、礼典と『共に』または『において』つまり礼典の使用によって、と言う方がより適切である」。Ursinus, “Theses complectes,” 349.

(65) Melanchthon, “Augsburg Confession [German text],” 44. ドイツ語本文は“Von dem Abendmahl des Herrn wird also gelehrt, dass wahrer Leib und Blut Christi wahrhaftiglich unter der Gestalt des Brots und des Weins im Abendmahl gegenwärtig sei und da ausgeteilt und genommen werde . . . .” *BSLK*, 64.

(66) Melanchthon, “Augsburg Confession [Latin text],” 45. ラテン語本文は“De coena Domini docent, quod corpus et sanguis Christi vere adsint et distribuantur vescentibus in coena Domini; . . . .” *BSLK*, 64.

(67) “De coena domini deocent, quod cum pane et vino vere exhibeantur corpus et sanguis Christi vescentibus in coena domini . . . .” *BSLK*, 65.

(68)「体と血、パンとブドウ酒の関係の問題は、ここ［AC］では前面に出されていない」。Winter, *Confessio Augustana*, 76. De Reuver, “Augsburgse Confessie,” 356 も見よ。

(69) Good, *Heidelberg Catechism*, 246; Rohls, *Reformed Confessions*, 228.

(70) Willem Verboom, “Waardering voor de Augsburgse Confessie,” *Reformatorisch Dagblad*, June 11, 2003, http://www.refdag.nl/opinie/opinie/waardering_voor_de_augsburgse_confessie_1_415196 (accessed July 26, 2010).

(71) Ursinus, *Grüntlicher Bericht vom heiligen Abendmal unsers Herren Jesu Christi* (Heidelberg: Mayer, 1564), 129r–130v. De Reuver, “Augsburgse Confessie,” 360 も見よ。

(72) Good, *Heidelberg Catechism*, 143–45. ラテン語本文は、Melanchthon, “Responsio Philip. Melanth. Ad quaestionem de controversia Heidelbergensi,” *CR* 9:961–62.

(73) SC 67 と LC 309 も見よ。

(74) Calvin, GC, 133.

(75) Calvin, *Institutes* (1559), 4.17.5; Calvin, GC, 136 (Q/A 344).〔『キリスト教綱要』の訳文は、渡辺信夫訳（新教出版社、一九八〇年）による。〕

(76) Brian A. Gerrish, "Calvin Retrospect," *The Bulletin of the Institute for Reformed Theology* 8/3 (2009): 9.

(77) Thomas Erastus, *Gründtlicher bericht, wie die wort Christi Das ist mein leib etc. zuuerstehen seien* (Heidelberg: Lück, 1562).

(78) Ibid., 49.

(79) Ibid.

(80) Ibid., 47.

(81) Neuser, "Väter des Heidelberger Katechismus," 185.

(82) Charles D. Gunnoe, Jr. "Thomas Erastus in Heidelberg: A Renaissance Physician during the Second Reformation, 1558–1580" (Ph.D. diss., University of Virginia, 1998), 141. しかし、私としては、Gunnoe の「この小冊子［エラストゥスの *Gründtlicher bericht*］に表された主の晩餐についての見解は、フィリピストと後期ツヴィングリ派の立場の融合のようなものであり、後の『ハイデルベルク信仰問答』に見られるものである」という判断に賛成する。Gunnoe, "Reformation of the Palatinate," 45.

(83) Sturm, *Zacharias Ursinus*, 294.

(84) Neuser, "Väter des Heidelberger Katechismus," 185; Rohls, *Reformed Confessions*, 226–27.

(85) Calvin, GC, 133, 134 (Q/A 327, 330).

(86) Ibid., 136–37.

(87) Melanchthon, "Apology," 184 (*BSLK*, 247–48).

(88) Calvin, GC, 137 (Q/A 353; OS 2:140).〔邦訳文を一部修正。〕

(89) Ursinus, "Theses complectentes," 359.

(90) ラテン語本文は、Lang, *Heidelberger Katechismus und vier verwandte Katechismen*, 195.

（91）Neuser（"Erwählungslehre," 311n12）は、例えば、一五五七年にベザがカルヴァンの承認を得た一致のための提案文の中でそれを用いた時に、ブリンガーがその用語を強く拒否したことを記している。Neuser はまた、『第二スイス信仰告白』（292; 21.4）において、主の晩餐の中で我々がキリストの体を本質的に（essentialiter）食することを否定していると指摘している。

（92）Gooszen, *Heidelbergsche Catechismus*（"Inleiding"）, 87–88; Neuser, "Erwählungslehre," 311.

（93）Ursinus, *Commentary*, 375. また、Bodo Nischan, "The 'Fractio Panis': A Reformed Communion Practice in Late Reformation Germany," *Church History* 53（1984）: 17–29 も見よ。

（94）Sturm, *Zacharias Ursinus*, 300, 306.

（95）Rohls, *Reformed Confessions*, 227.

（96）Nischan, "Fractio Panis," 20. Gooszen, *Heigelbergsche Catechismus en het boekje*.

（97）Sturm, *Zacharias Ursinus*, 300. Sturm（Ibid., 171）は、ウルジヌスはベザの『大信仰告白』を友人に勧めるほど十分よく知りかつ印象深く受け止めていた、と記している。

（98）オレヴィアヌスとベザの『小信仰告白』とＨＣとの関係については、Hollweg, "Quellenfrage," 39–41 を見よ。

（99）Sudhoff, *C. Olevianus und Z. Ursinus*, 116–17; Richards, *Heidelberg Catechism*, 90; Winter, *Confessio Augustana*, 76; Benrath, "Eigenart der pfalzischen Reformation," 25; Berkhof, "Catechism as an Expression of Our Faith," 113; Gerrish, "Sign and Reality," 125; Sturm, *Zacharias Ursinus*, 302, 304, 305.

（100）カルヴァンの見解の要約については、Muller, "Calvin on Sacramental Presence," 156–60 を見よ。メランヒトンについては、Quere, "Christ's Efficacious Presence," 22–23, 25 を見よ。

（101）Bullinger, *Compendium*, 123v–124r:「キリストの体は天の栄光の内にあって、この地上の朽ちる状態にあるのではない。しかし、霊的に、キリストの体は食され、その血は飲まれる。信仰で、あるいは信仰によって食されるのである。確かに、真の、また実際苦しまれた、体を持つ主は、御自身の霊によって人の心の内に天から働かれる。そして、彼らに命と、この方の聖なる体あるいはその苦しみによって獲得されたすべてのものをもたらすのである」も見よ。

(102) Bullinger, "Confessio Helvetica Posterior," 294 (21.10).

(103) Rohls, *Reformed Confessions,* 233. Bullinger, "Catechesis," 155 (Q/A 280):「私たちのために苦しみ、死者の中から復活し、天に昇り、御父の右に座しておられ、私たちを贖ってくださった方自身が、私たちに生ける糧を御自身の聖霊を通してもたらしてくださる。私たちは信仰を通して受ける物を食し飲むのであるが、それは、この方が私たちの中で生きるためであり、私たちがこの方の内に生きるためである」も見よ。

(104) Bullinger, "Confessio Helvetica Posterior," 292, 293 (21.5, 6). また、ハイデルベルクのブリンガー主義者エラストゥスの「誰であれキリストの体と血による交わりまたは共同体に受け入れられた者、すなわち、自らがキリストへの信仰と信頼において、聖霊の言い表せない働きによって、キリストの生ける枝とされているということを、心の内で強く確認し納得し確信している者」という記述も見よ。*Gründtlicher bericht,* 48.

(105) Verboom, *Theologie van de Heidelbergse Catechismus,* 215.

(106) Latzel, *Theologische Grundzüge,* 193, esp. n55.

第七章

(1) Heinrich Heppe, *Dogmatik des deutschen Protestantismus im sechzehnten Jahrhundert* (Gotha: Perthes, 1857), 1:139-44, 158, 160.

(2) Lothar Coenen, "Gottes Bund und Erwählung," 128-32. Coenenの結論は「契約思想についての用語の欠如またはそれに関連した問題は、契約思想そのものの不在ということには全くならない。それはむしろ『信仰問答』全体の中に摂取また統合されているのである」。Ibid., 132n8. Verboomは、ＨＣ27―28（第一〇主日）について同じ点を指摘している。「ＨＣは契約という言葉を用いてはいないが、契約思想が第一〇主日の建造物のセメントになっていると言うこともできよう」。*Theologie van De Heidelbergse Catechismus,* 92.

(3) Goeters, "Christologie und Rechtfertigung," 39. ＨＣ19に関するGoetersの結論「恩恵の契約概念がここに欠落しているとしても、事柄そのものはここに明らかに存する」も見よ。

(4) Derk Visser, "The Covenant in Zacharias Ursinus," *The Sixteenth Century Journal* 18, no. 4 (1987): 532.

（5）Ibid., 532–44.

（6）例えば、Graafland, *Van Calvijn tot Comrie*, 2:13–15, 18–19, 27–28。

（7）Gooszen, *Heidelbergsche Catechismus*（"Inleiding"）, 74.

（8）Lang, *Der Heidelberger Katechismus und vier verwandte Katechismen*, LXXVIII-LXXIX.

（9）Sturm, *Zacharias Ursinus*, 239–41, 246. Sturm の議論の要約については、Bierma et al., *Introduction to the Heidelberg Catechism*, 138 を見よ。〔邦訳『『ハイデルベルク信仰問答』入門』二一〇―二一一頁。〕

（10）Sehling, ed., *Kirchenordnungen*, 337, 339–41, 385, 390.

（11）Zacharias Ursinus, *Corpus doctrinae Christianae*（Hannover: Aubrius, 1634）, 2–3, 96–100, 394–404, 418, 464（ET: Ursinus, *Commentary*, 2–3, 96–100, 366–76, 387–88, 430）.

（12）Sturm, *Zacharias Ursinus*, 238–41, 253; Graafland, *Van Calvijn tot Comrie*, 2:13–14.

（13）Ursinus, *Corpus doctrinae*, 96–100（ET: *Commentary*, 96–100）.

（14）Ibid., 367–468（ET: *Commentary*, 340–440）の各所。

（15）Sturm, *Zacharias Ursinus*, 239.

（16）Lang, *Heidelberger Katechismus und vier verwandte Katechismen*, LXIV.

（17）Graafland, *Van Calvijn tot Comrie*, 2:13. 契約はLCの「屋台骨」（tragende Gerüst）との Sturm の主張も参照。*Zacharias Ursinus*, 254.

（18）Sturm は「一種のスンマ［LC］において、彼は『小教理問答』よりも、いっそうロキ・メソッド［神学主題的方法］を用いている」と指摘している。*Zacharias Ursinus*, 253.

（19）Graafland は、しかし、ウルジヌスはその用語を用いないが注解において創造の契約の教理の内容を保持している、との結論において正しい。*Van Calvijn tot Comrie*, 2:28.

（20）Graafland の結論「恵みの契約はもはや『大教理問答』におけるように『ハイデルベルク信仰問答』には表れないが、ウルジヌスの固有な信仰概念にとってそれは本質的な部分であり続ける」を見よ。*Van Calvijn tot Comrie*, 2:28.

(21) Willem Verboomは、私への私信（二〇〇六年一一月二三日）の中で「ここで我々が考察する必要があると思われる他の要素は、ウルジヌスの神学における契約と選びとの関係（例えば、ＬＣ33）である」と示唆した。ＨＣにおける契約への言及の稀少さは、選びへの言及の稀少さによるのかもしれない。神学的に契約概念は選びと非常に密接に結びついていたからである。
(22) 上記注1を見よ。
(23) 上記注2を見よ。
(24) Ursinus, *Corpus doctrinae*, 96（ET: *Commentary*, 96）.
(25) 上記注3を見よ。
(26) Ursinus, *Corpus doctrinae*, 101（ET: *Commentary*, 101）.
(27) "Sol man die kleinen Kindlin auch teuffen?"（"Examen ordinandorum 1552," 201）ＨＣ74のドイツ語本文は、"Sol man auch die jungen kinder tauffen?"
(28) "Examen ordinandorum 1552," 201–2.
(29) Ibid., 202.
(30) Klooster, *Mighty Comfort*, 127.
(31) Verboom, *Theologie van De Heidelbergse Catechismus*, 141を見よ。
(32) Klooster, *Mighty Comfort*, 127.
(33) P. Ch. Marcel, "Die Lehre von der Kirche und den Sakramenten," in *Handbuch zum Heidelberger Katechismus*, ed. Lothar Coenen（Neukirchen-Vluyn: Neukirchener Verlag, 1963）, 146.
(34) 本問（どうしてこの方は真の神でなければならなかったのですか）の「この方」は、問74の「契約の仲保者」である。ＨＣ18を見よ。
(35) 先に見た通り、これらはメランヒトンの『牧師候補者の試問』の幼児洗礼についての問いに挙げられている四つの祝福と同じである。"Examen ordinandorum 1552," 202.
(36) 傍点付加。

（37）傍点付加。

（38）「救い」は、ここでは「永遠の命」と同義に用いられていると思われる。

（39）このことはカスパール・オレヴィアヌスについても同様である。彼もＨＣの草案作成委員会で、より控えめな仕方ではあるが、奉仕した。ＨＣについての一種のカテキズム的注解である *A Firm Foundation*（1567）において、オレヴィアヌスは契約概念を仲保者（Q/A 6, 71, 73, 76–78）、摂理（Q/A 28, 29, 31, 43）、御子（Q/A 65, 66）、教会（Q/A 132, 133）、最後の復活（Q/A 151）の教理に関係付けている。*A Firm Foundation: An Aid to Interpreting the Heidelberg Catechism*, trans. and ed. Lyle D. Bierma, Texts and Studies in Reformation and Post-Reformation Thought, ed. Richard A. Muller（Grand Rapids: Baker, 1995）. さらに、Caspar Olevianus, *An Exposition of the Apostles' Creed*, trans. Lyle D. Bierma, Classic Reformed Theology, ed. R. Scott Clark, vol. 2（Grand Rapids: Reformation Heritage Books, 2009）; Lyle D. Bierma, *The Covenant Theology of Caspar Olevianus*, rev. ed.（Grand Rapids: Reformation Heritage Books, 2005）; and R. Scott Clark, *Caspar Olevian and the Substance of the Covenant: The Double Benefit of Christ*, Rutherford Series in Historical Theology（Edinburgh: Rutherford House, 2005）も見よ。

第八章

（１）Lang, *Heidelberger Katechismus und vier verwandte Katechismen*, CI–CII; Graffmann, *Unterricht im Heidelberger Katechismus*, 3:656; Hollweg, "*Beiden Konfessionen*," 98–105; *Evangelical Dictionary of Theology*, s. v. "Heidelberg Catechism"; Rohls, *Reformed Confessions*, 20; Klooster, *Mighty Comfort*, 37; *Encyclopedia of the Reformed Faith*, s. v. "Heidelberg Catechism"; and Berard, Marthaler, *The Catechism Today and Yesterday: The Evolution of a Genre*（Collegeville, MN: Liturgical Press, 1995）, 30.

（２）Jud, "Kürtzer Catechismus [1541]," 79（Q/A 86）; Lasco, *De catechismus, oft kinder leere*, 35r; Calvin, *Institutes*（1559）, 2.16.2, 3.4.37. カルヴァンの神学全体における感謝の主題については、Brian A. Gerrish, *Grace and Gratitude: The Eucharistic Theology of John Calvin*（Minneapolis: Fortress Press, 1993）, esp. 86, 123, 156 を見よ。

（3）Jud, "Kürtzer Catechismus [1541]," 78–80（Q/A 86). ベザも、その信仰告白において、善き業をする益の中に信仰の確信を含めている。*Confessio christianae fidei*, 56–57.

（4）Neuser, "Väter des Heidelberger Katechismus," 186.

（5）引用文とその資料については、Bierma, "Sources and Theological Orientation," 86–87。〔『『ハイデルベルク信仰問答』入門』二二四―二二五頁。〕

（6）Weismann, *Eine Kleine Biblia*, 114.

（7）Good, *Heidelberg Catechism*, 67.

（8）Calvin, GC, 107（Q/A 128).

（9）Good, *Heidelberg Catechism*, 67.

（10）Jud, "Kürtzer Catechismus [1541]," 78（Q/A 85).

（11）Hollweg, *Heinrich Bullingers Hausbuch*, 239.

（12）Hollweg, *Heinrich Bullingers Hausbuch*, 240 に引用。

（13）Melanchthon, "Examen Ordinandorum 1552," 207–9.

（14）Good, *Heidelberg Catechism*, 67; Neuser, "Väter des Heidelberger Katechismus," 184–85.

（15）Rauhaus, "Untersuchungen," 224. 彼が言及しているのは、Lasco, *Catechismus, oft kinder leere*, 9v。

（16）Hollweg は、この点と同様の表現をブリンガーの *Hausbuch* に見出している（*Heinrich Bullingers Hausbuch*, 240–41）。

（17）文字通りのドイツ語は「秘密の殺人」（*heimlicher todtschlag*）である。

（18）Rauhaus（"Untersuchungen," 225）は、ウルジヌスのＳＣ92（ＨＣ108―109の基礎資料）とラスコの *Catechismus, oft kinder leere*, 23r–24v の間にも対応関係があることを指摘している。

（19）Latzel, *Theologische Grundzüge*, 82n278 は、ルターの『小教理問答』とＨＣ94の類似性を指摘しているが、後に見るように、並行関係は第一戒の解釈をはるかに超えている。

（20）Luther, "Small Catechism," 351（"Kleine Katechismus," 74).

(21) Luther, "Small Catechism," 352 ("Kleine Katechismus," 74).

(22) Luther, "Small Catechism," 352 ("Kleine Katechismus," 75).

(23) Luther, "Small Catechism," 352 ("Kleine Katechismus," 75).

(24) Luther, "Small Catechism," 353 ("Kleine Katechismus," 75).

(25) HC110—112とLuther, "Small Catechism," 353 ("Kleine Katechismus," 76) を比較。

(26) Luther, "Small Catechism," 351.

(27) Calvin, GC, 108.

(28) ルターにおけるこのアプローチについては、Albrecht Peters, *Kommentar zu Luthers Katechismen*, vol. 1, *Die Zehn Gebote; Luthers Vorreden*, ed. Gottfried Seebaß (Göttingen: Vandenhoeck & Ruprecht, 1990), 95-96。カルヴァンについては、I. John Hesselink, *Calvin's Concept of the Law* (Allison Park, PA: Pickwick, 1992), 112-38を見よ。HCについては、Klooster, *Mighty Comfort*, 100-101と*Our Only Comfort*, 2:931-32を見よ。

(29) 「この服従の始まりは再生に続いて起こる……。そして、再生するやいなや、この服従が始められるのである……」。Melanchthon, "Examen Ordinandorum 1552," 195. また、Ibid., 209 (「始められた服従」)、236 (「服従が始められるということ」) も見よ。

(30) Ibid., 236.

(31) Ibid.

(32) CR 21:719.

(33) Calvin, GC, 118 (Q/A 229); *Institutes* (1559), 2.7.12.

(34) Bierma, "Sources and Theological Orientation," 91. 〔『『ハイデルベルク信仰問答』入門』一三〇頁。〕

(35) Klooster, *Our Only Comfort*, 2:1111-12.

(36) 他の例については、Isomi Saito, "The Relation of the Law to Prayer in the Heidelberg Catechism" (Th.M. thesis, Calvin Theological Seminary, 2003), 89-93。

(37) 「しかし、すべての真のキリスト者たちの中に信仰が普遍的に結ぶ、すべての実の中で、第一のものは、私たちの考えでは、まず祈禱、すなわち、イエス・キリストによって神の御名を呼ぶこと……。あるいは何かを願い求め、あるいはこの方に賛美を歌い、あるいは受けた恵みに対して感謝を捧げることである」。Beza, *Confessio christianae fidei*, 42-43.

(38) Hollweg, "Beiden Konfessionen," 103.

(39) Latzel, *Theologische Grundzüge*, 58n125.

(40) Luther, "Large Catechism," 440-41.〔邦訳、一三九頁。〕

(41) Ibid., 441. Luther, "Small Catechism," 352も見よ。

(42) Ibid., 394.〔邦訳、二九頁。〕

(43) Ibid., 446.〔邦訳、一五二頁。〕

(44) HC問111が、神の要求の言葉から始められる戒めの、他の唯一の例である。しかし、そこでの動詞は*gebieten*であり、*erfordern*ではない。

(45) Melanchthon, "Examen Ordinandorum 1552," 224.

(46) Ibid., 227, 221-22.

(47) Ibid., 224.

(48) Ibid., 222.

(49) Latzel, *Theologische Grundzüge*, 98n34. GC, 123 (Q/A 257) を見よ。

(50) Good, *Heidelberg Catechism*, 66.

第九章

(1) この点についてのより十分な記述は、Latzel, *Theologische Grundzüge*, 195-98やBierma, "Sources and Theological Orinetation," 78-80を見よ。〔『ハイデルベルク信仰問答』入門』一一四―一一六頁。〕

(2) キリストの唯一の犠牲についての言及は、HC37、66、67、69、75、80も参照。

(3) Ulrich Asendorfは、確かにそのように考えている。"Luther's Small Catechism and the Heidelberg Catechism,"

in *Luther's Catechisms — 450 Years: Essays Commemorating the Small and Large Catechisms of Dr. Martin Luther*, ed. David P. Scaer and Robert D. Preus (Fort Wayne: Concordia Theological Seminary, 1979), 6.

(4) Latzel, *Theologische Grundzüge*, 195–96.

(5) 例えば、Heinz Schilling による画期的な論文 "Confessionalization in the Empire: Religious and Societal Change in Germany between 1555 and 1620," in Schilling, *Religion, Political Culture and the Emergence of the Early Modern State: Essays in German and Dutch History*, Studies in Medieval and Reformation Thought, vol. 50 (Leiden: Brill, 1992), 205–45 を見よ。

(6) 「一五六二年に彼［フリードリヒ三世］がハイデルベルクの神学者たちに作成を命じ、自分でも手を入れたカテキズムは、確かに、領内の種々のグループが融和的に共存する目的に仕えるものと考えられた。それゆえ、カテキズムは、妥協の産物としての特徴を有している。いくつかの点を除けば、それは種々の党派の極端な主張からは遠ざかっており、同時に異なる側面からの洞察を取り入れて、その共生を可能にしている」という Busch の主張を参照。*Drawn to Freedom*, 14.

(7) ドイツ語本文と英訳は、Richards, *Heidelberg Catechism*, 185–99（傍点付加）。〔邦訳は、本書の「付録」を見よ。〕

(8) Latzel, *Theologische Grundzüge*, 193n57.

(9) De Reuver, "Augsburgse Confessie," 349–61.

(10) Richards, *Heidelberg Catechism*, 61 からの引用。ＨＣの受容についての記述は、同 60–69。

(11) Lang, *350 jährigen Gedächtnis*, 47.

(12) Nevin, *Heidelberg Catechism*, 142–43.

(13) Latzel, *Theologische Grundzüge*, 193 の「ＨＣはキリスト教信仰の基本的使信に集中しようとしており、独自の教理的特徴の披瀝を断念している」を参照。

(14) Richards, *Heidelberg Catechism*, 178–79 からの引用（傍点付加）。〔邦訳は、本書の「付録」を見よ。〕

(15) Richards, *Heidelberg Catechism*, 188–89, 192–93, 194–95 からの引用（傍点付加）。〔邦訳は、本書の「付録」を見よ。〕

(16) Latzel, *Theologische Grundzüge*, 194-95を見よ。

(17) この件全体についての詳細な説明は、Christian Reformed Church in North America, "The Lord's Supper and the Roman Catholic Mass: A Discussion on Question and Answer 80 of the Heidelberg Catechism," https://www.crcna.org/sites/default/files/Lord%27sSupper&RCMass.pdfを見よ。

(18) CRCにとっての、このプロジェクトのエキュメニカルな意義についてのより詳細な評価は、Lyle D. Bierma, "Confessions and Ecumenicity: The Christian Reformed Church and Heidelberg Catechism 80," in *That the World May Believe: Essays on Mission & Unity in Honour of George Vandervelde, ed. Michael W. Goheen and Margaret O'Gara* (Lanham, MD: University Press of America, 2006), 149-53。

(19) Lyle D. Bierma, "WARC, the Heidelberg Catechism, and the Concept of Life" (paper presented at the Theology Committee of the Caribbean and North American Area Council, Louisville, KY, February 2004). この非公刊論文の多くが、次のいくつかの段落に取り入れられている。

(20) Allen Verhey, *Living the Heidelberg: The Heidelberg Catechism and the Moral Life* (Grand Rapids: CRC Publications, 1986), 124.

(21) Latzel, *Theologische Grundzüge*, 28n64.

(22) "A Formula of Agreement," Presbyterian Church (U.S.A.), www.pcusa.org/resource/ecumenical-formula-agreement/.

(23) Eugene Carson Blake, "A Proposal toward the Reunion of Christ's Church" (sermon preached at Grace Cathedral, San Francisco, CA, December 4, 1960), 10, http://keithwatkinshistorian.files.wordpress.com/2014/12/a-proposal-toward-the-reunion-of-christs-church.pdf.

付録　『ハイデルベルク信仰問答』

序論

『ハイデルベルク信仰問答』（一五六三年）は、プファルツの領地を一五五九年から一五七六年まで統治した選帝侯フリードリヒ三世の命によって、ドイツのハイデルベルクの町で作成された。新しいカテキズムは、青年を教える教材、領内の諸教会における説教のガイド、そしてプファルツにおけるプロテスタント諸派の信仰告白的一致の定式として企図された。伝統的にはツァハリアス・ウルジヌスとカスパール・オレヴィアヌスが『信仰問答』の共著者であると信じられてきたが、実際にはフリードリヒ自身の注意深い監督の下での牧師たちと大学の神学者たちのチームによる作品である。ウルジヌスがチームにおけるおそらく主要な作者として奉仕し、オレヴィアヌスはそれに次ぐ役割を果たした。『信仰問答』は一五六三年一月にハイデルベルクでの会議で承認されたが、ドイツ語第二版・第三版がそれぞれいくらか加筆されて同年にラテン語版と共に出版された。この第三版は一五六三年一一月一五日の『プファルツ教会規程』に組み込まれると同時に、五二の主日区分に分けられ、一つの主日分が一年の各日曜日の午後礼拝で解説されることとなった。

［オランダの改革派教会による］ドルト会議が一六一九年に『ハイデルベルク信仰問答』を承認して後、間もなく『信仰問答』は改革派のカテキズム・信仰告白の中でも最もエキュメニカルなものとなった。『信仰問答』は多くのヨーロッパ・アジア・アフリカの諸言語に訳され、今日でも最も広く用いられ温かく迎えられている宗教改革時代のカテキズムである。

以下の『信仰問答』訳文脚注における証拠聖句のほとんどは初期のドイツ語・ラテン語版に含まれていたもの

であるが、最終的にはキリスト改革派教会の一九七五年大会で承認されたものである。

〔原著の「付録」に収められている英訳文は、第一章と九章で言及された合衆国長老教会・アメリカ改革派教会・北米キリスト改革派教会による共同訳である。しかし、同訳はドイツ語原文を尊重しつつもところどころ意訳になっているために、本訳書における『ハイデルベルク信仰問答』の引用文は（著者の引用意図を損なわない限り）新教出版社による拙訳を用いた。したがって、ここでも同拙訳を掲載することとする。ただし、本訳書の作成を通して気づかされた二、三の訳文の修正があることを注記しておく。〕

目次

凡例

1 本書の底本は、次のとおりである。
Wilhelm Niesel, Hrsg., *Bekenntnisschriften und Kirchenordnungen der nach Gottes Wort reformierten Kirche*, 3. Aufl. (Zürich: Evangelischer Verlag, 1938) 所収の原文。

2 本文中の引用聖句や聖書的表現、および脚注（証拠聖句）の表記は、『聖書　新共同訳』（日本聖書協会）によった。ただし、本文の引用聖句中（　）で囲んである部分は、『信仰問答』原文にはあるが聖書本文の写本が異なるため、『聖書　新共同訳』には見られない（問４、71、77等）。

3 脚注（証拠聖句）については、底本にある証拠聖句をほとんど含みかつ今日の読者の学びに有益な多くの聖句を加えている、次の訳本を採用した。
The Heidelberg Catechism (Grand Rapids: CRC Publications, 1988).

4 「使徒信条」（問23）・「主の祈り」（問119）は、『讃美歌』（日本基督教団出版局）所収の訳文を用いた。

5 小見出しは、読者の便宜をはかり、底本にあるもの以外にも若干加えた。

6 底本にある各主日の区分のうち、以下のものは内容に沿って変更した。
　第一八主日　問49の前から問46の前へ
　第一九主日　問51の前から問50の前へ
　第三四主日　問93の前から問92の前へ

7 本文のレイアウト（改行、字下げ、等）は、原文によるものではなく、礼拝等における朗読と文章構造の理解を助けるためのものである。

序　ただ一つの慰め

第一主日

問1　生きるにも死ぬにも、あなたのただ一つの慰《なぐさ》めは何ですか。

答　わたしがわたし自身のものではなく、(1)
体《からだ》も魂《たましい》も、生きるにも死ぬにも、(2)
わたしの真実な救い主
イエス・キリストのものであることです。(3)
この方は御自分の尊《とうと》い血をもって
わたしのすべての罪を完全に償《つぐな》い、(4)
悪魔のあらゆる力からわたしを解放してくださいました。(5)
また、天にいますわたしの父の御旨《みむね》でなければ
髪《かみ》の毛一本も落ちることができないほどに、(6)
わたしを守っていてくださいます。(7)
実に万事がわたしの救いのために働くのです。(8)

(1)　一コリ6・19、20。
(2)　ロマ14・7—9。
(3)　一コリ3・23、テト2・14。
(4)　一ペト1・18、19、一ヨハ1・7—9、2・2。
(5)　ヨハ8・34—36、ヘブ2・14、15、一ヨハ3・1—11。
(6)　マタ10・29—31、ルカ21・16—18。
(7)　ヨハ6・39、40、10・27—30、二テサ3・3、一ペト1・5。
(8)　ロマ8・28。

そうしてまた、御自身の聖霊によりわたしに永遠《えいえん》の命《いのち》を保証《ほしょう》し、(9)
今から後《のち》この方のために生きることを心から喜び
またそれにふさわしくなるように、
整《ととの》えてもくださるのです。(10)

問2

この慰めの中で喜びに満ちて生きまた死ぬために、
あなたはどれだけのことを知る必要がありますか。

答

三つのことです。
第一に、どれほどわたしの罪と悲惨《ひさん》が大きいか、(1)
第二に、どうすればあらゆる罪と悲惨から救われるか、(2)
第三に、どのようにこの救いに対して神に感謝すべきか、(3)
ということです。

(9) ロマ8・15、16、二コリ1・21、22、5・5、エフェ1・13、14。
(10) ロマ8・1—17。

(1) ロマ3・9、10、一ヨハ1・10。
(2) ヨハ17・3、使4・12、10・43。
(3) マタ5・16、ロマ6・13、エフェ5・8—10、二テモ2・15、一ペト2・9、10。

第一部　人間の悲惨さについて

第二主日

問3 何によって、あなたは自分の悲惨《ひさん》さに気づきますか。

答 神の律法《りっぽう》によってです。(1)

問4 神の律法は、わたしたちに何を求めていますか。

答 それについてキリストは、マタイによる福音書二二章で次のように要約して教えておられます。

「『心を尽くし、精神を尽くし、
思いを尽くし(、力を尽くし)て、
あなたの神である主を愛しなさい』(1)。
これが最も重要な第一の掟《おきて》である。
第二も、これと同じように重要である。
『隣人《りんじん》を自分のように愛しなさい』(2)。
律法全体と預言者《よげんしゃ》は、この二つの掟《おきて》に基づいている」(3)。

問5 あなたはこれらすべてのことを完全《かんぜん》に行《おこな》うことができますか。

答 できません。(1)
なぜなら、わたしは神と自分の隣人を憎む方《ほう》へと、

(1) ロマ3・20、ロマ7・7―25。

(1) 申6・5、マコ12・30。
(2) レビ19・18。
(3) マタ22・37―40。

(1) ロマ3・9―20、23、一ヨハ1・8、10。

生まれつき心が傾いているからです。(2)

第三主日

問6 それでは、神は人をそのように邪悪《じゃあく》で倒錯したものに創造《そうぞう》なさったのですか。

答 いいえ。
むしろ神は人を良いものに、(1) また御自分にかたどって、(2)
すなわち、まことの義と聖において創造なさいました。(3)
それは、人が自《みずか》らの造り主《ぬし》なる神をただしく知り、(4)
心から愛し、
永遠《えいえん》の幸《さいわ》いのうちを神と共に生き、
そうして神をほめ歌い賛美《さんび》するためでした。(5)

問7 それでは、人のこのような腐敗《ふはい》した性質は何に由来《ゆらい》するのですか。

答 わたしたちの始祖《しそ》アダムとエバの、
楽園《らくえん》における堕落《だらく》と不従順《ふじゅうじゅん》からです。(1)
それで、わたしたちの本性《ほんせい》はこのように毒され、(2)
わたしたちは皆、罪のうちにはらまれて

(2) 創6・5、エレ17・9、ロマ7・23、24、8・7、エフェ2・1—3、テト3・3。

(1) 創1・31。
(2) 創1・26、27。
(3) エフェ4・24。
(4) コロ3・10。
(5) 詩8編。

(1) 創3章。
(2) ロマ5・12、18、19。

生まれてくるのです[3]。

問8 それでは、どのような善に対しても全く無能で
あらゆる悪に傾いているというほどに、
わたしたちは堕落しているのですか。

答 そうです[1]。
わたしたちが神の霊によって再生されないかぎりは[2]。

(3) 詩51・7。

(1) 創6・5、創8・21、ヨブ14・4、イザ53・6。
(2) ヨハ3・3―5。

第四主日

問9 御自身の律法において人ができないようなことを求めるとは、
神は人に対して不正を犯《おか》しているのではありませんか。

答 そうではありません。
なぜなら、神は人がそれを行えるように
　人を創造されたからです[1]。
にもかかわらず、人が悪魔にそそのかされ[2]、
　身勝手《みがって》な不従順によって[3]
　自分自身とそのすべての子孫から
この賜物《たまもの》を奪《うば》い去ったのです[4]。

(1) 創1・31、エフェ4・24。
(2) 創3・13、ヨハ8・44。
(3) 創3・6。
(4) ロマ5・12、18、19。

問10 神はそのような不従順と背反《はいはん》とを罰せずに見逃《みのが》されるのですか。

答 断じてそうではありません。
それどころか、神は生まれながらの罪についても
実際に犯した罪についても、激しく怒っておられ、
それらをただしい裁きによって
この世においても永遠にわたっても罰したもうのです。(1)
それは、
「律法の書《しょ》に書かれているすべての事を
絶えず守(り行わ)ない者は皆、呪《のろ》われている」と
神がお語りになったとおりです。(2)

(1) 出34・7、詩5・5—7、ナホ1・2、ロマ1・18、エフェ5・6、ヘブ9・27。
(2) 申27・26、ガラ3・10。

問11 しかし、神は憐《あわ》れみ深い方でもありませんか。

答 確かに神は憐れみ深い方ですが、(1)
またただしい方でもあられます。(2)
ですから、神の義は、
神の至高《しこう》の尊厳《そんげん》に対して犯される罪が、
同じく最高の、すなわち永遠の刑罰をもって
体と魂とにおいて罰せられることを要求するのです。(3)

(1) 出34・6、7、詩103・8、9。
(2) 出34・7、申7・9—11、詩5・5—7、ヘブ10・30、31。
(3) マタ25・35—46。

第二部　人間の救いについて

ただ一人の仲保者

第五主日

問12 わたしたちが神のただしい裁きによって
この世と永遠との刑罰に値《あたい》するのであれば、
この刑罰を逃《のが》れ再び恵みにあずかるには
どうすればよいのですか。

答 神は、御自身の義が満たされることを望んでおられます。(1)
ですから、わたしたちはそれに対して、
自分自身によってか他《た》のものによって、
完全な償《つぐな》いをしなければなりません。(2)

問13 しかし、わたしたちは自分自身で
償《つぐな》いをすることができますか。

答 決してできません。

(1) 出23・7、ロマ2・1―11。

(2) イザ53・11、ロマ8・3、4。

それどころか、

わたしたちは日ごとにその負債《ふさい》を増し加えています(1)。

(1) マタ6・12、ロマ2・4、5。

問14 それでは、単なる被造物《ひぞうぶつ》である何かが
わたしたちのために償《つぐな》えるのですか。

答 いいえ、できません。なぜなら、
第一に、神は人間が犯した罪の罰を
他《た》の被造物に加えようとはなさらないからです(1)。
第二に、単なる被造物では、
罪に対する神の永遠の怒りの重荷《おもに》に耐え、
かつ他《た》のものをそこから救うことなどできないからです(2)。

(1) エゼ18・4、20、ヘブ2・14―18。

(2) 詩49・8―10、130・3。

問15 それでは、わたしたちは
どのような仲保者《ちゅうほしゃ》また救い主を求めるべきなのですか。

答 まことの(1)、ただしい(2)人間であると同時に、
あらゆる被造物にまさって力ある方、
すなわち、まことの神でもあられるお方です(3)。

(1) ロマ1・3、一コリ15・21、ヘブ2・17。

(2) イザ53・9、二コリ5・21、ヘブ7・26。

(3) イザ7・14、9・5、エレ23・6、ヨハ1・1。

第六主日

問16 なぜその方は、
まことの、ただしい人間でなければならないのですか。

答 なぜなら、神の義は、罪を犯した人間自身が
その罪を償《つぐな》うことを求めていますが、(1)
自《みずか》ら罪人であるような人が
他《た》の人の償いをすることなどできないからです。(2)

問17 なぜその方は、
同時にまことの神でなければならないのですか。

答 その方が、御自分の神性《しんせい》の力によって、
神の怒りの重荷をその人間性において耐え忍び、
わたしたちのために義と命とを獲得し、
それらを再びわたしたちに与えてくださるためです。(1)

問18 それでは、まことの神であると同時に
まことのただしい人間でもある、
その仲保者とはいったいどなたですか。

(1) ロマ5・12、15、一コリ15・21、ヘブ2・14―16。
(2) ヘブ7・26、27、一ペト3・18。

(1) イザ53章、ヨハ3・16、二コリ5・21。

答　わたしたちの主イエス・キリストです。[1]
この方は、完全な贖《あがな》いと義のために、
わたしたちに与えられているお方なのです。[2]

問19　あなたはそのことを何によって知るのですか。

答　聖なる福音《ふくいん》によってです。
それを神は自ら、まず楽園《らくえん》で啓示《けいじ》し、[1]
その後《のち》、聖なる族長《ぞくちょう》たち[2]や預言者たち[3]を通して宣《の》べ伝え、
律法による犠牲《ぎせい》や他《た》の儀式《ぎしき》によって予表し、[4]
御自身の愛する御子《みこ》によってついに成就《じょうじゅ》なさいました。[5]

(1) マタ1・21―23、ルカ2・11、一テモ2・5。
(2) 一コリ1・30。

(1) 創3・15。
(2) 創22・18、49・10。
(3) イザ53章、エレ23・5、6、ミカ7・18―20、使10・43、ヘブ1・1、2。
(4) レビ1―7章、ヨハ5・46、ヘブ10・1―10。
(5) ロマ10・4、ガラ4・4、5、コロ2・17。

まことの信仰・使徒信条

第七主日

問20 それでは、
アダムを通してすべての人が堕落したのと同様に、
キリストを通してすべての人が救われるのですか。

答 いいえ。
まことの信仰によってこの方と一つになり、
そのすべての恵みを受け入れる人だけが救われるのです。(1)

(1) マタ7・14、ヨハ3・16、18、36、ロマ11・16―21。

問21 まことの信仰とは何ですか。

答 それは、神が御言葉《みことば》において
わたしたちに啓示されたことすべてを
わたしが真実であると確信する、
その確かな認識のことだけでなく、(1)

(1) ヨハ17・3、17、ヘブ11・1―3、ヤコ2・19。
(2) ロマ1・16、10・17、一コリ1・21。

福音《ふくいん》を通して(2)聖霊がわたしのうちに起こしてくださる、(3)
心からの信頼のことでもあります。(4)
それによって、他《た》の人々のみならずこのわたしにも、(5)
罪の赦《ゆる》しと永遠の義と救いとが(6)神から与えられるのです。
それは全く恵みにより、ただキリストの功績《こうせき》によるものです。(7)

問22 それでは、キリスト者が信じるべきこととは何ですか。

答 福音《ふくいん》においてわたしたちに約束されていることすべてです。(1)
わたしたちの公同《こうどう》の疑いなきキリスト教信仰の箇条《かじょう》が、
それを要約して教えています。

問23 それはどのようなものですか。

答 我は天地の造《つく》り主《ぬし》、全能の父なる神を信ず。
我はその独《ひと》り子、我らの主《しゅ》、イエス・キリストを信ず。
主は聖霊によりてやどり、
処女《おとめ》マリヤより生まれ、
ポンテオ・ピラトのもとに苦しみを受け、
十字架につけられ、
死にて葬《ほうむ》られ、
陰府《よみ》にくだり、

(3) マタ16・15—17、ヨハ3・5、使16・14。
(4) ロマ4・18—21、5・1、10・10、ヘブ4・14—16。
(5) ガラ2・20。
(6) ロマ1・17、ヘブ10・10。
(7) ロマ3・21—26、ガラ2・16、エフェ2・8—10。
(1) マタ28・18—20、ヨハ20・30、31。

三日目に死人のうちよりよみがえり、
天にのぼり、
全能の父なる神の右に座したまえり、
かしこより来《きた》りて生ける者と死ねる者とを審《さば》きたまわん。
我は聖霊を信ず、聖なる公同の教会、聖徒《せいと》の交わり、
罪のゆるし、身体《からだ》のよみがえり、永遠《とこしえ》の命を信ず。*

*日本基督教団出版局『讃美歌』五六六番、参照。

第八主日

問24 これらの箇条はどのように分けられますか。

答 三つに分けられます。
第一に、父なる神と、わたしたちの創造について、
第二に、子なる神と、わたしたちの贖いについて、
第三に、聖霊なる神と、わたしたちの聖化《せいか》についてです。

問25 ただ一人の神がおられるだけなのに、(1)
なぜあなたは父、子、聖霊と三通《とお》りに呼ぶのですか。

答 それは、神が御自身についてそのように、すなわち、
これら三つの位格《いかく》が唯一まことの永遠の神であると、
その御《み》言葉において啓示なさったからです。(2)

(1) 申6・4、一コリ8・4、8・6。
(2) マタ3・16、17、28・18、19、ルカ4・18（イザ61・1）、ヨハ14・26、15・26、二コリ13・13、ガラ4・6、テト3・5、6。

父なる神について

第九主日

問26 「我は天地の造り主《ぬし》、全能の父なる神を信ず」と唱《とな》える時、あなたは何を信じているのですか。

答 天と地とその中にあるすべてのものを無から創造され、(1)
それらを永遠の熟慮《じゅくりょ》と摂理《せつり》とによって
今も保《たも》ち支配しておられる、(2)
わたしたちの主《しゅ》イエス・キリストの永遠の御父《おんちち》が、
御子《みこ》キリストのゆえに、
わたしの神またわたしの父であられる、(3)
ということです。
わたしはこの方により頼んでいますので、
この方が体と魂に必要なものすべてを
わたしに備えてくださること、(4)

(1) 創1―2章、出20・11、詩33・6、イザ44・24、使4・24、14・15。
(2) 詩104編、マタ6・30、10・29、エフェ1・11。
(3) ヨハ1・12、13、ロマ8・15、16、ガラ4・4―7、エフェ1・5。
(4) 詩55・23、マタ6・25、26、ルカ12・22―31。

また、たとえこの涙の谷間へ*
いかなる災《わざわ》いを下されたとしても、
それらをわたしのために益としてくださることを、(5)
信じて疑わないのです。
なぜなら、この方は、
全能の神としてそのことがおできになるばかりか、(6)
真実な父としてそれを望んでもおられるからです。(7)

第一〇主日

問27 神の摂理《せつり》について、あなたは何を理解していますか。

答 全能かつ現実の、神の力です。(1)
それによって神は天と地とすべての被造物《ひぞうぶつ》を、
いわばその御手《みて》をもって
今なお保《たも》ちまた支配しておられるので、(2)
木《き》の葉も草も、雨もひでりも、豊作の年も不作の年も、
食べ物も飲み物も、健康も病《やまい》も、富も貧困《ひんこん》も、(3)
すべてが偶然によることなく、(4)
父親らしい御手《みて》によって(5)
わたしたちにもたらされるのです。

* 「悩み多い生涯」(ラテン語)
(5) ロマ8・28。
(6) 創18・14、ロマ8・31―39。
(7) マタ7・9―11。
(1) エレ23・23、24、使17・24―28。
(2) ヘブ1・3。
(3) エレ5・24、使14・15―17、ヨハ9・3、箴22・2。
(4) 箴16・33。
(5) マタ10・29。

問28　神の創造と摂理を知ることによって、
わたしたちはどのような益《えき》を受けますか。

答　わたしたちが逆境《ぎゃっきょう》においては忍耐強く、(1)
順境《じゅんきょう》においては感謝し、(2)
将来については
わたしたちの真実な父なる神をかたく信じ、
どんな被造物も
この方の愛からわたしたちを引き離すことはできないと
確信できるようになる、ということです。(3)
なぜなら、あらゆる被造物はこの方の御手《みて》の中にあるので、
御《み》心によらないでは
動くことも動かされることもできないからです。(4)

(1) ヨブ1・21、22、ヤコ1・3。
(2) 申8・10、一テサ5・18。
(3) 詩55・23、ロマ5・3―5、8・38、39。
(4) ヨブ1・12、2・6、箴21・1、使17・24―28。

子なる神について

第一一主日

問29 なぜ神の御子《みこ》は「イエス」すなわち「救済者《きゅうさいしゃ》」と呼ばれるのですか。

答 それは、この方がわたしたちを
　わたしたちの罪から救ってくださるからであり、(1)
　唯一の救いをほかの誰《だれ》かに求めたり、
　ましてや見出すことなどできないからです。(2)

問30 それでは、自分の幸福や救いを聖人や自分自身やほかのどこかに求めている人々は、唯一の救済者イエスを信じていると言えますか。

答 いいえ。
たとえ彼らがこの方を誇っていたとしても、

(1) マタ1・21、ヘブ7・25。
(2) イザ43・11、ヨハ15・5、使4・11、12、一テモ2・5。

その行《おこな》いにおいて、
彼らは唯一の救済者また救い主《ぬし》であられるイエスを
否定しているのです。(1)
なぜなら、イエスが完全な救い主ではないとするか、
そうでなければ、
この救い主を真実な信仰をもって受け入れ、
自分の救いに必要なことすべてを
この方のうちに持たねばならないか、
どちらかだからです。(2)

第一二主日

問31 なぜこの方は「キリスト」すなわち「油注《あぶらそそ》がれた者」と
呼ばれるのですか。

答 なぜなら、この方は父なる神から次のように任職され、
聖霊によって油注がれたからです。(1) すなわち、
わたしたちの最高の預言者また教師として、(2)
わたしたちの贖《あがな》いに関する
神の隠された熟慮《じゅくりょ》と御《ご》意志とを、
余すところなくわたしたちに啓示し、(3)

(1) 一コリ1・12、13、ガラ5・4。
(2) コロ1・19、20、2・10、一ヨハ1・7。

(1) ルカ3・21、22、4・14―19(イザ61・1)、ヘブ1・9(詩45・8〔7〕)。
(2) 使3・22(申18・15)。
(3) ヨハ1・18、15・15。

わたしたちの唯一の大祭司《だいさいし》として、(4)
御自分の体による唯一の犠牲によってわたしたちを贖い、(5)
御父《おんちち》の御前《みまえ》でわたしたちのために絶えず執《と》り成《な》し、(6)
わたしたちの永遠の王として、(7)
御自分の言葉と霊とによってわたしたちを治め、
獲得なさった贖いのもとに
わたしたちを守り保ってくださるのです。(8)

(4) ヘブ7・17（詩110・4）。
(5) ヘブ9・12、10・11―14。
(6) ロマ8・34、ヘブ9・24。
(7) マタ21・5（ゼカ9・9）。
(8) マタ28・18―20、ヨハ10・28、黙12・10、11。

問32 しかし、なぜあなたが「キリスト」者と呼ばれるのですか。

答 なぜなら、わたしは信仰によってキリストの一部となり、(1)
その油注ぎにあずかっているからです。(2)
それは、わたしもまた
この方の御名を告白し、(3)
生きた感謝の献げ物として自らをこの方に献げ、(4)
この世においては自由な良心をもって罪や悪魔と戦い、(5)
ついには全被造物を
この方と共に永遠に支配するためです。(6)

(1) 一コリ12・12―27。
(2) 使2・17（ヨエ3・1）、一ヨハ2・27。
(3) マタ10・32、ロマ10・9、10、ヘブ13・15。
(4) ロマ12・1、一ペト2・5、9。
(5) ガラ5・16、17、エフェ6・11、一テモ1・18、19。
(6) マタ25・34、二テモ2・12。

第一三主日

問33　わたしたちも神の子であるのに、なぜこの方は神の「独り子《ひとりご》」と呼ばれるのですか。

答　なぜなら、キリストだけが
永遠からの本来の神の御子《みこ》だからです。(1)
わたしたちはこの方のおかげで、
恵みによって神の子とされているのです。(2)

(1) ヨハ1・1—3、14、18、ヘブ1章。
(2) ヨハ1・12、ロマ8・14—17、エフェ1・5、6。

問34　あなたはなぜこの方を「我らの主《しゅ》」と呼ぶのですか。

答　この方が、金や銀ではなく御自身の尊《とうと》い血によって、(1)
わたしたちを罪と悪魔のすべての力から解放し
また買い取ってくださり、(2)
わたしたちの体も魂も
すべてを御自分のものとしてくださったからです。(3)

(1) 一ペト1・18、19。
(2) コロ1・13、14、ヘブ2・14、15。
(3) 一コリ6・20、一テモ2・5、6

第一四主日

問35　「主は聖霊によりてやどり、処女《おとめ》マリヤより生まれ」とは、どういう意味ですか。

答　永遠の神の御子《みこ》、
すなわち、まことの永遠の神であり

またあり続けるお方が、(1)
聖霊《せいれい》の働きによって、(2)
処女《おとめ》マリヤの肉と血とから(3)
まことの人間性をお取りになった、ということです。
それは、御自身もまたダビデのまことの子孫となり、(4)
罪を別にしては(5)
すべての点で兄弟たちと同じようになるためでした。(6)

問36
キリストの聖なる受胎《じゅたい》と誕生によって、
あなたはどのような益を受けますか。

答
この方がわたしたちの仲保者《ちゅうほしゃ》であられ、(1)
御自身の無罪性と完全なきよさとによって、
罪のうちにはらまれたわたしのその罪を
神の御《み》顔の前で覆《おお》ってくださる、
ということです。(2)

第一五主日

問37
「苦しみを受け」という言葉によって、
あなたは何を理解しますか。

(1) ヨハ1・1、10・30―36、使13・33（詩2・7）、コロ1・15―17、一ヨハ5・20。
(2) ルカ1・35。
(3) マタ1・18―23、ヨハ1・14、ガラ4・4、ヘブ2・14。
(4) サム下7・12―16、詩132・12(11)、マタ1・1、ロマ1・3。
(5) ヘブ4・15、7・26、27。
(6) フィリ2・7、ヘブ2・17。

(1) 一テモ2・5、6、ヘブ9・13―15。
(2) ロマ8・3、4、二コリ5・21、ガラ4・4、5、一ペト1・18、19。

答　キリストがその地上での御生涯のすべての時、
とりわけその終わりにおいて、
全人類の罪に対する神の御怒り《みいか》を体と魂に負われた、
ということです。(1)
それは、この方が唯一の償いのいけにえとして、
御自身の苦しみによって(2)
わたしたちの体と魂とを永遠の刑罰から解放し、(3)
わたしたちのために神の恵みと義と永遠の命とを
獲得してくださるためでした。(4)

(1) イザ53章、一ペト2・24、3・18。
(2) ロマ3・25、ヘブ10・14、一ヨハ2・2、4・10。
(3) ロマ8・1—4、ガラ3・13。
(4) ヨハ3・16、ロマ3・24—26。

問38　なぜその方は、裁判官「ポンテオ・ピラトのもとに」
苦しみを受けられたのですか。

答　それは、罪のないこの方が、
この世の裁判官による刑罰をお受けになることによって、(1)
わたしたちに下されるはずの神の厳《きび》しい審判《しんぱん》から、
わたしたちを免《まぬが》れさせるためでした。(2)

(1) ルカ23・13—24、ヨハ19・4、12—16。
(2) イザ53・4、5、二コリ5・21、ガラ3・13。

問39　その方が「十字架につけられ」たことには、
何か別の死に方をする以上の意味があるのですか。

答　あります。

それによって、わたしは、
この方がわたしの上にかかっていた呪《のろ》いを
御自身の上に引き受けてくださったことを、
確信するのです。
なぜなら、十字架の死は神に呪《のろ》われたものだからです[1]。

(1) ガラ3・10―13（申21・23）。

第一六主日

問40 なぜキリストは
「死」を苦しまなければならなかったのですか。

答 なぜなら、神の義と真実のゆえに[1]、
神の御子《みこ》の死による以外には、
わたしたちの罪を償《つぐな》うことができなかったからです[2]。

(1) 創2・17。
(2) ロマ8・3、4、フィリ2・8、ヘブ2・9。

問41 なぜこの方は「葬《ほうむ》られ」たのですか。

答 それによって、この方が本当に死なれたということを
証《あか》しするためです[1]。

(1) イザ53・9、ヨハ19・38―42、使13・29、一コリ15・3、4。

問42 キリストがわたしたちのために死んでくださったのなら、
どうしてわたしたちも死ななければならないのですか。

答 わたしたちの死は、自分の罪に対する償いなのではなく、(1)
むしろ罪の死滅であり、永遠の命への入口なのです。(2)

問43 十字架上でのキリストの犠牲と死から、
わたしたちはさらにどのような益を受けますか。

答 この方の御力《み》によって、
わたしたちの古い自分が
この方と共に十字架につけられ、死んで、葬られる、
ということです。(1)
それによって、肉の邪悪《じゃあく》な欲望が
もはやわたしたちを支配することなく、(2)
かえってわたしたちは
自分自身を感謝のいけにえとして、
この方へ献《ささ》げるようになるのです。(3)

問44 なぜ「陰府《よみ》にくだり」と続くのですか。

答 それは、わたしが最も激しい試《こころ》みの時にも
次のように確信するためです。すなわち、
わたしの主キリストは、
十字架上とそこに至るまで、

(1) 詩49・8。
(2) ヨハ5・24、フィリ1・21—23、一テサ5・9、10。

(1) ロマ6・5—11、コロ2・11、12。
(2) ロマ6・12—14。
(3) ロマ12・1、エフェ5・1、2。

御自身もまたその魂において忍ばれてきた
言い難《がた》い不安と苦痛と恐れとによって、
地獄のような不安と痛みから
わたしを解放してくださったのだ、と。(1)

(1) イザ53章、マタ26・36―46、27・45、46、ルカ22・44、ヘブ5・7―10。

第一七主日

問45 キリストの「よみがえり」は、
わたしたちにどのような益をもたらしますか。

答 第一に、この方がそのよみがえりによって死に打ち勝たれ、
そうして、御自身の死によって
わたしたちのために獲得された義に
わたしたちをあずからせてくださる、ということ。(1)
第二に、その御力《み》によって
わたしたちも今や新しい命に呼びさまされている、
ということ。(2)
第三に、わたしたちにとって、
キリストのよみがえりは
わたしたちの祝福に満ちたよみがえりの
確かな保証《ほしょう》である、ということです。(3)

(1) ロマ4・25、一コリ15・16―20、一ペト1・3―5。

(2) ロマ6・5―11、エフェ2・4―6、コロ3・1―4。

(3) ロマ8・11、一コリ15・12―20、フィリ3・20、21。

第一八主日

問46 あなたは「天にのぼり」をどのように理解しますか。

答 キリストが弟子たちの目の前で地上から天に上げられ、(1)
生きている者と死んだ者とを裁くために
再び来られる時まで、(2)
わたしたちのためにそこにいてくださる、(3)
ということです。

(1) ルカ24・50、51、使1・9―11。
(2) 使1・11。
(3) ロマ8・34、エフェ4・8―10、ヘブ7・23―25、ヘブ9・24。

問47 それでは、キリストは、約束なさったとおり、世の終わりまでわたしたちと共におられる、というわけではないのですか。(1)

答 キリストは、まことの人間でありまことの神であられます。
この方は、その人間としての御《ご》性質においては、
今は地上におられませんが、(2)
その神性《しんせい》、威厳《いげん》、恩恵《おんけい》、霊においては、
片時《かたとき》もわたしたちから離れてはおられないのです。(3)

(1) マタ28・20。
(2) 使1・9―11、3・19―21。
(3) マタ28・18―20、ヨハ14・16―19。

問48 しかし、人間性が神性のある所どこにでもある、

答

というわけではないのならば、
キリストの二つの性質は
互いに分離しているのではありませんか。
決してそうではありません。
なぜなら、神性は捉《とら》えることができず、
どこにでも臨在《りんざい》するのですから、(1)
確かにそれが取った人間性の外《そと》にもあれば
同時に人間性の内にもあって、
絶えず人間性と人格的に結合しているのです。(2)

問49

キリストの昇天《しょうてん》は、
わたしたちにどのような益をもたらしますか。

答

第一に、この方が天において御父《おんちち》の面前《めんぜん》で
わたしたちの弁護者《べんごしゃ》となっておられる、ということ。(1)
第二に、わたしたちがその肉体を天において持っている、
ということ。
それは、頭《かしら》であるキリストが
この方の一部であるわたしたちを
御自身のもとにまで引き上げてくださる
一つの確かな保証である、ということです。(2)

(1) エレ23・23、24、使7・48、49（イザ66・1）。
(2) ヨハ1・14、3・13、コロ2・9。

(1) ロマ8・34、一ヨハ2・1。
(2) ヨハ14・2、17・24、エフェ2・4―6。

第三に、この方がその保証のしるしとして
御自分の霊をわたしたちに送ってくださる、ということ。(3)
その御《み》力によってわたしたちは、
地上のことではなく、
キリストが神の右に座しておられる天上《てんじょう》のことを
求めるのです。(4)

第一九主日

問50 なぜ「神の右に座したまえり」と付け加えるのですか。

答 なぜなら、キリストが天に昇られたのは、
そこにおいて御自身がキリスト教会の頭《かしら》であることを
お示しになるためであり、(1)
この方によって御父《おんちち》は万物を統治なさるからです。(2)

問51 わたしたちの頭《かしら》であるキリストのこの栄光は、
わたしたちにどのような益《えき》をもたらしますか。

答 第一に、この方が御自身の聖霊を通して、
御自身の部分であるわたしたちのうちに
天からの諸々の賜物《たまもの》を注《そそ》ぎ込んでくださる、ということ。(1)

(3) ヨハ14・16、二コリ1・21、22、5・5。
(4) コロ3・1—4。
(1) エフェ1・20—23、コロ1・18。
(2) マタ28・18、ヨハ5・22、23。
(1) 使2・3、エフェ4・7—12。

そうして次に、わたしたちをその御力《み》によって
すべての敵から守り支えてくださる、ということです。(2)

問52
「生ける者と死ねる者とを審《さば》」かれるためのキリストの再臨《さいりん》は、
あなたをどのように慰めるのですか。

答
わたしがあらゆる悲しみや迫害の中でも頭《あたま》を上げて、
かつてわたしのために神の裁きに自らを差し出し
すべての呪《のろ》いをわたしから取り去ってくださった、
まさにその裁き主《ぬし》が天から来られることを
待ち望むように、です。(1)
この方は、御自分とわたしの敵を
ことごとく永遠の刑罰に投げ込まれる一方《いっぽう》、
わたしを、すべての選ばれた者たちと共にその御許《みもと》へ、
すなわち天の喜びと栄光の中へと
迎え入れてくださるのです。(2)

(2) 詩110・1、2、ヨハ10・27—30、黙19・11—16。

(1) ルカ21・28、ロマ8・22—25、フィリ3・20、21、テト2・13、14。

(2) マタ25・31—46、二テサ1・6—10。

聖霊なる神について

第二〇主日

問53 「聖霊」について、あなたは何を信じていますか。

答 第一に、この方が御父《おんちち》や御子《みこ》と同様に永遠の神であられる、ということ。(1)

第二に、この方はわたしにも与えられたお方であり、(2)
まことの信仰によって
キリストとそのすべての恵みにわたしをあずからせ、(3)
わたしを慰め、(4)
永遠にわたしと共にいてくださる、(5)ということです。

(1) 創1・1、2、マタ28・19、使5・3、4。
(2) 一コリ6・19、二コリ1・21、22、ガラ4・6。
(3) ガラ3・14。
(4) ヨハ15・26、使9・31。
(5) ヨハ14・16、17、一ペト4・14。

第二一主日

問54 「聖なる公同《こうどう》の教会」について、

答

あなたは何を信じていますか。

神の御子《みこ》が、全人類の中から、(1)
　御自身のために永遠の命へと選ばれた一つの群《む》れを、(2)
　御自分の御霊《みたま》と御《み》言葉とにより、(3)
まことの信仰の一致において、(4)
世の初めから終わりまで(5)
集め、守り、保たれる、ということ。
そしてまた、わたしがその群れの生きた部分であり、(6)
永遠にそうあり続ける、(7)ということです。

(1) 創26・3、4、黙5・9。
(2) マタ16・18、ヨハ10・28―30、ロマ8・28―30、エフェ1・3―14。
(3) ヨハ10・14―16、使20・28、ロマ10・14―17、コロ1・18。
(4) 使2・42―47、エフェ4・1―6。
(5) イザ59・21、一コリ11・26。
(6) 一ヨハ3・14、19―21。
(7) ヨハ10・27―28、一コリ1・4―9、一ペト1・3―5。

問55

「聖徒《せいと》の交《まじ》わり」について、あなたは何を理解していますか。

答

第一に、信徒は誰であれ、群れの一部として、
　主キリストとこの方のあらゆる富と賜物《たまもの》に
あずかっている、ということ。(1)
第二に、各自は自分の賜物《たまもの》を、
　他《た》の部分の益と救いとのために、
　自発的に喜んで用いる責任があることを
わきまえなければならない、ということです。(2)

(1) ロマ8・32、一コリ6・17、12・13、一ヨハ1・3。
(2) ロマ12・4―8、一コリ12・20―27、13・1―7、フィリ2・4―8。

問56

「罪のゆるし」について、あなたは何を信じていますか。

答

神が、キリストの償《つぐな》いのゆえに、
　わたしのすべての罪と、(1)
　さらにわたしが生涯《しょうがい》戦わなければならない
　罪深い性質をも、(2)
　もはや覚えようとはなさらず、
それどころか、恵みにより、キリストの義をわたしに与えて、
　わたしがもはや決して
　裁きにあうことのないようにしてくださる、
ということです。(3)

(1) 詩103・3、4、10、12、ミカ7・18、19、二コリ5・18―21、一ヨハ1・7、2・2。
(2) ロマ7・21―25。
(3) ヨハ3・17、18、ロマ8・1、2。

第二二主日

問57 「身体《からだ》のよみがえり」は、
あなたにどのような慰めを与えますか。

答 わたしの魂が、この生涯の後直《のちただ》ちに、
　頭《かしら》なるキリストのもとへ迎え入れられる、(1)
　というだけではなく、
やがてわたしのこの体もまた、
キリストの御《み》力によって引き起こされ、
再びわたしの魂と結び合わされて、

(1) ルカ23・43、フィリ1・21―23。

キリストの栄光の御《み》体《からだ》と同じ形に変えられる、
ということです。(2)

(2) 一コリ15・20、42—46、54、フィリ3・21、一ヨハ3・2。

問58 「永遠《とこしえ》の命」という箇条は、あなたにどのような慰めを与えますか。

答 わたしが今、永遠《えいえん》の喜びの始まりを心に感じているように、(1)
この生涯の後《のち》には、
目が見もせず耳が聞きもせず、
人の心に思い浮かびもしなかったような(2)
完全な祝福を受け、
神を永遠にほめたたえるようになる、ということです。(3)

(1) ロマ14・17。

(2) 一コリ2・9。

(3) ヨハ17・3。

第二三主日

問59 それでは、これらすべてを信じることは、あなたにとって今どのような助けになりますか。

答 わたしが、キリストにあって神の御前《みまえ》で義とされ、
永遠《えいえん》の命の相続人となる、ということです。(1)

(1) ヨハ3・36、ロマ1・17（ハバ2・4）、ロマ5・1、2。

問60 どのようにしてあなたは神の御前《みまえ》で義とされるのですか。

答

ただイエス・キリストを信じる、
　まことの信仰によってのみです(1)。
すなわち、たとえわたしの良心がわたしに向かって、
「お前は神の戒めすべてに対して、
はなはだしく罪を犯しており、
それを何一つ守ったこともなく(2)、
今なお絶えずあらゆる悪に傾いている(3)」
と責め立てたとしても、
神は、わたしのいかなる功績にもよらず(4)
ただ恵みによって(5)、
キリストの完全な償《つぐな》いと義と聖とをわたしに与え、
わたしのものとし(6)、
あたかもわたしが何一つ罪を犯したことも
罪人《つみびと》であったこともなく、
キリストがわたしに代わって果された服従を
すべてわたし自身が成し遂《と》げたかのように
みなしてくださいます(7)。
そして、そうなるのはただ、わたしがこのような恩恵を
信仰の心で受け入れる時だけなのです(8)。

(1) ロマ3・21―28、ガラ2・16、エフェ2・8、9、フィリ3・8―11。
(2) ロマ3・9、10。
(3) ロマ7・23。
(4) テト3・4、5。
(5) ロマ3・24、エフェ2・8。
(6) ロマ4・3―5（創15・6）、二コリ5・17―19、一ヨハ2・1、2。
(7) ロマ4・24、25、二コリ5・21。
(8) ヨハ3・18、使16・30、31。

問61 なぜあなたは信仰によってのみ義とされる、と言うのですか。

答 それは、わたしが自分の信仰の価値のゆえに神に喜ばれる、
というのではなく、
ただキリストの償《つぐな》いと義と聖だけが
神の御前《みまえ》におけるわたしの義なのであり、(1)
わたしは、ただ信仰による以外に、
それを受け取ることも
自分のものにすることもできないからです。(2)

(1) 一コリ1・30、31。
(2) ロマ10・10、一ヨハ5・10―12。

第二四主日

問62 しかしなぜ、わたしたちの善い行いは、
神の御前《みまえ》で義またはその一部にすら
なることができないのですか。

答 なぜなら、神の裁きに耐えうる義とは、
あらゆる点で完全であり、
神の律法に全く一致するものでなければなりませんが、(1)
この世におけるわたしたちの最善の行いですら、
ことごとく不完全であり、罪に汚《けが》れているからです。(2)

(1) ロマ3・20、ガラ3・10(申27・26)。
(2) イザ64・5。

問63　しかし、わたしたちの善い行いは、
神がこの世と後の世でそれに報いてくださるというのに、
それでも何の値打ちもないのですか(1)。

答　その報酬《ほうしゅう》は、功績《こうせき》によるのではなく、恵みによるのです(2)。

(1) マタ5・12、ヘブ11・6。
(2) ルカ17・10、二テモ4・7、8。

問64　この教えは、無分別で放縦《ほうじゅう》な人々を作るのではありませんか。

答　いいえ。
なぜなら、まことの信仰によって
キリストに接《つ》ぎ木された人々が、
感謝の実を結ばないことなど、ありえないからです(1)。

(1) ルカ6・43―45、ヨハ15・5。

聖なる礼典について

第二五主日

問65 ただ信仰のみが、わたしたちを
キリストとそのすべての恵みにあずからせるのだとすれば、
そのような信仰はどこから来るのですか。

答 聖霊が、わたしたちの心に(1)
聖なる福音《ふくいん》の説教を通してそれを起こし、(2)
聖礼典の執行《しっこう》を通してそれを確かにしてくださるのです。(3)

問66 礼典とは何ですか。

答 それは、神によって制定された、
目に見える聖なるしるしまた封印《ふういん》であって、
神は、その執行《しっこう》を通して、
福音の約束をよりよくわたしたちに理解させ、

(1) ヨハ3・5、一コリ2・10―14、エフェ2・8。
(2) ロマ10・17、一ペト1・23―25。
(3) マタ28・19、20、一コリ10・16。

封印なさるのです(1)。

その約束とは、

十字架上で成就《じょうじゅ》されたキリストの唯一の犠牲のゆえに、

神が、恵みによって、罪の赦《ゆる》しと永遠の命とを

わたしたちに注いでくださる、ということです(2)。

問67 それでは、御言葉《み》と礼典というこれら二つのことは、

わたしたちの救いの唯一の土台である

十字架上のイエス・キリストの犠牲へと、

わたしたちの信仰を向けるためにあるのですか。

答 そのとおりです。

なぜなら、聖霊が福音《ふくいん》において教え

聖礼典を通して確証しておられることは、

わたしたちのために十字架上でなされた

キリストの唯一の犠牲に、

わたしたちの救い全体がかかっている、

ということだからです(1)。

問68 新約において、キリストは

いくつの礼典を制定なさいましたか。

(1) 創17・11、申30・6、ロマ4・11。

(2) マタ26・27、28、使2・38、ヘブ10・10。

(1) ロマ6・3、一コリ11・26、ガラ3・27。

答

二つです。

聖なる洗礼《せんれい》と聖晩餐《せいばんさん》です。(1)

(1) マタ28・19—20、一コリ11・23—26。

聖なる洗礼について

第二六主日

問69 あなたは聖なる洗礼において、
十字架上でのキリストの唯一の犠牲が
あなたの益になることを、
どのように思い起こしまた確信させられるのですか。

答 次のようにです。
キリストがこの外的な水の洗いを制定された時(1)
約束なさったことは、
わたしがわたしの魂の汚《けが》れ、
すなわち、わたしのすべての罪を、
この方の血と霊とによって確実に洗っていただける、
ということ。
そして、それは、日頃《ひごろ》体《からだ》の汚《よご》れを落としているその水で、

(1) 使2・38。

わたしが外的に洗われるのと同じくらい確実である、
ということです。(2)

(2) マタ3・11、ロマ6・3―10、一ペト3・21。

問70 キリストの血と霊とによって洗われるとは、
どういうことですか。

答 それは、十字架上での犠牲において
わたしたちのために流されたキリストの血のゆえに、
恵みによって、神から罪の赦しを得る、ということです。(1)
さらに、聖霊によって新しくされ、
キリストの一部分として聖別される、
ということでもあります。
それは、わたしたちが次第《しだい》次第に罪に死に、
いっそう敬虔《けいけん》で潔白《けっぱく》な生涯を歩むためなのです。(2)

(1) ゼカ13・1、エフェ1・7、8、ヘブ12・24、一ペト1・2、黙1・5。

(2) エゼ36・25―27、ヨハ3・5―8、ロマ6・4、一コリ6・11、コロ2・11、12。

問71 わたしたちが洗礼の水によるのと同じく、
この方の血と霊とによって
確実に洗っていただけるということを、
キリストはどこで約束なさいましたか。

答 洗礼の制定の箇所に、次のように記《しる》されています。
「あなたがたは行って、

すべての民をわたしの弟子にしなさい。
彼らに父と子と聖霊の名によって洗礼を授けなさい(1)」、
(「信じて洗礼を受ける者は救われるが、
信じない者は滅びの宣告を受ける(2)」。)
この約束は、聖書が洗礼を「新たに造りかえる洗い(3)」とか
「罪の洗い清め(4)」と呼んでいる箇所でも
繰り返されています。

(1) マタ28・19。
(2) マコ16・16。
(3) テト3・5。
(4) 使22・16。

第二七主日

問72 それでは、外的な水の洗いは、
罪の洗い清めそのものなのですか。

答 いいえ。
ただイエス・キリストの血と聖霊のみが、
わたしたちをすべての罪から清めてくださるのです(1)。

(1) マタ3・11、一ペト3・21、一ヨハ1・7。

問73 それではなぜ、聖霊は洗礼を「新《あら》たに造りかえる洗い」とか
「罪の洗い清め」と呼んでおられるのですか。

答 神は何の理由もなくそう語っておられるのではありません。
すなわち、ちょうど体の汚《よご》れが

水によって除き去られるように、
わたしたちの罪が
キリストの血と霊とによって除き去られるということを、
この方はわたしたちに教えようとしておられるのです。(1)
それればかりか、わたしたちが現実の水で洗われるように、
わたしたちの罪から霊的に洗われることもまた
現実であるということを、
神はこの神聖な保証としるしとを通して、
わたしたちに確信させようとしておられるのです。(2)

問74 幼児にも洗礼を授けるべきですか。

答 そうです。
なぜなら、彼らも大人《おとな》と同様に
神の契約とその民に属しており、(1)
キリストの血による罪の贖《あがな》いと
信仰を生み出される聖霊とが、
大人《おとな》に劣らず彼らにも確約されているからです。(2)
それゆえ、彼らもまた、契約のしるしとしての洗礼を通して
キリスト教会に接《つ》ぎ木され、
未信者の子供たちとは区別されるべきです。(3)

(1) 一コリ6・11、黙1・5、黙7・14。

(2) 使2・38、ロマ6・3、4、ガラ3・27。

(1) 創17・7、マタ19・14。

(2) イザ44・1—3、使2・38、39、使16・31。

(3) 使10・47、一コリ7・14。

そのことは、旧約においては割礼《かつれい》を通してなされましたが、(4)新約では洗礼がそれに代わって制定されているのです。(5)

(4) 創17・9—14。
(5) コロ2・11—13。

イエス・キリストの聖晩餐について

第二八主日

問75 あなたは聖晩餐《ばんさん》において、
十字架上でのキリストの唯一の犠牲と
そのすべての益にあずかっていることを、
どのように思い起こしまた確信させられるのですか。

答 次のようにです。
キリストは御自身を記念するため、
　この裂《さ》かれたパンから食べ
この杯《さかずき》から飲むようにと、
わたしとすべての信徒にお命じになりましたが、
その時こう約束なさいました。(1)
第一に、この方の体が確かにわたしのために
　十字架上でささげられ、また引き裂かれ、

(1) マタ26・26―28、マコ14・22―24、ルカ22・19―20、一コリ11・23―25。

その血がわたしのために流された、ということ。
それは、主のパンがわたしのために裂かれ、
杯《さかずき》がわたしのために分け与えられるのを、
わたしが目《ま》の当たりにしているのと同様に確実である、
ということ。

第二に、この方御自身が、
その十字架につけられた体と流された血とをもって、
確かに永遠《えいえん》の命へとわたしの魂を養い
また潤《うるお》してくださる、ということ。
それは、キリストの体と血との
確かなしるしとしてわたしに与えられた
主のパンと杯《さかずき》とを
わたしが奉仕者の手から受け
また実際に味わうのと同様に確実である、
ということです。

問76
十字架につけられたキリストの体を食べ、
その流された血を飲むとはどういうことですか。

答
それは、キリストのすべての苦難と死とを、
信仰の心をもって受け入れ、

それによって罪の赦しと永遠の命とをいただく、
ということ。(1)
それ以上にまた、
キリストのうちにも
わたしたちのうちにも住んでおられる
聖霊によって、
その祝福された御体《みからだ》といよいよ一つにされてゆく、
ということです。(2)
それは、この方が天におられ(3)
わたしたちは地にいるにもかかわらず、
わたしたちがこの方の肉の肉、骨の骨となり、(4)
ちょうどわたしたちの体の諸部分が
一つの魂によってそうされているように、
わたしたちが一つの御霊によって永遠に生かされ
また支配されるためなのです。(5)

問77

信徒がこの裂かれたパンを食べ、
この杯から飲むのと同様に確実に、
御自分の体と血とをもって彼らを養いまた潤《うるお》してくださると、
キリストはどこで約束なさいましたか。

(1) ヨハ6・35、40、50—54。
(2) ヨハ6・55、56、一コリ12・13。
(3) 使1・9—11、一コリ11・26、コロ3・1。
(4) 一コリ6・15—17、エフェ5・29、30、一ヨハ4・13。
(5) ヨハ6・56—58、15・1—6、エフェ4・15、16、一ヨハ3・24。

答

聖晩餐の制定の箇所に、次のように記されています。
わたしたちの「主イエスは、引き渡される夜、
パンを取り、感謝の祈りをささげてそれを裂《さ》き、
『(取って食べなさい。)
これは、あなたがたのため（に裂かれた）わたしの体である。
わたしの記念としてこのように行いなさい』
と言われました。
また、食事の後《あと》で、杯《さかずき》も同じようにして、
『この杯《さかずき》は、
わたしの血によって立てられる新しい契約である。
飲む度《たび》に、わたしの記念としてこのように行いなさい』
と言われました。
だから、あなたがたは、
このパンを食べこの杯《さかずき》を飲むごとに、
主が来られるときまで、主の死を告げ知らせるのです(1)」。
この約束はまた聖パウロによって繰り返されており、
そこで彼はこう述べています。
「わたしたちが神を賛美する賛美の杯《さかずき》は、
キリストの血にあずかることではないか。
わたしたちが裂くパンは、

(1) 一コリ11・23—26。

キリストの体にあずかることではないか。
パンは一つだから、わたしたちは大勢でも一つの体です。
皆《みな》が一つのパンを分けて食べるからです(2)」。

(2) 一コリ10・16、17。

第二九主日

問78 それでは、パンとブドウ酒が
キリストの体と血そのものになるのですか。

答 いいえ。
洗礼の水は、キリストの血に変わるのでも
　罪の洗い清めそのものになるのでもなく、
ただその神聖なしるしまた保証にすぎません(1)。
そのように、晩餐の聖なるパンもまた
キリストの体そのものになるわけではなく(2)、
ただ礼典の性格と方法に従って(3)
キリストの体と呼ばれているのです(4)。

問79 それではなぜ、キリストは、パンを御自分の体、
杯《さかずき》を御自分の血またその血による新しい契約とお呼びになり、
聖パウロは、イエス・キリストの体と血にあずかる、

(1) エフェ5・26、テト3・5。
(2) マタ26・26―29。
(3) 創17・10、11、出12・11、13、一コリ10・1―4。
(4) 一コリ10・16、17、11・26―28。

答

と言うのですか。

キリストは何の理由もなく

そう語っておられるのではありません。

すなわち、ちょうどパンとブドウ酒が

わたしたちのこの世の命を支えるように、

十字架につけられたその体と流された血とが、

永遠の命のために、わたしたちの魂のまことの食べ物

また飲み物になるということを、

この方はわたしたちに教えようとしておられるのです。(1)

それればかりか、わたしたちが、

これらの聖なるしるしをこの方の記念として

肉の口をもって受けるのと同様に現実に、

聖霊のお働きによって、

そのまことの体と血とにあずかっているということ。(2)

そして、あたかもわたしたちが自分自身で

すべてを苦しみまた十分成し遂げたかのように、

この方のあらゆる苦難と従順とが

確かにわたしたち自身のものとされているということを、

この方は目に見えるしるしと保証を通して、

わたしたちに確信させようとしておられるのです。(3)

(1) ヨハ6・51、55。

(2) 一コリ10・16、17、11・26。

(3) ロマ6・5―11。

第三〇主日

問80*　主の晩餐《ばんさん》と教皇のミサとの違いは何ですか。

答　主の晩餐《ばんさん》がわたしたちに証しすることは、

　イエス・キリスト御自身が
ただ一度十字架上で成就《じょうじゅ》してくださった
その唯一の犠牲によって、
わたしたちが自分のすべての罪の
完全な赦《ゆる》しをいただいているということ。(1)
〔また、わたしたちが聖霊によって
キリストに接《つ》ぎ木されている、ということです。(2)
この方は、今そのまことの体と共に
天の御父《おんちち》の右におられ、(3)
そこで礼拝されることを望んでおられます。(4)〕

しかし、ミサが教えることは、
　今も日ごとに司祭たちによって
キリストが彼らのために献げられなければ、
生きている者も死んだ者も
キリストの苦難による罪の赦《ゆる》しをいただいていない、

＊この問80は、初版の問答には無かったもので、第二版に現れ、第三版ではさらに〔　〕内のものが付加された。ただし末尾の文章は、第二版ですでに「……偶像礼拝的に否定しています」となっていた。

(1) ヨハ19・30、ヘブ7・27、9・12、25、26、10・10—18。

(2) 一コリ6・17、10・16、17。

(3) 使7・55、56、ヘブ1・3、8・1。

(4) マタ6・20、21、ヨハ4・21—24、フィリ3・20、コロ3・1—3。

ということ。
〔また、キリストはパンとブドウ酒の形のもとに
肉体的に臨在《りんざい》されるので、
そこにおいて礼拝されなければならない、
ということです。〕
このようにミサは、根本的には、
イエス・キリストの唯一の犠牲と苦難を否定しており、
〔呪《のろ》われるべき〕偶像《ぐうぞう》礼拝に〔ほかなりません。〕

問81 どのような人が、主の食卓《しょくたく》に来るべきですか。

答 自分の罪のために自己を嫌悪《けんお》しながらも、
キリストの苦難と死とによってそれらが赦《ゆる》され、
残る弱さも覆《おお》われることをなおも信じ、
さらにまた、よりいっそう自分の信仰が強められ、
自分の生活が正されることを
切《せつ》に求める人たちです。
しかし、悔い改めない者や偽善者《ぎぜんしゃ》たちは、
自分自身に対する裁《さば》きを飲み食いしているのです。(1)

問82 それでは、その信仰告白と生活によって

(1) 一コリ10・19―22、11・26―32。

答

不信仰と背信とを示している人々でも、この晩餐《ばんさん》にあずかれるのですか。

いいえ。

なぜなら、それによって神の契約を侮辱《ぶじょく》し、御《み》怒りを全会衆に招くことになるからです(1)。

それゆえ、キリストの教会は、キリストとその使徒たちとの定めに従って、そのような人々をその生活が正されるまで、鍵《かぎ》の務《つと》めによって締《し》め出す責任があります。

(1) 一コリ11・17—32、詩50・14—16、イザ1・11—17。

鍵の務めについて

第三一主日

問83 鍵《かぎ》の務めとは何ですか。

答 聖なる福音《ふくいん》の説教とキリスト教的戒規《かいき》のことです。これら二つによって、天国は信仰者たちには開かれ不信仰な者たちには閉ざされるのです。(1)

問84 聖なる福音《ふくいん》の説教によって、天国はどのように開かれまた閉ざされるのですか。

答 次のようにです。すなわち、キリストの御命令によって、
信仰者に対して誰にでも告知され
明らかに証言されることは、
彼らが福音《ふくいん》の約束を
まことの信仰をもって受け入れる度《たび》に、

(1) マタ16・19、ヨハ20・22、23。

そのすべての罪が、キリストの功績のゆえに、
神によって真実に赦《ゆる》されるということです。
しかし、不信仰な者や偽善者たちすべてに告知され
明らかに証言されることは、
彼らが回心しない限り、
神の御怒《みいか》りと永遠の刑罰とが
彼らに留《とど》まるということです。
そのような福音《ふくいん》の証言によって、
神は両者をこの世と来《き》たるべき世において
裁こうとなさるのです。(1)

問85
キリスト教的戒規《かいき》によって
天国はどのように開かれまた閉ざされるのですか。

答
次のようにです。すなわち、キリストの御命令によって、
キリスト者と言われながら
非キリスト教的な教えまたは行いを為《な》し、
度重《たびかさ》なる兄弟からの忠告の後《のち》にも
その過《あやま》ちまたは不道徳を離れない者は、
教会または教会役員に通告されます。
もしその訓戒にも従わない場合、

(1) マタ16・19、ヨハ3・31—36、20・21—23。

教会役員によっては
聖礼典の停止をもってキリスト者の会衆《かいしゅう》から、
神御自身によっては
キリストの御国《みくに》から、彼らは締め出されます。(1)
しかし、彼らが真実な悔い改めを約束し
またそれを示す時には、
再びキリストとその教会の一部として
受け入れられるのです。(2)

(1) マタ18・15―20、一コリ5・3―5、11―13、二テサ3・14、15。

(2) ルカ15・20―24、二コリ2・6―11。

第三部　感謝について

全生活にわたる感謝

第三二主日

問86 わたしたちが自分の悲惨《ひさん》さから、自分のいかなる功績《こうせき》にもよらず、恵みによりキリストを通して救われているのならば、なぜわたしたちは善《よ》い行いをしなければならないのですか。

答 なぜなら、キリストは、
その血によってわたしたちを贖《あがな》われた後《のち》に、
その聖霊によってわたしたちを御自身のかたちへと
生まれ変わらせてもくださるからです。
それは、わたしたちがその恵みに対して
全生活にわたって神に感謝を表《あらわ》し、(1)
この方がわたしたちによって賛美されるためです。(2)
さらに、わたしたちが自分の信仰を

(1) ロマ6・13、12・1、2、一ペト2・5―10。
(2) マタ5・16、一コリ6・19、20。

その実によって自ら確かめ、(3)
わたしたちの敬虔《けいけん》な歩みによって
わたしたちの隣人《りんじん》をもキリストに導くためです。(4)

問87 それでは、感謝も悔い改めもない歩みから
神へと立ち返らない人々は、
祝福されることができないのですか。

答 決してできません。
なぜなら、聖書がこう語っているとおりだからです。
「みだらな者、偶像《ぐうぞう》を礼拝する者、
姦通《かんつう》する者、泥棒、強欲《ごうよく》な者、酒におぼれる者、
人を悪く言う者、人の物を奪う者は、
決して神の国を受け継ぐことができません」(1)。

第三三主日

問88 人間のまことの悔い改めまたは回心は、
いくつのことから成っていますか。

答 二つのことです。
すなわち、古い人の死滅《しめつ》と新しい人の復活です。(1)

(3) マタ7・17、18、ガラ5・22―24、二ペト1・10、11。
(4) マタ5・14―16、ロマ14・17―19、一ペト2・12、3・1、2。

(1) 一コリ6・9、10、ガラ5・19―21、エフェ5・1―20、一ヨハ3・14。

(1) ロマ6・1―11、二コリ5・17、エフェ4・22―24、コロ3・5―10。

問89 古い人の死滅とは何ですか。

答 心から罪を嘆き、
またそれをますます憎み避けるようになる、
ということです。(1)

(1)詩51・5、6、19、ヨエ2・12、13、ロマ8・12、13、二コリ7・10。

問90 新しい人の復活とは何ですか。

答 キリストによって心から神を喜び、(1)
また神の御旨《みむね》に従ったあらゆる善い行いに
心を打ち込んで生きる、ということです。(2)

(1)詩51・10、14、イザ57・15、ロマ5・1、14・17。
(2)ロマ6・10、11、ガラ2・20。

問91 しかし、善い行いとはどのようなものですか。

答 ただまことの信仰から、(1)神の律法に従い、(2)
この方の栄光のために為《な》されるものだけであって、(3)
わたしたちがよいと思うことや
人間の定めに基づくものではありません。(4)

(1)ヨハ15・5、ヘブ11・6。
(2)レビ18・4、サム上15・22、エフェ2・10。
(3)一コリ10・31。
(4)申13・1、イザ29・13、エゼ20・18、19、マタ15・7―9。

十戒について

第三四主日

問92 主の律法とはどのようなものですか。

答 神はこれらすべての言葉を告げられた。

第一戒

わたしは主、あなたの神、

あなたをエジプトの国、

奴隷《どれい》の家から導き出した神である。

あなたには、わたしをおいてほかに神があってはならない。

第二戒

あなたはいかなる像《ぞう》も造ってはならない。

上《うえ》は天にあり、下《した》は地にあり、また地の下の水の中にある、

いかなるものの形も造ってはならない。

あなたはそれらに向かってひれ伏したり、

それらに仕えたりしてはならない。
わたしは主《しゅ》、あなたの神。わたしは、熱情の神である。
わたしを否《いな》む者には、
父祖の罪を子孫に三代《だい》、四代までも問うが、
わたしを愛し、わたしの戒めを守る者には、
幾千代《いくせんだい》にも及ぶ慈《いつく》しみを与える。

第三戒
あなたの神、主の名をみだりに唱えてはならない。
みだりにその名を唱える者を主は罰せずにはおかれない。

第四戒
安息日《あんそくび》を心に留《と》め、これを聖別《せいべつ》せよ。
六日《むいか》の間働いて、何であれあなたの仕事をし、
七日目《なのか》は、あなたの神、主の安息日《あんそくび》であるから、
いかなる仕事もしてはならない。
あなたも、息子も、娘も、男女の奴隷も、家畜も、
あなたの町の門の中に寄留する人々も同様である。
六日《むいか》の間に主は天と地と海とそこにあるすべてのものを造り、
七日目《なのか》に休まれたから、
主は安息日《あんそくび》を祝福して聖別されたのである。

第五戒

あなたの父母《ちちはは》を敬《うやま》え。
そうすればあなたは、
あなたの神、主が与えられる土地に
長く生きることができる。

第六戒
殺してはならない。

第七戒
姦淫《かんいん》してはならない。

第八戒
盗んではならない。

第九戒
隣人《りんじん》に関して偽証《ぎしょう》してはならない。

第十戒
隣人《りんじん》の家を欲《ほっ》してはならない。
隣人《りんじん》の妻、男女の奴隷、牛、ろばなど
隣人《りんじん》のものを一切欲してはならない。(1)

問93 これらの戒めはどのように分かれていますか。

答 二枚の板に分かれています。
その第一は、四つの戒めにおいて、

(1) 出20・1―17、申5・6―21。

わたしたちが神に対して
どのようにふるまうべきかを教え、
第二は、六つの戒めにおいて、
わたしたちが自分の隣人《りんじん》に対して
どのような義務を負っているかを教えています。(1)

問94　第一戒で、主は何を求めておられますか。

答　わたしが自分の魂の救いと祝福とを失わないために、
あらゆる偶像崇拝(1)、魔術、迷信的な教え(2)、
諸聖人や他《た》の被造物への呼びかけ(3)を
避けて逃《のが》れるべきこと。
唯一のまことの神を正しく知り(4)、この方にのみ信頼し(5)、
謙遜(6)と忍耐(7)の限りを尽して、
この方にのみすべてのよきものを期待し(8)、
真心《まごころ》からこの方を愛し(9)、畏《おそ》れ(10)敬うことです(11)。
すなわち、わたしが、ほんのわずかでも
神の御旨《みむね》に反して何かをするくらいならば、
むしろすべての被造物の方《ほう》を放棄《ほうき》する、
ということです(12)。

(1) マタ22・37—39。

(1) 一コリ6・9、10、10・5—14、一ヨハ5・21。
(2) レビ19・31、申18・9—12。
(3) マタ4・10、黙19・10、22・8、9。
(4) ヨハ17・3。
(5) エレ17・5、7。
(6) 一ペト5・5、6。
(7) コロ1・11、ヘブ10・36。
(8) 詩104・27、28、ヤコ1・17。
(9) マタ22・37（申6・5）。
(10) 箴9・10、一ペト1・17。
(11) マタ4・10（申6・13）。
(12) マタ5・29、30、マタ10・37—39。

問95　偶像崇拝とは何ですか。

答　御言葉《みことば》において御自身を啓示《けいじ》された、
　唯一のまことの神に代えて、またはこの方と並べて、
　人が自分の信頼を置く何か他《た》のものを考え出したり、
所有したりすることです。(1)

(1) 歴上16・26、ガラ4・8、9、エフェ5・5、フィリ3・19。

第三五主日

問96　第二戒で、神は何を望んでおられますか。

答　わたしたちが、どのような方法であれ神を形作ったり、(1)
　この方が御言葉《みことば》において命じられた以外の仕方《しかた》で
礼拝してはならない、(2)ということです。

(1) 申4・15―19、イザ40・18―25、使17・29、ロマ1・23。
(2) レビ10・1―7、サム上15・22、23、ヨハ4・23、24。

問97　それならば、
人はどのようなかたちも造ってはならないのですか。

答　神は決して模造《もぞう》されえないし、
　またされるべきでもありません。
被造物については、それが模造されうるとはいえ、
　人がそれを崇《あが》めたり
またはそれによってこの方を礼拝するために、

そのかたちを造ったり所有したりすることを、
神は禁じておられるのです。(1)

問98 しかし、画像《がぞう》は、信徒のための書物として、
教会で許されてもよいのではありませんか。

答 いいえ。
わたしたちは神より賢《かしこ》くなろうとすべきではありません。
この方は御自分の信徒を、物言わぬ偶像によってではなく、(1)
御言葉《みことば》の生きた説教によって教えようとなさるのです。(2)

第三六主日

問99 第三戒は何を求めていますか。

答 わたしたちが、呪《のろ》い(1)や偽《いつわ》りの誓《ちか》い(2)によってのみならず、
不必要な誓約《せいやく》によっても、(3)
神の御名《みな》を冒瀆《ぼうとく》または乱用することなく、
黙認や傍観《ぼうかん》によっても
そのような恐るべき罪に関与しない、(4)
ということ。
要するに、わたしたちが畏《おそ》れと敬虔《けいけん》によらないでは

(1) 出34・13、14、17、王下18・4、5。

(1) エレ10・8、ハバ2・18―20。
(2) ロマ10・14、15、17、二テモ3・16、17、二ペト1・19。

(1) レビ24・10―17。
(2) レビ19・12。
(3) マタ5・37、ヤコ5・12。
(4) レビ5・1、箴29・24。

神の聖なる御名《み》を用いない、ということです。(5)
それは、この方がわたしたちによって正しく告白され、(6)
呼びかけられ、(7)
わたしたちのすべての言葉と行いとによって
讃《たた》えられるためです。(8)

問100 それでは、呪《のろ》いや誓約によって神の御名《み》を冒瀆《ぼうとく》することは、
それをできうる限り阻止《そし》したり
禁じたりしようとしない人々にも
神がお怒りになるほど、重い罪なのですか。

答 確かにそのとおりです。(1)
なぜなら、神の御名《み》の冒瀆《ぼうとく》ほど
この方が激しくお怒りになる罪はないからです。
それゆえ、この方は、
それを死をもって罰するようにもお命じになりました。(2)

第三七主日

問101 しかし、神の御名《み》によって敬虔《けいけん》に誓《ちか》うことはよいのですか。

答 そのとおりです。

(5) 詩99・1—5、エレ4・2。
(6) マタ10・32、33、ロマ10・9、10。
(7) 詩50・14—15、一テモ2・8。
(8) コロ3・17。
(1) レビ5・1。
(2) レビ24・10—17。

権威者が国民にそれを求める場合、
あるいは神の栄光と隣人《りんじん》の救いのために、
　誠実と真実とを保ち促進する必要がある場合です。(1)
なぜなら、そのような誓いは、神の言葉に基づいており
　旧約と新約の聖徒たちによって
　正しく用いられてきたからです。(2)

(1) 申6・13、10・20、エレ4・1、2、ヘブ6・16。
(2) 創21・24、ヨシュ9・15、王上1・29、30、ロマ1・9、二コリ1・23。

問102 聖人や他《た》の被造物《ひぞうぶつ》によって誓うことはよいのですか。

答 いいえ。
なぜなら、正当な誓いとは、ただ独《ひと》り心を探《さぐ》る方である神に、
　真実に対してはそれを証言し、
　わたしが偽って誓う時には
　わたしを罰してくださるようにと(1)
　呼びかけることであり、
このような栄光は、
　いかなる被造物にも帰《き》されるものではないからです。(2)

(1) ロマ9・1、二コリ1・23。
(2) マタ5・34—37、23・16—22、ヤコ5・12。

第三八主日

問103 第四戒で、神は何を望んでおられますか。

答　神が望んでおられることは、
第一に、説教の務《つと》めと教育活動が維持《いじ》されて、(1)
わたしがとりわけ安息の日には神の教会に熱心に集《つど》い、(2)
神の言葉を学び、(3)聖礼典にあずかり、(4)
公《おおやけ》に主に呼びかけ、(5)キリスト教的な施《ほどこ》しをする、(6)
ということ。
第二に、生涯のすべての日において、
わたしが自分の邪悪な行いを休み、
わたしの内で御霊《みたま》を通して主に働いていただき、
こうして永遠の安息を
この生涯において始めるようになる、ということです。(7)

(1) 申6・4―9、20―25、一コリ9・13、14、二テモ2・2、3・13―17、テト1・5。
(2) 申12・5―12、詩40・10、11、68・27、使2・42―47、ヘブ10・23―25。
(3) ロマ10・14―17、一コリ14・31、32、一テモ4・13。
(4) 一コリ11・23、24。
(5) コロ3・16、一テモ2・1。
(6) 詩50・14、一コリ16・2、二コリ8―9章。
(7) イザ66・23、ヘブ4・9―11。

第三九主日

問104　第五戒で、神は何を望んでおられますか。

答　わたしがわたしの父や母、
またすべてわたしの上に立てられた人々に、
あらゆる敬意と愛と誠実とを示し、
すべてのよい教えや懲《こ》らしめには
ふさわしい従順をもって服従し、(1)

(1) 出21・17、箴1・8、4・1、ロマ13・1、2、エフェ5・21、22、6・1―9、コロ3・18―4・1。

彼らの欠けをさえ忍耐すべきである、(2)ということです。
なぜなら、神は彼らの手を通して、
わたしたちを治めようとなさるからです。(3)

第四〇主日

問105 第六戒で、神は何を望んでおられますか。

答 わたしが、思いにより、言葉や態度により、
ましてや行為によって、わたしの隣人《りんじん》を、
自分自《みずか》らまたは他人を通して、
そしったり、憎んだり、侮辱《ぶじょく》したり、
殺してはならないこと。(1)
かえってあらゆる復讐心《ふくしゅうしん》を捨て去ること。(2)
さらに、自分自身を傷つけたり、
自《みずか》ら危険を冒《おか》すべきではない、ということです。(3)
そういうわけで、権威者もまた、
殺人を防ぐために剣《つるぎ》を帯《お》びているのです。(4)

問106 しかし、この戒めは、
殺すことについてだけ、語っているのではありませんか。

(2) 箴20・20、23・22、一ペト2・18。
(3) マタ22・21、ロマ13・1―8、エフェ6・1―9、コロ3・18―21。

(1) 創9・6、レビ19・17、18、マタ5・21、22、26・52。
(2) 箴25・21、22、マタ18・35、ロマ12・19、エフェ4・26。
(3) マタ4・7、マタ26・52、ロマ13・11―14。
(4) 創9・6、出21・14、ロマ13・4。

答 神が、殺人の禁止を通して、
わたしたちに教えようとしておられるのは、
御自身が、ねたみ、憎《にく》しみ、怒り、復讐心《ふくしゅうしん》のような
殺人の根を憎んでおられること(1)。
またすべてそのようなことは、
この方の前では一種の隠れた殺人である、
ということです(2)。

(1) 箴14・30、ロマ1・29、12・19、ガラ5・19―21、一ヨハ2・9―11。
(2) 一ヨハ3・15。

問107 しかし、わたしたちが自分の隣人《りんじん》を
そのようにして殺さなければ、それで十分なのですか。

答 いいえ。
神はそこにおいて、
ねたみ、憎しみ、怒りを断罪《だんざい》しておられるのですから、
この方がわたしたちに求めておられるのは、
わたしたちが自分の隣人《りんじん》を自分自身のように愛し(1)、
忍耐、平和、寛容、慈愛《じあい》、親切を示し(2)、
その人への危害をできうる限り防《ふせ》ぎ、
わたしたちの敵に対してさえ善を行う(3)、
ということなのです。

(1) マタ7・12、22・39、ロマ12・10。
(2) マタ5・3―12、ルカ6・36、ロマ12・10、18、ガラ6・1、2、エフェ4・2、コロ3・12、一ペト3・8。
(3) 出23・4、5、マタ5・44、45、ロマ12・20、21（箴25・21、22）。

第四一主日

問108 第七戒は、何を求めていますか。

答 すべてみだらなことは神に呪《のろ》われるということ。(1)
それゆえ、わたしたちはそれを心から憎み、(2)
　神聖な結婚生活においてもそれ以外の場合においても、
純潔で慎《つつし》み深く生きるべきである、(3)ということです。

問109 神はこの戒めで、姦淫《かんいん》とそのような汚《けが》らわしいこと以外は
禁じておられないのですか。

答 わたしたちの体と魂とは共に聖霊の宮です。
ですから、この方はわたしたちがそれら二つを、
　清く聖なるものとして保つことを望んでおられます。
それゆえ、あらゆるみだらな行い、態度、言葉、思い、欲望、(1)
　またおよそ人をそれらに誘うおそれのある事柄を(2)
　禁じておられるのです。

(1) レビ18・30、エフェ5・3―5。
(2) ユダ22―23。
(3) 一コリ7・1―9、一テサ4・3―8、ヘブ13・4。

(1) マタ5・27―29、一コリ6・18―20、エフェ5・3、4。
(2) 一コリ15・33、エフェ5・18。

第四二主日

問110

答

第八戒で、神は何を禁じておられますか。

神は権威者が罰するような
盗みや略奪《りゃくだつ》を禁じておられるのみならず、(1)
暴力によって、
または不正な重《おも》り、物差し、升《ます》、商品、貨幣《かへい》、
利息のような合法的な見せかけによって、
あるいは神に禁じられている何らかの手段によって、(2)
わたしたちが自分の隣人《りんじん》の財産を
自らのものにしようとする
あらゆる邪悪な行為また企《くわだ》てをも、
盗みと呼ばれるのです。(3)
さらに、あらゆる貪欲《どんよく》や(4)
神の賜物の不必要な浪費も禁じておられます。(5)

問111

答

それでは、この戒めで、神は何をあなたに命じておられるのですか。

わたしが、自分になしうる限り、
わたしの隣人の利益を促進《そくしん》し、
わたしが人にしてもらいたいと思うことを
その人に対しても行い、
わたしが誠実に働いて、

(1) 出22・1、一コリ5・9、10、6・9、10。
(2) 申25・13—16、詩15・5、箴11・1、12・22、エゼ45・9—12、ルカ6・35。
(3) ミカ6・9—11、ルカ3・14、ヤコ5・1—6。
(4) ルカ12・15、エフェ5・5。
(5) 箴21・20、23・20、21、ルカ16・10—13。

困窮《こんきゅう》の中にいる貧しい人々を助けることです。(1)

第四三主日

問112 第九戒では、何が求められていますか。

答 わたしが誰に対しても偽りの証言をせず、
誰の言葉をも曲げず、陰口《かげぐち》や中傷《ちゅうしょう》をする者にならず、
誰かを調べもせずに軽率《けいそつ》に断罪するようなことに
手を貸さないこと。(1)
かえって、あらゆる嘘《うそ》やごまかしを、
悪魔の業《わざ》そのものとして
神の激しい御《み》怒りのゆえに遠ざけ、(2)
裁判やその他《た》のあらゆる取引《とりひき》においては真理を愛し、
正直に語りまた告白すること。(3)
さらにまた、わたしの隣人《りんじん》の栄誉と威信《いしん》とを
わたしの力の限り守り促進する、ということです。(4)

第四四主日

問113 第十戒では、何が求められていますか。

(1) イザ58・5―10、マタ7・12、ガラ6・9、10、エフェ4・28。

(1) 詩15編、箴19・5、マタ7・1、ルカ6・37、ロマ1・28―32。

(2) レビ19・11、12、箴12・22、13・5、ヨハ8・44、黙21・8。

(3) 一コリ13・6、エフェ4・25。

(4) 一ペト3・8、9、4・8。

答 神の戒めのどれか一つにでも逆らうような
ほんのささいな欲望や思いも、
もはや決してわたしたちの心に
入り込ませないようにするということ。
かえって、わたしたちが、
あらゆる罪には心から絶えず敵対し、
あらゆる義を慕《した》い求めるようになる、ということです(1)。

(1) 詩19・8―15、139・23、24、ロマ7・7、8。

問114 それでは、神へと立ち返った人たちは、
このような戒めを完全に守ることができるのですか。

答 いいえ。
それどころか最も聖なる人々でさえ、
この世にある間は、
この服従をわずかばかり始めたにすぎません(1)。
とは言え、その人たちは、真剣な決意をもって、
神の戒めのあるものだけではなくそのすべてに従って、
現に生き始めているのです(2)。

(1) コヘ7・20、ロマ7・14、15、一コリ13・9、一ヨハ1・8―10。
(2) 詩1・1、2、ロマ7・22―25、フィリ3・12―16。

問115 この世においては、だれも十戒を守ることができないのに、
なぜ神はそれほどまで厳《きび》しく、

答

わたしたちにそれらを説教させようとなさるのですか。

第一に、わたしたちが、全生涯にわたって、
　わたしたちの罪深い性質を次第次第により深く知り、
　それだけより熱心に、
　キリストにある罪の赦《ゆる》しと義とを
　求めるようになるためです。(1)

第二に、わたしたちが絶えず励み、
　神に聖霊の恵みを請《こ》うようになり、
　そうしてわたしたちがこの生涯の後《のち》に、
　完成という目標に達する時まで、
　次第《しだい》次第に、いよいよ神のかたちへと
　新しくされてゆくためです。(2)

(1) 詩32・5、ロマ3・19—26、7・7、24、25、一ヨハ1・9。

(2) 一コリ9・24、フィリ3・12—14、一ヨハ3・1—3。

祈りについて

第四五主日

問116 なぜキリスト者には祈りが必要なのですか。

答 なぜなら、祈りは、
神がわたしたちにお求めになる感謝の
最も重要な部分だからです[1]。
また、神が御自分の恵みと聖霊とを与えようとなさるのは、
心からの呻《うめ》きをもって
絶えずそれらをこの方に請《こ》い求め、
それらに対して
この方に感謝する人々に対してだけ、だからです[2]。

問117 神に喜ばれ、この方に聞いていただけるような祈りには、
何が求められますか。

(1) 詩50・14、15、116・12—19、一テサ5・16—18。

(2) マタ7・7、8、ルカ11・9—13。

答

第一に、御自身を御言葉《ご》《み》においてわたしたちに啓示された
唯一《ゆいいつ》のまことの神に対してのみ、
この方がわたしたちに求めるようにとお命じになった
すべての事柄《ことがら》を、
わたしたちが心から請《こ》い求める、ということ。(1)
第二に、わたしたちが自分の乏しさと悲惨さとを深く悟り、
この方の威厳《いげん》の前にへりくだる、ということ。(2)
第三に、わたしたちがそれに値《あたい》しないにもかかわらず、
ただ主キリストのゆえに、
この方がわたしたちの祈りを
確かに聞き入れてくださるという、
揺《ゆ》るがない確信を持つことです。
それは、神が御言葉《み》において
わたしたちに約束なさったとおりです。(3)

(1) 詩145・18—20、ヨハ4・22—24、ロマ8・26、27、ヤコ1・5、一ヨハ5・14、15。
(2) 歴下7・14、詩2・11、34・19、62・9、イザ66・2、黙4章。
(3) ダニ9・17—19、マタ7・8、ヨハ14・13、14、16・23、ロマ10・13、ヤコ1・6。

問118

神はわたしたちに、
何を求めるようにとお命じになりましたか。

答

霊的また肉体的に必要なすべてのことです。(1)
主キリストは、わたしたちに自ら教えられた祈りの中に、
それをまとめておられます。

(1) ヤコ1・17、マタ6・33。

問119 主の祈りとはどのようなものですか。

答 天にましますわれらの父よ。
ねがわくはみ名をあがめさせたまえ。
み国を来《きた》らせたまえ。
みこころの天になるごとく、地にもなさせたまえ。
われらの日用《にちよう》の糧《かて》を今日《きょう》も与えたまえ。
われらに罪をおかす者をわれらがゆるすごとく、
　われらの罪をもゆるしたまえ。
われらをこころみにあわせず、悪より救い出したまえ。(1)
(国とちからと栄えとは、
　限りなくなんじのものなればなり。アーメン。*)

第四六主日

問120 なぜキリストはわたしたちに、
神に対して「われらの父よ」と呼びかけるように
お命じになったのですか。

答 この方は、わたしたちの祈りのまさに冒頭《ぼうとう》において、
　わたしたちの祈りの土台となるべき、

(1) マタ6・9―13、ルカ11・2―4。

*日本基督教団出版局『讃美歌』五六四番、参照。

神に対する子どものような畏《おそ》れと信頼とを、
わたしたちに思い起こさせようとなさったからです。
言い換《か》えれば、神がキリストを通して
わたしたちの父となられ、
わたしたちの父親たちが
わたしたちに地上のものを拒《こば》まないように、
ましてや神は、
わたしたちが信仰によってこの方に求めるものを
拒もうとなさらない、ということです。(1)

問121 なぜ「天にまします」と付け加えられているのですか。

答 わたしたちが、神の天上《てんじょう》の威厳《いげん》については
何か地上のことを思うことなく、(1)
その全能の御性質に対しては
体と魂に必要なことすべてを期待するためです。(2)

第四七主日

問122 第一の願いは何ですか。

答 「み名をあがめさせたまえ」です。

(1) マタ7・9―11、ルカ11・11―13。

(1) エレ23・23、24、使17・24、25。

(2) マタ6・25―34、ロマ8・31、32。

すなわち、
第一に、わたしたちが、あなたを正しく知り、(1)
あなたの全能、知恵、善、正義、
慈愛《じあい》、真理を照らし出す、そのすべての御業《みわざ》において、
あなたを聖なるお方とし、あがめ、
讃美できるようにさせてください、ということ。(2)
第二に、わたしたちが自分の生活のすべて、
すなわち、その思いと言葉と行いを正して、
あなたの御名《みな》がわたしたちのゆえに汚されることなく、
かえってあがめられ讃美されるようにしてくださいい、
ということです。(3)

(1) エレ9・22、23、31・33、34、マタ16・17、ヨハ17・3。
(2) 出34・5―8、詩145編、エレ32・16―20、ルカ1・46―55、68―75、ロマ11・33―36。
(3) 詩115・1、マタ5・16。

第四八主日

問123 第二の願いは何ですか。

答 「み国を来《きた》らせたまえ」です。
すなわち、
あなたがすべてのすべてとなられる御国《みくに》の完成に至るまで、(1)
わたしたちがいよいよあなたにお従いできますよう、
あなたの御言葉《みことば》と御霊とによって

(1) ロマ8・22、23、一コリ15・28、黙22・17、20。

わたしたちを治めてください(2)、
あなたの教会を保ち進展させてください(3)、
あなたに逆らい立つ悪魔の業《わざ》やあらゆる力、
あなたの聖なる御《み》言葉に反して考え出される
すべての邪悪な企《くわだ》てを滅ぼしてください、
ということです(4)。

第四九主日

問124 第三の願いは何ですか。

答 「みこころの天になるごとく、地にもなさせたまえ」です。
すなわち、
わたしたちやすべての人々が、
　自分自身の思いを捨て去り、
唯一正しいあなたの御心に、
何一つ言い逆らうことなく
聞き従えるようにしてください(1)、
そして、一人一人が自分の務めと召命とを(2)、
天の御《み》使いのように
喜んで忠実に果たせるようにしてください、

(2) 詩119・5、105、143・10、マタ6・33。
(3) 詩122・6—9、マタ16・18、使2・42—47。
(4) ロマ16・20、一ヨハ3・8。

(1) マタ7・21、16・24—26、ルカ22・42、ロマ12・1、2、テト2・11、12。
(2) 一コリ7・17—24、エフェ6・5—9。

ということです。(3)

第五〇主日

問125 第四の願いは何ですか。

答 「われらの日用《にちよう》の糧《かて》をきょうも与えたまえ」です。
すなわち、
わたしたちに肉体的に必要なすべてのものを備《そな》えてください、(1)
それによって、わたしたちが、
あなたこそ良きもののすべての唯一の源《みなもと》であられること、(2)
また、あなたの祝福なしには、
わたしたちの心配《くば》りや労働、あなたの賜物でさえも、
わたしたちの益にならないことを知り、(3)
そうしてわたしたちが、
自分の信頼をあらゆる被造物から取り去り、
ただあなたの上にのみ置くようにさせてください、
ということです。(4)

(3) 詩103・20、21。

(1) 詩104・27―30、145・15、16、マタ6・25―34。
(2) 使14・17、17・25、ヤコ1・17。
(3) 申8・3、詩37・16、127・1、2、一コリ15・58。
(4) 詩55・23、62編、146編、エレ17・5―8、ヘブ13・5、6。

第五一主日

問126 第五の願いは何ですか。

答 「われらに罪を犯す者をわれらがゆるすごとく、
　われらの罪をもゆるしたまえ」です。
すなわち、
わたしたちのあらゆる過失《かしつ》、
　さらに今なおわたしたちに付いてまわる悪を、
キリストの血のゆえに、
みじめな罪人《つみびと》であるわたしたちに負わせないでください、(1)
わたしたちもまた、
　あなたの恵みの証をわたしたちの内に見出し、
わたしたちの隣人《りんじん》を心から赦そうと
かたく決心していますから、ということです。(2)

(1) 詩51・3―9、143・2、ロマ8・1、一ヨハ2・1、2。
(2) マタ6・14、15、18・21―35。

第五二主日

問127 第六の願いは何ですか。

答 「われらをこころみにあわせず、

悪より救い出したまえ」です。
すなわち、
わたしたちは自分自身あまりに弱く、
ほんの一時《ひととき》立っていることさえできません。(1)
その上わたしたちの恐ろしい敵である
悪魔や(2)この世、(3)また自分自身の肉が、(4)
絶え間なく攻撃をしかけてまいります。
ですから、どうかあなたの聖霊の力によって、
わたしたちを保ち、強めてくださり、
わたしたちがそれらに激しく抵抗し、
この霊の戦いに敗《やぶ》れることなく、(5)
ついには完全な勝利を収《おさ》められるようにしてください、
ということです。(6)

問128

答
あなたはこの祈りを、どのように結びますか。
「国とちからと栄《さか》えとは、
　限りなくなんじのものなればなり」
というようにです。
すなわち、
わたしたちがこれらすべてのことをあなたに願うのは、

(1) 詩103・14―16、ヨハ15・1―5。
(2) 二コリ11・14、エフェ6・10―13、一ペト5・8。
(3) ヨハ15・18―21。
(4) ロマ7・23、ガラ5・17。
(5) マタ10・19、20、26・41、マコ13・33、ロマ5・3―5。
(6) 一コリ10・13、一テサ3・13、5・23。

あなたこそわたしたちの王、
またすべてのことに力ある方として、
すべての良きものをわたしたちに与えようと欲し、
またそれがおできになるからであり[1]、
そうして、わたしたちではなく、あなたの聖なる御名《みな》が、
永遠に讃美されるためなのです[2]。

（1）ロマ10・11―13、二ペト2・9。
（2）詩115・1、ヨハ14・13。

問129 「アーメン」という言葉は、何を意味していますか。

答 「アーメン」とは、
それが真実であり確実である、ということです。
なぜなら、これらのことを神に願い求めていると、
わたしが心の中で感じているよりもはるかに確実に、
わたしの祈りはこの方に聞かれているからです[1]。

（1）イザ65・24、二コリ1・20、二テモ2・13。

#『ハイデルベルク信仰問答』第一版序文

「プファルツ選帝侯国の教会と学校で使用されるカテキズムまたはキリスト教の教え
（選帝侯国の盾形紋章）
選帝侯国のハイデルベルクにてヨハン・マイヤーにより一五六三年に印刷」

神の恵みによるラインの伯爵、神聖ローマ帝国の大内膳頭また選帝侯、バイエルンの侯爵、等々、であるフリードリヒより、ライン・プファルツのわが選帝侯国の全監督、牧師、説教者、教会と学校の官吏たちに、恵みと挨拶を送り、以下のことを通達する。

私は、神の言葉の戒めにより、また本来の義務や関係によってもその責務があると認め、ここに神によって委ねられた職務と召命また統治を遂行することを決意した。それは、わが国民の静かで平和なまた偽りのない高潔な生活のためのみならず、何にもまして全能者への正しい知識と畏れ、またあらゆる徳と服従の唯一の土台である神の救いの言葉へと彼らを絶えず諭し導くため、さらに、心からの誠実さをもってこの世とかの世にわたる福利を向上させ、力の及ぶ限りこれを維持するためである。

わが治世の初めに、思い起こす度に尊敬と幸いな思いに満たされるわが愛する親族、先輩諸氏、またプファルツの伯爵や選帝侯の各位が、神の栄光の促進と国民の規律と秩序の維持のため、もろもろのキリスト教的かつ有益な制度や仕組みを設立また着手されたことを私は知った。しかしながら、それらは、すべてにわたって望ましい熱心さをもって為されたわけでなく、期待されまた望まれた成果も上げえなかった。それゆえ、私は、これを更新するとともに必要とあらば改良・改革し、さらにはこれを確立するよう促されたのである。

また、少なからぬ欠陥をも、私は見出した。血気盛んな青年たちが、わが選帝侯国の学校や教会また至る所で、キリスト教教理については全くいい加減なまま、ある者は無知のまま放置され、またある者は何ら確かで統一されたカテキズムによらず、ただ各自の考えや計画に基づいて教えられている。そこから、また他のいくつもの誤謬によっても、彼らは神への恐れと御言葉の知識を欠いたまま成長することしばしばであり、有益な教理教育を施されることもなく、かえって瑣末で不必要な問題また時には誤った教えによって苦しめられている始末である。今やもし、秩序や敬愛またすべて他の美徳が向上し促進させられるはずの、キリスト教と世俗双方の職務また国政や家政が維持されないのであるならば、青年たちがその初めから、何よりもまず聖なる福音の純粋で一貫した教えと真実な神知識へと向けられ、そこに堅くとどまらせねばならない。

それゆえ、私はこのことに目を注ぎ、誤謬と混乱を一掃し、必要な改革を行うことを目下の急務またわが国政の最重要課題と考えた。こうして、私は、当地のすべての神学教授、監督、また最も気高い牧師たちの助言と協力により、われらのキリスト教教理の要約またはカテキズムを、神の言葉から、ドイツ語とラテン語双方において作成するよう準備させたのである。これにより、今後、教会や学校にいる青年たちが、キリスト教教理によって敬虔に教化されまた一貫して指導されるのみならず、説教者や教師たち自身が確固たる型と基準を有し、日毎に変わる各自の好みによらずまた誤った教えを取り込むことなく、青年を教えることができるのである。

ここに貴殿各位に格段の熱意と慈しみをもって勧めまた命じることは、神の栄光とわれらの国民のためまたあなたがた自身の魂の益のために、このカテキズムまたは教程を努めて感謝をもって受け入れること、学校や教会では青年たちに、説教壇からは会衆たちに正しい理解をもって熱心に説くこと、それに基づいて教え、行い、そして生きることである。疑いなき希望と確信をもって言えることは、もし青年たちが神の言葉によってその初めから熱心に教えられ養われるならば、全能者もまたわれらの生活の改善を押し進め、この世とかの世にわたる繁栄を授けて下さるであろう、ということである。以上、ここに申し述べたことが実現されることを願う。

われらの愛する主また救い主なるキリストの生誕後一五六三年、一月十九日、火曜日。
ハイデルベルクにて。

＊原文は、Wilhelm Niesel, Hrsg., *Bekenntnisschriften und Kirchenordnungen der nach Gottes Wort reformierten Kirche*, 3. Aufl. (Zürich: Evangelischer Verlag, 1938), S. 138-139。本文は、格調高い公文書として書かれているが、ここでは努めて口語体にした。

訳者あとがき

本書は、Lyle D. Bierma, *The Theology of the Heidelberg Catechism: A Reformation Synthesis*, Columbia Series in Reformed Theology (Louisville, Kentucky: Westminster John Knox Press, 2013) の全訳です。付録の『ハイデルベルク信仰問答』については（すでに本文や注で記したように）原著の英訳ではなく、拙訳を用いました。なお、本文中に引用されている一次資料の訳文に既存の邦訳を使用したため、日本語の仮名遣い等に不統一があることをお許しください。また、原著の脚注のラテン語・ドイツ語・オランダ語による引用文は、読者の便宜のために訳出しておきました。

本書は、著者のビエルマ氏の編著による *An Introduction to the Heidelberg Catechism: Sources, History, and Theology* (with Charles D. Gunnoe, Jr., Karin Y. Maag, Paul W. Fields). Studies and Texts in Reformation and Post-Reformation Thought, ed. Richard A. Muller. Grand Rapids: Baker, 2005（拙訳『ハイデルベルク信仰問答入門――資料・歴史・神学』教文館、二〇一三年）のいわば姉妹編であり、特に同書の第三章「『ハイデルベルク信仰問答』の資料と神学」を『信仰問答』全体にわたって展開したものと言えましょう。

上記『『ハイデルベルク信仰問答』入門』は複数の著者だったために、ライル・D・ビエルマ氏について十分紹介できませんでしたので、ここで同氏について少し詳しく述べておくことにします。

ビエルマ氏（発音は「ビエマ」に近い）は、オランダ系移民によって設立された北米キリスト改革派教会に属する教師です。宣教師の子として生まれ、幼少期を一時ナイジェリアで過ごしたこともあったそうですが、米国ミシガン州グランドラピッズにあるカルヴィン大学・神学校を卒業された後、チュービンゲン大学などで研究をし、デューク大学で博士号を取得されました。長年にわたってグランドラピッズのリフォームド・バイブル・カレッジ（現、カイパー大学）で教鞭を取りましたが、現在はカルヴィン神学校の歴史神学教授として働いておられます。その明快な講義と（宣教師ゆずりの？）気さくで飾らない人柄には定評があります。

専門は、一六世紀のドイツ改革派神学で、主な著訳書には（上記二冊以外に）以下のものがあります。

- *The Writings of John Calvin: An Introductory Guide*, by Wulfert de Greef. Grand Rapids: Baker, 1993（translation of *Johannes Calvijn: zijn werk en geschriften*. Kampen: De Groot Goudriaan, 1989）. 同書の増補改訂版、*The Writings of John Calvin, Expanded Edition: An Introductory Guide*, by Wulfert de Greef. Louisville: Westminster John Knox, 2008（translation of *Johannes Calvijn: zijn werk en geschriften*. 2d rev. ed. Kampen: Kok, 2006）.
- *A Firm Foundation: An Aid to Interpreting the Heidelberg Catechism*, by Caspar Olevianus. Studies and Texts in Reformation and Post-Reformation Thought, ed. Richard A. Muller. Grand Rapids: Baker and Paternoster, 1995（translation of *Vester Grundt*. Heidelberg: Schirat, 1567）.
- *The Ecclesiastical Offices in the Thought of Martin Bucer*, by Willem van't Spijker. Studies in Medieval and Reformation Thought, ed. Heiko A. Oberman, vol. 57. Leiden: Brill, 1996（translation, with John Vriend, of *De ambten bij Martin Bucer*. Kampen: Kok, 1970）.
- *German Calvinism in the Confessional Age: The Covenant Theology of Caspar Olevianus*. Grand Rapids: Baker, 1996. 同書の改訂版、*The Covenant Theology of Caspar Olevianus*. Grand Rapids: Reformation

Heritage Books, 2005.

・*The Doctrine of the Sacraments in the Heidelberg Catechism: Melanchthonian, Calvinist, or Zwinglian?* Studies in Reformed Theology and History, New Series, no. 4. Princeton: Princeton Theological Seminary, 1999.

・*Marriage and Divorce in the Thought of Martin Bucer*, by Herman J. Selderhuis. Sixteenth Century Essays and Studies, ed. Raymond A. Mentzer, vol. 48. Kirksville, MO: Thomas Jefferson UP, 1999 (translation, with John Vriend, of *Huwelijk en echtscheiding bij Martin Bucer*. Leiden: Groen en Zoon, 1994).

・*An Exposition of the Apostles' Creed*, by Caspar Olevianus. Classic Reformed Theology, vol. 2. Grand Rapids: Reformation Heritage Books, 2009 (translation of *Expositio Symboli Apostolici*. Frankfurt: Wechel, 1576).

・*Calvin: A Brief Guide to His Life and Thought*, by Willem van't Spijker. Louisville: Westminster John Knox, 2009 (translation of an unpublished Dutch manuscript; also published in Germany as *Calvin: Biographie und Theologie*. Göttingen: Vandenhoeck & Ruprecht, 2001).

これらの著訳書に見られるように、ビエルマ氏の学風は堅実かつ伝統的で、ジャン・カルヴァンから『ハイデルベルク信仰問答』に至る改革派神学の継承発展を厳密に歴史的文脈に即して理解しようとするものです。しかし、それが決して保守的立場のオウム返しにとどまるものではないことは、従来単純に改革派伝統のカテキズムと理解されてきた（そして、著者自身がその伝統の中で育てられてきた）『ハイデルベルク信仰問答』のエキュメニカルな性格を明らかにした本書に明白です。

他方で、著者は、『ハイデルベルク信仰問答』のエキュメニズムを単なる印象によって述べるのでも、今日のエキュメニカル運動に時代錯誤的に直結させるのでもなく、あくまでも一六世紀の文脈の中で厳密かつ実証的にとらえようとしています。そうすることが、『ハイデルベルク信仰問答』本来の意図と力とを今日に生かす最良の道だと信じているからです。

その意味で、本書は、宗教改革五〇〇周年を迎えた今日における教会伝統再評価の在り方を示す好著とも言えましょう。自らの伝統をいたずらに墨守するのでも安易に捨て去るのでもなく、誠実かつ公平な歴史的・批評的研究によって、その意義を明らかにするという姿勢です。そして、そのような姿勢そのものが、実は『ハイデルベルク信仰問答』という稀有な文書を生み出した人々の姿勢でもあったというのが、本書の主張でもありました。『ハイデルベルク信仰問答』という小さな書物に表されたエキュメニズムは、決して諸伝統の妥協の産物ではなく、あくまでも聖書にあらわされた神の救いの確かさと豊かさをシンプルかつ効果的に人々に伝えるための努力の結晶だったからです。『ハイデルベルク信仰問答』は、副題にあるとおり、まさに《宗教改革神学の総合》と呼ばれるにふさわしい書物だったのです。

今回も教文館出版部の髙木誠一さんには、大変お世話になりました。記して感謝いたします。

二〇一七年七月　甲子園にて

吉田　隆

文献表

一次資料（邦訳は注で言及したもののみ）

Becker, Wilhelm. "Zacharias Ursins Briefe an Crato von Crafftheim." *Theologische Arbeiten aus dem rheinischen wissenschaftlichen Prediger-Verein* 12 (1892): 41-107.

Die Bekenntnisschriften der evangelisch-lutherischen Kirche. 4th ed. Göttingen: Vandenhoeck & Ruprecht, 1959.

Beza, Theodore. *Confessio christianae fidei, et eiusdem collation cum papisticis haeresibus*. London: Thomas Vautrollerius, 1575. http://eebo.chadwyck.com.

_______. "*Kurtze Bekanntnuss des Christlichen glaubens*." Heidelberg: Ludwig Lück, 1562. In Hollweg, "Die Beiden Konfessionen Theodor von Bezas: Zwei bisher unbeachtete Quellen zum Heidelberger Katechismus," 111-23. *Neue Untersuchungen zur Geschichte und Lehre des Heidelberger Katechismus*. Beiträge zur Geschichte und Lehre der Reformierten Kirche, edited by Paul Jacobs et al., vol. 13. Neukirchen: Neukirchener Verlag, 1961.

"Die Brandenburg-Nürnbergische Kirchenordnung (1533)." Editied by Jürgen Lorz and Gottfried Seebass. In *Andreas Osiander d. Ä. Gesamtausgabe*, edited by Gerhard Müller. Vol. 5, *Schriften und Briefe 1533 bis 1534*, edited by Gerhard Müller and Gottfried Seebass. Gütersloh: Mohn, 1983.

Bucer, Martin. "Kurtze schrifftliche erklärung für die Kinder vnd angohnden." In *Quellen zur Geschichte des kirchlichen Unterrichts in der evangelischen Kirche Deutschlands zwischen 1530 und 1600*, edited by Johann M. Reu. Pt. 1, *Quellen zur Geschite des Katechismus-Unterrichts*. Vol. 1, Süddeutsche *Katechismen*. 1904. Reprint, Hildescheim: Olms, 1976.

Bullinger, Heinrich. "Catechesis pro adultoribus scripta, de his potissimum captibus." Zurich: Froschauer, 1559. In Maurits Gooszen, *De Heidelbergsche Catechismus: textus receptus met toelichtenden teksten* ("Catechismus"). Leiden: Brill, 1890.

_______. *Compendium Christianae Religionis*. Zurich: Froschauer, 1569.

_______. "Confessio Helvetica Posterior [The Second Helvetic Confession]" (1566). In *The Creeds of Christendom: With a History and Critical Notes*, edited by Philip Schaff. 6th ed. Vol. 3, *The Evangelical Protestant Creeds with Translations*. 1931. Reprint, Grand Rapids: Baker, 1990.〔渡辺信夫訳「第二スイス信仰告白」『宗教改革著作集14』（教文館、1994年）所収。〕

_______. *The Decades of Henry Bullinger*. Edited by Thomas Harding. 1849-52. Reprint, New York: Johnson Reprint, 1968.

Calvin, John. *Calvin: Institutes of the Christian Religion*. Edited by John T. McNeill. Translated by Ford Lewis Battles. The Library of Christian Classics, vols. 20–21. Philadelphia: Westminster, 1960.〔渡辺信夫訳『改訂版　キリスト教綱要』新教出版社、2007–2009年。〕

________. "The Catechism of the Church of Geneva" (1545). In *Calvin: Theological Treatises*, translated and edited by J. K. S. Reid. The Library of Christian Classics, vol. 22. Philadelphia: Westminster, 1954.〔外山八郎訳『ジュネーヴ教会信仰問答』新教出版社、1979年。〕

________. *Institutes of the Christian Religion*: 1536 edition. Translated by Ford Lewis Battles. Grand Rapids: Wm. B. Eerdmans, 1975.

________. *Ioannis Calvini opera quae supersunt omnia*. Edited by Guilielmus Baum, Eduardus Cunitz, and Eduardus Reuss. 59 vols. Brunswick: Schwetschke, 1863–1900.

________. "Short Treatise on the Lord's Supper" (1541). In *Calvin: Theological Treatises*, translated and edited by J. K. S. Reid. The Library of Christian Classics, vol. 22. Philadelphia: Westminster, 1954.

Catechesis Religionis Christianae, quae traditur in ecclesiis et scholis Palatinatus. Heidelberg: Schirat et Mayer, 1563.

"Consensus Tigurinus." In *Ioannis Calvini opera quae supersunt omnia*. Edited by Guilielmus Baum, Eduardus Cunitz, and Eduardus Reuss. Vol. 7. Brunswick: Schwetschke, 1868. English translation: Ian Bunting, "The *Consensus Tigurinus*." *Journal of Presbyterian History* 44 (1966): 45–61.

Erastus, Thomas. *Gründtlicher bericht, wie die wort Christi Das ist mein leib etc. zuuerstehen seien*. Heidelberg: Lück, 1562.

A Formula of Agreement. Presbyterian Church (U.S.A.). http://oga.pcusa.org/ecumenicalrelations/resources/formula.pdf.

"Formula of Concord [The Solid Declaration]." In *The Book of Concord: The Confessions of the Evangelical Lutheran Church*, edited by Robert Kolb and Timothy J. Wengert. Translated by Charles Arand et al. Minneapolis: Fortress Press, 2000.〔信条集専門委員会訳『一致信条集』聖文舎、1982年。〕

Jud, Leo. "Catechismus. Christliche klare und einfalte ynleitung in den Willenn unnd in die Gnad Gottes [Larger Catechism]." 1534. In Maurits Gooszen, *De Heidelbergsche Catechismus: textus receptus met toelichtende teksten* ("Catechismus"). Leiden: Brill, 1890.

________. "Der kürtzer Catechismus." 1541. In August Lang, *Der Heidelberger Katechismus und vier verwandte Katechismen*. Leipzig: Deichert, 1907.

"Kirchenordnung . . . [vom 15. November 1563]." In *Die evangelischen Kirchenordnungen des XVI. Jahrhunderts*, edited by Emil Sehling. Vol. 14, *Kurpfalz*. Tübingen: Mohr (Paul Siebeck), 1969.

"Ein Kurtze Ordenliche summa der rechten Waren Lehre unsers heyligen Christlichen Glaubens [1554 ed.]." In *Quellen zur Geschichte des kirchlichen*

Unterrichts in der evangelischen Kirche Deutschlands zwischen 1530 und 1600, edited by Johann M. Reu. Pt. 1, *Quellen zur Geschichte des Katechismus-Unterrichts*. Vol. 1, *Süddeutsche Katechismen*. 1904. Reprint, Hildesheim: Olms, 1976.

Lang, August, ed. *Der Heidelberger Katechismus und vier verwandte Katechismen*. Leipzig: Deichert, 1907.

Lasco, Johannes à. *De catechismus, oft kinder leere, diemen te Londen, in de Duytsche ghemeynte, is ghebruyckende*. Translated into Dutch by Jan Utenhove. London: Steven Myerdman, 1551. http://eebo.chadwyck.com.

_______. "Der Kleine Emder Katechismus (1554) in der Fassung von 1579." Edited by Alfred Rauhaus. In *Reformierte Bekenntnisschriften*, edited by Heiner Faulenbach et al.. Vol. 1/3, *1550–1558*, edited by Judith Becker et al., Neukirchen-Vluyn: Neukirchener Verlag, 2007.〔菊地信光訳「エムデン教理問答」『改革派教会信仰告白集Ⅱ』(一麦出版社、2011年)所収。〕

Luther, Martin. "Betbüchlein. 1522." In *D. Martin Luthers Werke: Kritische Gesammtausgabe*. Vol. 10, bk. 2. 1907. Reprint, Graz: Akademische Druck- und Verlagsanstalt, 1966.

_______. "Dr. Martin Luther's Enchiridion: Der Kleine Katechismus." In *The Creeds of Christendom: With a History and Critical Notes*, edited by Philip Schaff. 6th ed. Vol. 3, *The Evangelical Protestant Creeds with Translations*. 1931. Reprint, Grand Rapids: Baker, 1990.

_______. "Eine kurze Form der zehn Gebote, eine kurze Form des Glaubens, eine kurze Form des Vaterunsers. 1520." In *D. Martin Luthers Werke: Kritische Gesammtausgabe*. Vol. 7. 1897. Reprint, Graz: Akademische Druck- und Verlagsanstalt, 1966.

_______. "The Large Catechism." In *The Book of Concord: The Confessions of the Evangelical Lutheran Church*, edited by Robert Kolb and Timothy J. Wengert, translated by Charles Arand et al. Minneapolis: Fortress Press, 2000.〔徳善義和訳『大教理問答』聖文舎、1983年。〕

_______. "Personal Prayer Book, 1522." Translated by Martin H. Bertram. In *Luther's Works*. Edited by Helmut T. Lehmann. Vol. 43, *Devotional Writings II*, edited by Gustav K. Wiencke. Philadelphia: Fortress Press, 1968.

_______. "The Small Catechism." In *The Book of Concord: The Confessions of the Evangelical Lutheran Church*, edited by Robert Kolb and Timothy J. Wengert, translated by Charles Arand et al. Minneapolis: Fortress Press, 2000.〔徳善義和訳「小教理問答」『宗教改革著作集14』所収。〕

Melanchthon, Philip. "Apology of the Augsburg Confession." In *The Book of Concord: The Confessions of the Evangelical Lutheran Church*. Edited by Robert Kolb and Timothy J. Wengert, translated by Charles Arand et al. Minneapolis: Fortress Press, 2000.

_______. "The Augsburg Confession." In *The Book of Concord: The Confessions of*

the Evangelical Lutheran Church. Edited by Robert Kolb and Timothy J. Wengert, translated by Charles Arand et al. Minneapolis: Fortress Press, 2000.〔徳善義和訳「アウクスブルク信仰告白」『宗教改革著作集14』所収。〕

_______. "Die Augsburgische Konfession [German and Latin texts]." In *Die Bekenntnisschriften der evangelisch-lutherischen Kirche*, 4th ed. Göttingen: Vandenhoeck & Ruprecht, 1959.

_______. "Examen ordinandorum 1552." In *Melanchthons Werke in Auswahl,* edited by Robert Stupperich. Vol. 6, *Bekenntnisse und kleine Lehrschriften*, edited by Robert Stupperich. Gütersloh: Bertesmann, 1955.

_______. "Examen Ordinandorum [1554]." In *CR*. Vol. 23, *Philippii Melanthonis opera quae supersunt omnia,* edited by C. G. Bretschneider and H. E. Bindseil. 1855. Reprint, New York: Johnson Reprint Corporation, 1963.

_______. "Iudicium de Zwinglii doctrina" (1530). In *CR*. Vol. 1-28, *Philippii Melanthonis opera quae supersunt omnia.* Vol. 2. Edited by C. G. Bretschneider. 1835. Reprint, New York: Johnson Reprint Corporation, 1963.

_______. "Loci Communes Theologici [1521]." Translated by Lowell J. Satre. In *Melanchthon and Bucer,* edited by Wilhelm Pauck. Library of Christian Classics, vol. 19. Philadelphia: Westminster, 1969.

_______. "Loci theologici [1521]." In *CR*. Vols. 1-28, *Philippi Melanthonis opera quae supersunt omnia.* Vol. 21. Edited by C. G. Bretschneider and H. E. Bindseil. 1854. Reprint, New York: Johnson Reprint Corporation, 1963.

_______. "Loci theologici [1543]." In *CR*. Vols. 1-28, *Philippi Melanthonis opera quae supersunt omnia.* Vol. 21. Edited by C. G. Bretschneider and H. E. Bindseil. 1854. Reprint, New York: Johnson Reprint Corporation, 1963.

_______. "Responsio Philip. Melanth. Ad quaestionem de controversia Heidelbergensi." In *CR*. Vols. 1-28, *Philippi Melanthonis opera quae supersunt omnia.* Vol. 9. Edited by C. G. Bretschneider and H. E. Bindseil. 1854. Reprint, New York: Johnson Reprint Corporation, 1963.

Micronius, Marten. *Den kleynen cathechismus, oft kinder leere der Duytscher Ghemeynte van Londen* (1552). London: Duvves 1566. http://eebo.chadwyck.com.

_______. "Een corte undersouckinghe des gheloofs (1553) in der Fassung von 1555," edited by J. Marius J. Lange van Ravenswaay. In *Reformierte Bekenntnisschriften*, edited by Heiner Faulenbach et al. Vol. 1/3, *1550-1558*, edited by Judith Becker et al. Neukirchen-Vluyn: Neukirchener Verlag, 2007.

Mörlin, Joachim. "Der Katechismus des Joachim W [M]örlin von 1547 resp. 1566." In *Quellen zur Geschichte des kirchlichen Unterrichts in der evangelischen Kirche Deutschlands zwischen 1530 und 1600*, edited by Johann M. Reu. Pt. 1, *Quellen zur Geschite des Katechismusunterrichts*. Vol. 3, *Ost-, Nord-, und Westdeutsche Katechismen*. Sec. 2, bk. 2, *Texte*. 1920. Reprint, Hildescheim: Olms, 1976.

Müller, E. F. Karl. *Die Bekenntnisschriften der reformierten Kirche*. Leipzig: Deichert,

1903.

Olevianus, Caspar. *An Exposition of the Apostles' Creed.* Translated by Lyle D. Bierma. Classic Reformed Theology, edited by R. Scott Clark, vol. 2. Grand Rapids: Reformation Heritage Books, 2009.

———. *A Firm Foundation: An Aid to Interpreting the Heidelberg Catechism.* Translated and edited by Lyle D. Bierma. Texts and Studies in Reformation and Post-Reformation Thought, edited by Richard A. Muller. Grand Rapids: Baker, 1995.

Schaff, Philip. *The Creeds of Christendom: With a History and Critical Notes.* 6th ed. 3 vols. 1931. Reprint, Grand Rapids: Baker, 1990.

Sehling, Emil, ed. *Die evangelischen Kirchenordnungen des XVI. Jahrhunderts.* Vol. 14, *Kurpfalz.* Tübingen: Mohr, 1957.

Ursinus, Zacharias. "Catechesis minor, perspicua brevitate christianam fidem complectens." In *Der Heidelberger Katechismus und vier verwandte Katechismen,* edited by August Lang. Leipzig:Deichert, 1907.

———. *The Commentary of Dr. Zacharias Ursinus on the Heidelberg Catechism.* Translated by G. W. Williard. Wm. B. Eerdmans, 1954.

———. *Corpus doctrinae Christianae.* Hannover: Aubrius, 1634.

———. *Grüntlicher Bericht vom heiligen Abendmal unsers Herren Jesu Christi.* Heidelberg: Mayer, 1564.

———. "The Larger Catechism." Translated by Lyle D. Bierma. In Lyle D. Bierma et al., *An Introduction to the Heidelberg Catechism: Sources, History, and Theology.* Texts and Studies in Reformation and Post-Reformation Thought, edited by Richard A. Muller. Grand Rapids: Baker, 2005.〔吉田隆訳「大教理問答」『『ハイデルベルク信仰問答』入門――資料・歴史・神学』(教文館、2013年) 所収。〕

———. "The Smaller Catechism." Translated by Lyle D. Bierma. In Lyle D. Bierma et al., *An Introduction to the Heidelberg Catechism: Sources, History, and Theology.* Texts and Studies in Reformation and Post-Reformation Thought, edited by Richard A. Muller. Grand Rapids: Baker, 2005.〔吉田隆訳「小教理問答」『『ハイデルベルク信仰問答』入門』所収。〕

———. "Theses complectentes breviter et perspicue summam verae Doctrinae de Sacramentis." In *Zachariae Ursini . . . volumen tractationum theologicarum.* Vol. 1. Neustadt: Harnisch, 1584.

———. "Theses de persona et officio unici mediatoris inter Deum et homines, domini nostri Iesu Christi." In *D. Zachariae Ursini . . . opera theologica,* edited by Quirinus Reuter. Vol. 1. Heidelberg: Lancellot, 1612.

Zwingli, Ulrich. "Fidei Ratio" (1530). In E. F. Karl Müller, *Die Bekenntnisschriften der reformierten Kirche.* Leipzig: Deichert, 1903.

二次資料

Althaus, Paul. *The Theology of Martin Luther*. Translated by Robert C. Schultz. Philadelphia: Fortress Press, 1966.

Alting, Heinrich. *Historia Ecclesiae Palatinae* (1644). In *Monumenta pietatis & literaria virorum in republica & literaria illustrium, selecta*, edited by Ludwig Christian Mieg and Daniel Nebel. Frankfurt: Maximillian, 1701, 130. Quoted in Gustav A. Benrath. "Die Eigenart der pfälzischen Reformation und die Vorgeschichte des Heidelberger Katechismus." *Heidelberger Jahrbuch* 7 (1963): 14.

Asendorf, Ulrich. "Luther's Small Catechism and the Heidelberg Catechism." In *Luther's Catechisms — 450 Years: Essays Commemoration the Small and Large Catechisms of Dr. Martin Luther*, edited by David P. Scaer and Robert D. Preus, 1–7. Fort Wayne: Concordia Theological Seminary, 1979.

Bandstra, Andrew J. "Law and Gospel in Calvin and Paul." In *Exploring the Heritage of John Calvin*, edited by David E. Holwerda, 11–39. Grand Rapids: Baker, 1976.

Barth, Karl. *Learning Jesus Christ through the Heidelberg Catechism*. Translated by Shirley C. Guthrie Jr. Grand Rapids: Wm. B. Eerdmans, 1964.

Bavinck, Jan. *De Heidelbergsche Catechismus*. Vol. 2. 2nd ed. Kampen: Kok, 1913–14.

Benrath, Gustav A. "Die Eigenart der pfalzischen Reformation und die Vorgeschichte des Heidelberger Katechismus." *Heidelberger Jahrbuch* 7 (1963): 13–32.

Berkhof, Hendrikus. "The Catechism as an Expression of Our Faith." In Bard Thompson et al., *Essays on the Heidelberg Catechism*, 76–92. Philadelphia: United Church Press, 1963.

_______. "The Catechism in Historical Context." In Bard Thompson et al., *Essays on the Heidelberg Catechism*, 76–92. Philadelphia: United Church Press, 1963.

Bierma, Lyle D. "Confessions and Ecumenicity: The Christian Reformed Church and Heidelberg Catechism 80." In *That the World May Believe: Essays on Mission & Unity in Honour of George Vandervelde*, edited by Michael W. Goheen and Margaret O'Gara, 145–54. Lanham, MD: University Press of America, 2006.

_______. *The Covenant Theology of Caspar Olevianus*. Rev. ed. Grand Rapids: Reformation Heritage Books, 2005.

_______. "How Should Heidelberg Catechism Q/A 60 Be Translated?" *Calvin Theological Journal* 26 (April 1991): 125–33.

_______. "The Purpose and Authorship of the Heidelberg Catechism." In Lyle D. Bierma et al., *An Introduction to the Heidelberg Catechism: Sources, History, and Theology*, 49–74. Texts and Studies in Reformation and Post-Reformation Thought, edited by Richard A. Muller. Grand Rapids: Baker, 2005. 〔吉田隆訳『『ハイデルベルク信仰問答』入門』所収。〕

_______. "The Sources and Theological Orientation of the Heidelberg Catechism." In Lyle D. Bierma et al., *An Introduction to the Heidelberg Catechism:*

Sources, History, and Theology, 75–102. Texts and Studies in Reformation and Post-Reformation Thought, edited by Richard A. Muller. Grand Rapids: Baker, 2005.〔吉田隆訳『『ハイデルベルク信仰問答』入門』所収。〕

———. "WARC, the Heidelberg Catechism, and the Concept of Life." Paper presented at the Theology Committee of the Caribbean and North American Area Council. Louisville, KY, February 2004.

———. "What Hath Wittenberg to Do with Heidelberg? Philip Melanchthon and the Heidelberg Catechism." In *Melanchthon in Europe: His Work and Influence beyond Wittenberg*, edited by Karin Maag, 103–21. Texts and Studies in Reformation and Post-Reformation Thought, edited by Richard A. Muller. Grand Rapids: Baker, 1999.

Bierma, Lyle D. et al. *An Introduction to the Heidelberg Catechism: Sources, History, and Theology*. Texts and Studies in Reformation and Post-Reformation Thought, edited by Richard A. Muller. Grand Rapids: Baker, 2005.〔吉田隆訳『『ハイデルベルク信仰問答』入門』所収。〕

Blake, Eugene Carson. "A Proposal toward the Reunion of Christ's Church." Sermon preached at Grace Cathedral, San Francisco, CA, December 4, 1960. http://keithwatkinshistorian.files.wordpress.com/2014/12/a-proposal-toward-the-reunion-of-christs-church.pdf.

Blocher, Henri. "The Atonement in John Calvin's Theology." In *The Glory of the Atonement-Biblical, Historical & Practical Perspectives: Essays in Honor of Roger Nicole*, edited by Charles E. Hill and Frank A. James III, 279–303. Downers Grove, Illinois: InterVarsity Press, 2004.

Boerke, Christa. "The People behind the Heidelberg Catechism." In *The Church's Book of Comfort*, edited by Willem van't Spijker and translated by Gerrit Bilkes, 62–88. Grand Rapids: Reformation Heritage Books, 2009.

Bouwmeester, G.. *Zacharias Ursinus en de Heidelbergse Catechismus*. The Hague: Willem de Zwijgerstichting, 1954.

Burchill, Christopher J. "On the Consolation of a Christian Scholar: Zacharias Ursinus (1534–83) and the Reformation in Heidelberg." *Journal of Ecclesiastical History* 37, no. 4 (1986): 565–83.

Busch, Eberhard. *Drawn to Freedom: Christian Faith Today in Conversation with the Heidelberg Catechism*. Translated by William H. Rader. Grand Rapids: Wm. B. Eerdmans, 2010.

Christian Reformed Church in North America. The Lord's Supper and the Roman Catholic Mass: A Discussion on Question and Answer 80 of the Heidelberg Catechism. https://www.crcna.org/sites/default/files/Lord%27sSupper&RC-Mass.pdf (accessed July 18, 2011).

Clark, R. Scott. *Caspar Olevian and the Substance of the Covenant: The Double Benefit of Christ. Rutherford Series in Historical Theology*. Edinburgh: Rutherford House, 2005.

Coenen, Lothar. "Gottes Bund und Erwählung." In *Handbuch Zum Heidelberger Katechismus*, edited by Lothar Coenen, 128–34. Neukirchen-Vluyn: Neukirchener Verlag, 1963.

_______. "Wort Gottes und Heiliger Geist." In *Handbuch Zum Heidelberger Katechismus*, edited by Lothar Coenen, 81–90. Neukirchen-Vluyn: Neukirchener Verlag, 1963.

Courard, Ludwig. *Der Heidelberger Katechismus und sein Verhältnis zum kleinen lutherischen*. Gütersloh: Bertelsmann, 1904.

Culpepper, Robert H. *Interpreting the Atonement*. Grand Rapids: Wm. B. Eerdmans, 1966.

Dahlmann, A. E. "The Theology of the Heidelberg Catechism." *The Reformed Church Review*, 4th ser., 17 (April 1913): 167–81.

de Campos Júnior, Heber Carlos. "Johannes Piscator (1546–1625) and the Consequent Development of the Doctrine of the Imputation of Christ's Active Obedience." Ph.D. diss., Calvin Theological Seminary, 2009.

de Reuver, Arie. "De Augsburgse Confessie en de Heidelbergse Catechismus — een kritische vergelijking." *Theologia Reformata* 49, no.4 (2006): 342–61.

den Hartogh, Gerrit. *Voorzienigheid in donker licht: herkomst en gebruik van het begrip 'Providentia Dei' in de reformatorische theologie, in het bijzonder bij Zacharias Ursinus*. Heerenveen: Groen, 1999.

Ebrard, Johannes Heinrich August. *Das Dogma vom heiligen Abendmahl und seine Geschichte*. 2 vols. Frankfurt: Zimmer, 1846.

Evangelical Dictionary of Theology. 2nd ed. Grand Rapids: Baker, 1984.

Gassmann, Benno. *Ecclesia Reformata: Die Kirche in den reformierten Bekenntnisschriften*. Freiburg: Herder, 1968.

George, Timothy. "The Atonement in Luther's Theology." In *The Glory of the Atonement-Biblical, Historical & Practical Perspectives: Essays in Honor of Roger Nicole*, edited by Charles E. Hill and Frank A. James III, 263–78. Downers Grove, Illinois: InterVarsity Press, 2004.

_______. *Theology of the Reformation*. Nashville: Broadman, 1988.

Gerrish, Brian A. "Calvin Retrospect." *The Bulletin of the Institute for Reformed Theology* 8, no. 3 (2009): 3–9.

_______. *Grace and Gratitude: The Eucharistic Theology of John Calvin*. Minneapolis: Fortress Press, 1993.

_______. "Sign and Reality: The Lord's Supper in the Reformed Confessions." In *The Old Protestantism and the New: Essays on the Reformation Heritage*, 118–30. Chicago: University of Chicago Press, 1982.

Goeters, J. F. Gerhard. "Caspar Olevianus als Theologe." *Monatshefte für evangelische Kirchengeschichte des Rheinlandes* 37–38 (1988–1989): 287–344.

_______. "Christologie und Rechtfertigung nach dem Heidelberger Katechismus." In *Das Kreuz Jesu Christi als Grund des Heils*, edited by Ernst Bizer, 31–47.

Gutersloh: Mohn, 1967.
Good, James I. *The Heidelberg Catechism in Its Newest Light.* Philadelphia: Publication and Sunday School Board of the Reformed Church in the United States, 1914.
_______. *The Origin of the Reformed Church in Germany.* Reading, PA: Daniel Miller, 1887.
Gooszen, Maurits. *De Heidelbergsche Catechismus: Textus Receptus met Toelichtende Teksten.* Leiden: Brill, 1890.
_______. *De Heigelbergsche Catechismus en het boekje van de breking des broods, in het jaar 1563-1564 bestreden en verdedigd.* Leiden: Brill, 1892.
Gootjes, Nicolaas H. *The Belgic Confession: Its History and Sources.* Texts and Studies in Reformation and Post-Reformation Thought, edited by Richard A. Muller. Grand Rapids: Baker, 2007.
Graafland, Cornelis. *Van Calvijn tot Comrie: Oorsprong en ontwikkeling van de leer van het verbond in het Gereformeerd Protestantisme.* Vol. 2 Zoetermeer: Boekcentrum, 1994.
Graffmann, Heinrich. *Unterricht im Heidelberger Katechismus.* Vol. 3 Neukirchen: Buchhandlung des Erziehungsvereins, 1951.
Gunnoe Jr., Charles D. "The Reformation of the Palatinate and the Origins of the Heidelberg Catechsm, 1500-1562." In Lyle D. Bierma et al., *An Introduction to the Heidelberg Catechism: Sources, History, and Theology,* 15-47. Texts and Studies in Reformation and Post-Reformation Thought, edited by Richard A. Muller. Grand Rapids: Baker, 2005.〔吉田隆訳『『ハイデルベルク信仰問答』入門』所収。〕
_______. "Thomas Erastus in Heidelberg: A Renaissance Physician during the Second Reformation, 1558-1580." Ph.D. diss., University of Virginia, 1998.
Guthrie Jr., Shirley G. Translator's preface to *Learning Jesus Christ through the Heidelberg Catechism,* by Karl Barth. Grand Rapids: Wm. B. Eerdmans, 1964.
Gyenge, E. "Der Glaube, seine Gewissheit und Bewahrung." In *Handbuch Zum Heidelberger Katechismus,* edited by Lothar Coenen, 113-27. Neukirchen-Vluyn: Neukirchener Verlag, 1963.
Hageman, Howard. "The Lasting Significance of Ursinus." In *Controversy and Conciliation: The Reformation and the Palatinate 1559-1583,* edited by Derk Visser, 227-39. Allison Park, PA: Pickwick, 1986.
Hartvelt, G. P. *Alles in Hem.* Vol. 1 of *Nieuwe Commentaar Heidelbergse Catechismus.* Aalten: Graafschap, 1966.
_______. "De Avondmaalsleer van de Heidelbergse Catechismus en Haar Toepassing in de Prediking." *Homiletica en Biblica* 23 (1964): 121-40.
_______. "Petrus Boquinus." *Gereformeerd Theologisch Tijdschrift* 62 (1962): 49-77.
_______. *Tastbaar Evangelie.* Vol. 3 of *Nieuwe Commentaar Heidelbergse Catechismus.* Aalten: Graafschap, 1966.
_______. *Verum Corpus: Een Studie over een Centraal Hoofdstuk uit de Avondmaals-*

leer van Calvijn. Delft: Meinema, 1960.

Henss, W. *Der Heidelberger Katechismus im konfessionspolitischen Kräftespiel seiner Frühzeit*. Zurich: Theologischer Verlag, 1983.

Heppe, Heinrich. *Dogmatik des deutschen Protestantismus im sechzehnten Jahrhundert*. Vol. 1. Gotha:Perthes, 1857.

Hesse, Hermann. "Zur Sakramentslehre des Heidelberger Katechismus nach den Fragen 65-68." In *Theologische Aufsätze: Karl Barth zum 50. Geburtstag*, edited by E. Wolf, 467-89. Munich: Kaiser, 1936.

Hesselink, I. John. *Calvin's Concept of the Law*. Allison Park, PA: Pickwick, 1992.

_______. *Calvin's First Catechism: A Commentary*. Columbia Series in Reformed Theology. Louisville, KY: Westminster John Knox Press, 1997.

Hodge, Charles. *The Biblical Repertory and Princeton Review* 20 (1848): 227-78.

Hollweg, Walter. "Die beiden Konfessionen Theodor von Bezas: Zwei bisher unbeachtete Quellen zum Heidelberger Katechismus." In *Neue Untersuchungen zur Geschichte und Lehre des Heidelberger Katechismus,* 124-52. Beiträge zur Geschichte und Lehre der Reformierten Kirche, edited by Paul Jacobs et al., vol. 13. Neukirchen: Neukirchener Verlag, 1961.

_______. *Heinrich Bullingers Hausbuch: Eine Untersuchung über die Anfänge der reformierten Predigtliteratur*. Beiträge zur Geschichte und Lehre der Reformierten Kirche, vol. 8. Neukirchen: Verlag der Buchhandlung des Erziehungsvereins, 1956.

_______. "Zur Quellenfrage des Heidelberger Katechismus." In *Neue Untersuchungen zur Geschichte und Lehre des Heidelberger Katechismus*, 38-47. Beiträge zur Geschichte und Lehre der Reformierten Kirche, vol. 28. Neukirchen-Vluyn: Neukirchener Verlag, 1968.

Hutter, Ulrich. "Zacharias Ursinus und der Heidelberger Katechismus." In *Martin Luther und die Reformation in Ostdeutschland und Südosteuropa: Wirkungen und Wechselwirkungen*, edited by Ulrich Hutter and Hans-Günther Parplies, 79-105. Beihefte zum Jahrbuch für Schlesische Kirchengeschichte 8. Sigmaringen: Jan Thorbecke, 1991.

Hyde, Daniel R. "The Holy Spirit in the Heidelberg Catechism." *Mid-America Journal of Theology* 17 (2006): 211-37.

Jacobs, Paul. *Theologie reformierter Bekenntnisschriften in Grundzügen*. Neukirchen Kreis Moers: Neukirchener Verlag, 1959.

Johnson, Marcus. "Luther and Calvin on Union with Christ." *Fides et Historia* 39, no.2 (2007): 59-77.

Klooster, Fred H. "The Heidelberg Catechism — An Ecumenical Creed?" *Bulletin of the Evangelical Theological Society* 8, no. 1 (Winter 1965): 23-33.

_______. "The Heidelberg Catechism: Origin and History." Photocopied manuscript, Calvin Theological Seminary, 1982.

_______. *A Mighty Comfort: The Christian Faith According to the Heidelberg*

Catechism. Grand Rapids: CRC Publications, 1990.〔小峯明訳『力強い慰め――ハイデルベルク信仰問答講解』新教出版社、1990年。〕
________. *Our Only Comfort: A Comprehensive Commentary on the Heidelberg Catechism*. 2 vols. Grand Rapids: Faith Alive, 2001.
Koch, Ernst. *Die Theologie der Confessio Helvetica Posterior*. Beiträge zur Geschichte und Lehre der Reformierten Kirche, edited by H. Erhart et al., vol. 27. Neukirchen-Vluyn: Neukirchener Verlag, 1968.
Korn, William E. "Die Lehre von Christi Person und Werk." In *Handbuch zum Heidelberger Katechismus*, edited by Lothar Coenen, 91-104. Neukirchen-Vluyn: Neukirchener Verlag, 1963.
Kreck, Walter. "Die Abendmahlslehre in den reformierten Bekenntnisschriften." In *Die Abendmahlslehre in den reformatorischen Bekenntnisschriften*. Munich: Kaiser, 1955.
Lang, August. *Der Heidelberger Katechismus. Zum 350jährigen Gedächtnis seiner Entstehung*. Schriften des Vereins für Reformationsgeschichte, no. 113. Leipzig: Verein für Reformationsgeschichte, 1913.
________. "The Religious and Theological Character of the Heidelberg Catechism." *The Reformed Church Review,* 4th ser., 18 (October 1914): 456-71.
Latzel, Thorsten. *Theologische Grundzüge des Heidelberger Katechismus: Eine fundamentaltheologische Untersuchung seines Ansatzes zur Glaubenskommunikation*. Marburger Theologische Studien, edited by Wilfired Härle and Dieter Lührmann, vol. 83. Marburg: Elwert, 2004.
Lekkerkerker, Arie F. N. *Gesprekken over De Heidelberger*. Wageningen: Zomer & Keunings, 1964.
Maag, Karin Y. "Early Editions and Translations of the Heidelberg Catechism." In Lyle D. Bierma et al., *An Introduction to the Heidelberg Catechism: Sources, History, and Theology*, 103-17. Texts and Studies in Reformation and Post-Reformation Thought, edited by Richard A. Muller. Grand Rapids: Baker, 2005.〔吉田隆訳『『ハイデルベルク信仰問答』入門』所収。〕
Manschreck, Clyde L. *Melanchthon: The Quiet Reformer*. New York: Abingdon Press, 1958.
Marcel, P. Ch. "Die Lehre von der Kirche und den Sakramenten." In *Handbuch zum Heidelberger Katechismus*, edited by Lothar Coenen, 135-58. Neukirchen-Vluyn: Neukirchener Verlag, 1963.
Marthaler, Berard. *The Catechism Today and Yesterday: The Evolution of a Genre*. Collegeville, MN: Liturgical Press, 1995.
McCord, James I. "The Heidelberg Catechism: An Ecumenical Confession." *The Princeton Seminary Bulletin* 56, no. 2 (February 1963): 12-18.
"More Than a Memorial." *The Christian Century* 80, no. 7 (February 13, 1963): 198.
Muller, Richard A. "Calvin on Sacramental Presence, in the Shadow of Marburg and Zurich," *Lutheran Quarterly* 23 (2009): 147-67.

_______. *Christ and the Decree: Christology and Predestination in Reformed Theology from Calvin to Perkins*. Durham, NC: Labyrinth, 1986.

Neuser, Wilhelm. "Die Erwählungslehre im Heidelberger Katechismus." *Zeitschrift für Kirchengeschichte* 75 (1964): 309–26.

_______. "Die Väter des Heidelberger Katechismus." *Theologische Zeitschrift* 35 (1979): 177–99.

Nevin, John W. *History and Genius of the Heidelberg Catechism*. Chambersburg, PA.: Publication Office of the German Reformed Church, 1847.

_______. Introduction to *The Commentary of Dr. Zacharias Ursinus on the Heidelberg Catechism*. Translated by G. W. Willard. Grand Rapids: Wm. B. Eerdmans, 1954.

Nischan, Bodo. "The 'Fractio Panis': A Reformed Communion Practice in Late Reformation Germany." *Church History* 53 (1984): 17–29.

Peters, Albrecht. *Kommentar zu Luthers Katechismen*. vol. 1, *Die Zehn Gebote; Luthers Vorreden*, edited by Gottfried Seebaß. Göttingen: Vandenhoeck & Ruprecht, 1990.

Quere, Ralph W. "Christ's Efficacious Presence in the Lord's Supper: Directions in the Development of Melanchthon's Theology after Augsburg." *The Lutheran Quarterly* 29 (1977): 21–41.

Rauhaus, Alfred. "Untersuchungen zu Entstehung, Gestaltung und Lehre des Kleinen Emder Katechismus von 1554." Th.D. diss., University of Göttingen, 1977.

Richards, George W. *The Heidelberg Catechism: Historical and Doctrinal Studies*. Philadelphia: Publication and Sunday School Board of the Reformed Church in the United States, 1913.

Rohls, Jan. *Reformed Confessions: Theology from Zurich to Barmen*. Translated by John Hoffmeyer. Columbia Series in Reformed Theology. Louisville, KY: Westminster John Knox Press, 1997.〔芳賀力訳『改革教会信仰告白の神学――その教義学的特質』一麦出版社、2000年。〕

Rorem, Paul. "The Consensus Tigurinus (1549): Did Calvin Compromise?" In *Calvinus Sacrae Scripturae Professor: Calvin as Confessor of Holy Scripture*, edited by Wilhelm H. Neuser, 72–90. Grand Rapids: Wm. B. Eerdmans, 1994.

Saito, Isomi. "The Relation of the Law to Prayer in the Heidelberg Catechism." Th.M. thesis, Calvin Theological Seminary, 2003.

Schaff, Philip. "Geschichte, Geist und Bedeutung des Heidelberger Katechismus: Ein Beitrag zur dreihundertjärigen Jubilfeier." *Zeitschrift für die historische Theologie* 3 (1864): 328. Quoted in Bard Thompson et al., *Essays on the Heidelberg Catechism*, 91–92. Philadelphia: United Church Press, 1963.

Schilling, Heinz. "Confessionalization in the Empire: Religious and Societal Change in Germany between 1555 and 1620." In Heinz Schilling, *Religion, Political Culture and the Emergence of the Early Modern State: Essays in German and Dutch History*, 205–45. Studies in Medieval and Reformation Thought, vol. 50.

Leiden: Brill, 1992.

Staedtke, Joachim. "Entstehung und Bedeutung des Heidelberger Katechismus." In *Warum Wirst Du Ein Christ Genannt?*, edited by Walter Herrenbrück and Udo Smidt, 11-23. Neukirchen Vluyn: Neukirchener Verlag des Erziehungsvereins, 1965.

Stupperich, Robert. *Melanchthon.* Translated by Robert H. Fischer. London: Lutterworth, 1965.

Sturm, Erdmann. *Der junge Zacharias Ursinus: Sein Weg vom Philippismus zum Calvinismus.* Neukirchen-Vluyn: Neukirchener Verlag, 1972.

Sudhoff, Karl. *C. Olevianus und Z. Ursinus: Leben und ausgewählte Schriften.* Leben und ausgewählte Schriften der Väter und Begründer der reformierten Kirche, vol. 8. Elberfeld: Friderichs, 1857.

Thompson, Bard. "Historical Background of the Catechism." In Bard Thompson et al., *Essays on the Heidelberg Catechism*, 8-30. Philadelphia: United Church Press, 1963.

_______. "The Palatinate Church Order of 1563." *Church History* 23, no. 4 (1954): 339-54.

_______. "Reformed Liturgies: An Historical and Doctrinal Interpretation of the Palatinate Liturgy of 1563, Mercersburg Provisional Liturgy of 1858, Evangelical and Reformed Order of 1944, and Their Sources." B.D. thesis, Union Theological Seminary (New York), 1949.

Venema, Cornelis P. *Heinrich Bullinger and the Doctrine of Predestination: Author of 'the Other Reformed Tradition'?* Texts & Studies in Reformation and Post-Reformation Thought, edited by Richard A. Muller. Grand Rapids: Baker, 2002.

Verboom, Willem. *De Theologie van De Heidelbergse Catechismus.* Zoetermeer: Boekencentrum, 1996.

_______. "Waardering voor de Augsburgse Confessie." *Reformatorisch Dagblad.* June 11, 2003. http://www.refdag.nl/opinie/opinie/waardering_voor_de_augsburgse_confessie_1_415196 (accessed July 26, 2010).

Verhey, Allen. *Living the Heidelberg: The Heidelberg Catechism and the Moral Life.* Grand Rapids: CRC Publications, 1986.

Visser, Derk. "The Covenant in Zacharias Ursinus." *The Sixteenth Century Journal* 18, no. 4 (1987): 531-44.

_______. *Zacharias Ursinus, the Reluctant Reformer: His Life and Times.* New York: United Church Press, 1983.

Visser, L. L. J. "Die Lehre von Gottes Vorsehung und Weltregiment." In *Handbuch zum Heidelberger Katechismus*, edited by Lothar Coenen, 105-12. Neukirchen-Vluyn: Neukirchener Verlag, 1963.

Wallace, Ronald S. *Calvin's Doctrine of the Word and Sacraments.* Edinburgh: Oliver and Boyd, 1953; Tyler, TX: Geneva Divinity School Press, 1982.

Watson, Philip S. *Let God be God ! An Interpretation of the Theology of Martin Luther.* Philadelphia: Muhlenberg, 1950.

Weismann, Christoph. *Eine Kleine Biblia: Die Katechismen von Luther und Brenz.* Stuttgart: Calwer, 1985.

_______. *Die Katechismen des Johannes Brenz.* vol. 1, *Die Entstehungs-, Text-, und Wirkungsgeschichte,* Spätmittelalter und Reformation Texte und Untersuchungen, edited by Heiko A. Oberman, vol. 21. Berlin: Walter de Gruyter, 1990.

Wengert, Timothy J. *Law and Gospel: Philip Melanchthon's Debate with John Agricola of Eisleben over Poenitentia.* Texts and Studies in Reformation and Post-Reformation Thought, edited by Richard A. Muller. Grand Rapids: Baker, 1997.

_______. "Philip Melanchthon's 1522 Annotations on Romans and the Lutheran Origins of Rhetorical Criticism." In *Biblical Interpretation in the Era of the Reformation: Essays Presented to David C. Steinmetz in Honor of His Sixtieth Birthday,* edited by Richard A. Muller and John L. Thompson, 118–40. Grand Rapids: Wm. B. Eerdmans, 1996.

_______. "'We Will Feast Together in Heaven Forever': The Epistolary Friendship of John Calvin and Philip Melanchthon." In *Melanchthon in Europe: His Work and Influence beyond Wittenberg,* edited by Karin Maag, Texts & Studies in Reformation and Post-Reformation Thought, edited by Richard A. Muller. Grand Rapids: Baker, 1999.

Wesel-Roth, Ruth. *Thomas Erastus.* Lahr: Schauenberg, 1954.

Winter, Friedrich. *Confessio Augustana und Heidelberger Katechismus in vergleichender Betrachtung.* Berlin: Evangelische Verlagsanstalt, 1954.

索　引

あ行

か行

さ行

た行

な行

は行

ま行

や行

ら行

《訳者紹介》

吉田 隆（よしだ・たかし）

1961年，横浜に生まれる。東北大学教育学部を卒業後，改革派神学研修所，神戸改革派神学校に学ぶ。プリンストン神学校，カルヴィン神学校に留学。神学博士。現在，神戸改革派神学校校長，日本キリスト改革派甲子園教会牧師。

著書 『〈ただ一つの慰め〉に生きる――「ハイデルベルク信仰問答」の霊性』（神戸改革派神学校, 2006年）,『カルヴァンの終末論』（教文館，2017年）ほか。

訳書 G. E. ラッド『新約聖書と批評学』（共訳, 聖恵授産所, 1991年，いのちのことば社，2014年），『ハイデルベルク信仰問答』（新教出版社，1997年），L. D. ビエルマ編『『ハイデルベルク信仰問答』入門――資料・歴史・神学』（教文館，2013年）ほか。

『ハイデルベルク信仰問答』の神学――宗教改革神学の総合

2017年10月10日　初版発行

訳　者　吉田　隆
発行者　渡部　満
発行所　株式会社　教文館
〒104-0061　東京都中央区銀座 4-5-1　電話 03(3561)5549　FAX 03(5250)5107
URL　http://www.kyobunkwan.co.jp/publishing/

印刷所　モリモト印刷株式会社

配給元　日キ販　〒162-0814　東京都新宿区新小川町 9-1
電話 03(3260)5670　FAX 03(3260)5637

ISBN978-4-7642-7420-4　Printed in Japan